Reinhard Mohr
Der diskrete Charme der Rebellion

Reinhard Mohr

Der diskrete Charme der Rebellion

Ein Leben mit den 68ern

wjs

1. Auflage
© 2008 wjs verlag, Wolf Jobst Siedler jr. · Berlin

Alle Rechte vorbehalten,
auch das der fotomechanischen Wiedergabe

Gestaltung: Dorén + Köster, Berlin
Satz: Dorén + Köster, Berlin
Bildredaktion: Julia Richter
Druck und Bindung: CPI Moravia Books, Korneuburg
Printed in Czech Republic

ISBN: 9-783-937989-31-0

www.wjs-verlag.de

Partisan und Parmesan
Wo sind sie geblieben?
Partisan und Parmesan
Alles wird zerrieben

Matthias Beltz (1945–2002)

Inhalt

Vorwort

So viel ist klar: Die 68er sind an allem schuld. Sie haben den Verfall der bürgerlichen Werte – Anstand, Sitte, Fleiß, Disziplin und Pünktlichkeit – in Gang gesetzt und die Grundlagen der Familie zertrümmert. Sie haben das ehrwürdige Institut der Ehe ruiniert und stattdessen den ziellosen Glückssucher im Dickicht der Großstädte, den Single, zur Leitfigur unserer Zeit werden lassen. Dass inzwischen mehr als jede dritte Ehe, in Großstädten gar jede zweite Ehe geschieden wird, geht zweifellos auf das Konto jener strubbeligen Ex-Kommunarden, die die Parole »Wer zweimal mit derselben pennt, gehört schon zum Establishment« mit Lust und Wonne verbreitet haben.

Dass Kinder heute bestimmen, was die Eltern tun und lassen sollen, und im Zweifel der kleine Sven-Oliver entscheidet, wo Urlaub gemacht und welches Auto gekauft wird, ist eine klare Folge jener »antiautoritären« Erziehung in den Kinderläden der siebziger Jahre, wo es nur noch wechselnde »Bezugspersonen« gab und nicht mehr Mami und Papi, Oma und Opa.

Gleiches gilt für die wachsende Gewalt an den Schulen, den weltweiten Terrorismus und den allgemeinen Niedergang von Respekt und Höflichkeit im öffentlichen Personennahverkehr.

Die 68er waren es schließlich, die sämtliche bürgerlichen Regeln sprengen wollten und nichts anderes mehr gelten ließen

als das dringende revolutionäre Bedürfnis nach kollektiver Selbst-
verwirklichung.

»Komasaufen«, »Gangbang«-Rapper, Gewaltvideos und Killer-
spiele, die nicht zufällig »Ego-Shooter« heißen, sind genauso
Früchte jener entgrenzten Revolte wie das deutsche Regietheater
mit seinen obszönen Obsessionen zwischen Sex und Gewalt,
Exkrementen und Kartoffelsalat im Plastikeimer.

Das unterirdisch flache Fernsehprogramm und die Flut seich-
ter, proletenhafter oder pornografischer Talkshows sind ebenso
späte Erben jenes narzisstischen Selbstoffenbarungskults der
68er, der zugleich das Niveau der klassischen Bildung auf ein
jämmerliches Maß heruntergedrückt hat. Kein Wunder, denn wer
braucht zum Ausfüllen der payback-card bei Karstadt, zum Mai-
len oder Simsen schon Hölderlin und Kleist?

Selbst die exotischsten Strände der Welt tragen schwer am
Erbe von 1968. Wo Hippies und andere Aussteiger einst barfuß
unberührte Naturwunder entdeckten und ihre blauen Joints gen
Himmel streckten, strömen nun Millionen Touristen an zubeto-
nierte Küsten.

Aus dem VW-»Bulli« mit Che-Guevara-Poster wurde das
Hymer-Mobil, das die Straßen Europas verstopft, und die Apfel-
sinenkistenregale, in denen früher Marx und Adorno standen,
hat Ikea zum Massenprodukt für preisbewusste Heimwerker mit
ästhetischem Mindestanspruch gemacht.

Kurz: Nichts ist mehr heilig seit 1968, schon gar nicht die Kirche. Was mit dem »fortschrittlichen« Jazz- oder Beat-Gottesdienst
anfing, endet heute beim Umbau von Gotteshäusern zu Kneipen
und Diskotheken.

Man könnte endlos fortfahren und hätte dann immer noch
nicht alle populären Erklärungsmuster aus den vergangenen 40
Jahren beisammen, warum die Welt von heute so schlecht und
verkommen sei und wer daran die eigentliche Schuld trage.
Natürlich die 68er, die Totengräber von Moral und Vernunft, Sinn
und Verstand. Wer sonst.

Parallel und zeitgleich zu dieser konservativen Dauerklage, die die Revolte von 1968 von Anfang an begleitet und sie damit, wider Willen, zum geradezu übermächtigen historischen Ereignis stilisiert hat, gab es stets die hämische Nachrede, das Klein- und Lächerlichmachen, die Verachtung gegenüber diesem »Kinderaufstand« verwöhnter Kleinbürgersöhnchen, von denen einige am Ende auch noch die Knarre in die Hand nahmen und sich zur »Roten Armee Fraktion« (RAF) erklärten.

Spätestens seit Beginn der achtziger Jahre, als die kulturelle Hegemonie der intellektuellen Linken nachließ, wurde »der 68er« mit selbst gestricktem Streifenpullover und Pferdeschwanz zur Witzfigur des Kabaretts, zum Ritter von der traurigen Gestalt, zur peinlichen Figur der Zeitgeschichte, über die sich jeder Achtzehnjährige lustig machen durfte. Hohn und Spott ergossen sich über jeden, der noch irgendetwas »problematisieren« oder »diskutieren« wollte.

Als die »Neue deutsche Welle« mit »Im Westen ist's am besten«, »Deine blauen Augen« und »Da da da ...« musikalisch durch Deutschland schwappte, schien nichts uncooler, langweiliger und abgestandener als der ewige 68er mit seinen nostalgischen Erzählungen von Straßenschlacht und Teach-in im Audimax, von Woodstock und Wohngemeinschaft.

Nach dem Fall der Mauer im Herbst 1989 fielen auch die letzten Bastionen der 68er, und die »Generation Golf« der Thirtysomethings machte sich daran, die Trümmer zu beseitigen. Freilich nicht ohne das antiideologisch-dandyhafte Getöse von 30-jährigen Porschefahrern, die noch im letzten grau melierten Radfahrer mit Umhängetasche die Signatur des exmaoistischen, nun ökopazifistischen Alt-68ers verfolgen, der sich weiter tapfer dem »Konsumterror« entzieht, die »taz« liest und nur ungespritztes Biogemüse in seinen atomstromfreien Kühlschrank lässt.

Was aber stimmt denn nun? War »1968« ein politisch-kulturelles Jahrhundertbeben, das bis heute die Gesellschaft prägt – oder nur eine randständige Episode, eher wirre Folklore als wirkliche Historie, ein peinlicher Irrtum der Geschichte? Beides zusammen geht nicht. Doch genau das passiert seit vierzig Jahren. Völlig gegensätzliche, einander logisch ausschließende Interpretationen der Revolte werden nach Belieben zusammengeworfen oder existieren munter nebeneinander her: Einerseits sind die 68er an allem schuld, und im Grunde haben sie die ganze Gesellschaft infiltriert. Andererseits sind sie bloß anachronistische Veteranen eines absurden Zwergenaufstandes, ein geschichtliches Nullum, eine quantité négligeable.

Dieser »performative Widerspruch«, wie Jürgen Habermas sagen würde, verweist aber konsequent auf ein Drittes: »1968« und seine widersprüchlich schillernde Faszination sind nicht tot zu kriegen. Auch vier Jahrzehnte später nicht. Die Erregungskurven der zu bestimmten Anlässen wiederkehrenden Debatten legen beredtes Zeugnis davon ab. Oft genug scheint in den Tiraden gerade junger Konservativer ein tief verwurzelter Neid auf jene sagenumwobene Zeit aufzublitzen, die man lebensgeschichtlich verpasst hat.

So steht dem »ewigen 68er« zuverlässig der »ewige Anti-68er« gegenüber, dem ergrauten Ex-Revoluzzer der leidenschaftliche 68-Basher, der sich immer wieder an seinem renitenten Gegner abarbeitet, auch wenn der bereits das Rentenalter erreicht hat.

Dem Mythos »1968« als eine Art Frankensteins Braut muss offenbar stets aufs Neue der Garaus gemacht werden. Doch jeder endgültigen Abrechnung folgt die prompte Wiederauferstehung. Selbst am Ende der sogenannten »Fischer-Affäre« Anfang 2001, in deren Verlauf die alten Barrikadenkämpfe noch einmal vor ganz großem Publikum nachgespielt wurden, diesmal im Bundestag und in den Massenmedien, wurde nicht der offizielle Totenschein ausgestellt. Im Gegenteil.

Wenn es überhaupt noch eines Beweises bedurft hätte, dann zeigte die monatelange Aufregung über die Frage, ob und in welcher Falllinie respektive Flugbahn der damalige Außenminister Joschka Fischer auf Demonstrationen in den siebziger Jahren

Steine oder gar »Molotowcocktails« geworfen habe, wie unter dem Brennglas, dass die Revolte zwischen 1967 und 1969 tatsächlich eine folgenreiche Zäsur der deutschen Nachkriegsgeschichte war, nur vergleichbar mit Mauerfall und Wiedervereinigung 1989/90. Sie hat das Land in vielfacher Weise verändert. Und ähnlich wie die Zeit des epochalen Umbruchs der frühen neunziger Jahre werden auch die späten sechziger Jahre der Revolte im historischen Rückblick immer wieder neu bewertet.

Nicht zuletzt darin zeigt sich ihre Aktualität. Keine deutsche Generation seit dem Zweiten Weltkrieg ist derart mit einer einzigen Jahreszahl verbunden, die ihr den sprichwörtlichen Namen gab, mehr noch: ein Label, eine Markenidentität, eine unverwechselbare Signatur. Und kaum je hatte eine einzige Generation zu beinah sämtlichen Fragen der Zeit eine identifizierbare, »typische« Haltung – dechiffrierbar bis zur Karikatur.

Kein Zweifel: »1968« war, obwohl in den europäischen, ja weltweiten Zusammenhang eingebettet, ein deutsches Drama des zwanzigsten Jahrhunderts, eine große, Generationen übergreifende Erzählung.

Politisch ist die Revolte dieses fernen »Planeten 68« gescheitert, misst man sie an ihren ursprünglichen utopischen Zielen von Sozialismus und Weltrevolution. Doch ihre tiefgreifenden, widersprüchlichen und merkwürdig schillernden Wirkungen dauern bis heute an – ebenso wie die Diskussion darüber.

Ihr bis heute spürbarer Glutkern war die Idee von der freien und glücklichen Gesellschaft, die Utopie vom »kollektiv« befreiten Individuum, das keine Unterdrückung mehr kennt und keine Einsamkeit der sich selbst entfremdeten, leeren Existenz. In der plötzlichen Radikalität, Intensität und Unbedingtheit, mit der dieses Glücks-, ja Erlösungsversprechen aufgenommen, verfolgt und »gelebt« wurde, liegt das Geheimnis von 68.

Der durchaus diskrete Charme der Rebellion zeigte sich eben nicht unbedingt in der großen Straßenschlacht, sondern in der alltäglichen Bereitschaft, mit jeder Konvention zu brechen, jede überkommene Autorität infrage zu stellen, das Abenteuer eines anderen Lebens zu wagen.

»Nur wenige Generationen haben das Glück, derart aus der Bahn geworfen zu werden wie die von 1968: derart ins Offene«, bemerkte der Alt-68er Thomas Schmid, heute Chefredakteur der »Welt«, im Rückblick. Es war eine »hinreißende, leidenschaftliche überschwängliche Zeit«, ein »Rausch der Selbstvergewisserung«, »Singularität in der Menge«, das Gefühl, tatsächlich Geschichte machen zu können, hier und jetzt die Welt zu verändern.

»Wir haben sie so geliebt, die Revolution«, sagt Daniel Cohn-Bendit und meint es ernst. Das Pathos klingt hier einmal nicht hohl, und in seltenen Augenblicken ist sein Echo auch heute noch zu spüren.

Wie im März 2007, als der ehemalige Geschäftsführer des Frankfurter Sponti-Blatts »Pflasterstrand«, heute Steuer- und Finanzberater, seinen sechzigsten Geburtstag feierte. Weit über 100 Gäste kamen im ehemaligen Literaturhaus an der Bockenheimer Landstraße zwischen Goethe-Universität und Alter Oper zusammen, die einst die Demonstrationsroute Nummer 1 gewesen war. Hätte eine Straße ein Augen- und Ohrengedächtnis, so wären hier sämtliche Forderungen zur Befreiung der Menschheit gespeichert, in tausendfacher Ausfertigung.

Das Fest war ein intimes postrevolutionäres Familientreffen, auf dem sich ehemalige RAF-Verteidiger und spätere Justizminister mit Zukunftsforschern und Zauberern unterhielten, PR-Manager mit Konzertveranstaltern, Journalisten mit Staatsanwälten, leitende Klinikärztinnen mit Schriftstellern. Daniel Cohn-Bendit war da, und der Komponist Heiner Goebbels persönlich dirigierte den mitternächtlichen Geburtstagskanon vom Treppenabsatz aus.

Nur Joschka Fischer (Harvard) und Tom Koenigs (Kabul) fehlten. Über dem ganzen Abend lag jener kaum zu beschreibende Wärmestrom, der aus der gemeinsamen Vergangenheit rührt, Lavaabstrahlung vom Glutkern der Revolte, eine geradezu liebevolle Innigkeit unter Leuten, die für ein extrem dichtes, erlebnisreiches Jahrzehnt einen Traum geteilt hatten. Manche hatten sich beinah zwanzig Jahre nicht gesehen und waren sich doch so nahe, als wäre seither nichts geschehen.

Obwohl sie allesamt mehr oder weniger Renegaten ihrer revolutionären Träume von einst sind und im bürgerlich-demokratischen Staat Karriere gemacht haben, werden ihre Biografien und ihr Lebensgefühl für immer mit der Revolte von 1968 verbunden bleiben, mit dem diskreten Charme der Rebellion. Von ihr handelt dieses Buch.

Dabei werden wir uns gerne an Hans Magnus Enzensbergers Mahnung halten, dieser einmalige deutsche »Tumult« sei kaum »intelligibel«, also rein analytisch und rational zu erklären, sondern nur in Form einer Collage nachzuerzählen.

Andererseits, ein paar Gedanken darf man sich schon machen. Auch heute noch. Pointiert, ohne Beschönigung und Verklärung, dafür mit Schwung, Ironie und dem Abstand der Jahre – über jene nahe ferne Zeit, da der Strand noch direkt unter dem Pflaster lag und die einzige Klimakatastrophe die in der Kneipe war, wenn jeder Zweite seinen Tabak Marke »Schwarzer Krauser« zusammenrollte und den Tischnachbarn fragte: »Haste mal 'n Paper?«

Der Rest ist Geschichte.

I. Das Unbehagen an der Gesellschaft
oder
Wie alles anfing

Jede Zeit ist sich selbst am nächsten, absolute Gegenwart. Das all-tägliche Lebensgefühl kreist ums Hier und Jetzt, es ist geradezu darin gefangen. Zuweilen ziemlich blind und ohne den Blick für andere Horizonte, andere Verhältnisse, andere Zeiten.

So oft und gern, gerade in Deutschland, über die Vergangen-heit geredet und die Zukunft beschworen wird, die Vorstellungs-kraft der meisten Menschen beschränkt sich am Ende doch auf den historischen Augenblick, auf die direkte Zeitgenossenschaft.

Jetzt, Anfang 2008, heißt das Klimakatastrophe und Al-Qaida-Terror, YouTube-Pornos und Angela Merkel, die neue Staffel von »Deutschland sucht den Superstar«, der Trend zum Solardach und das Rauchverbot in Diskotheken. Eben noch beschäftigten Hartz IV, Paris Hiltons achttägiger Gefängnisaufenthalt und die vorläufig letzte Gesundheitsreform das Durchschnittspublikum.

Alles andere ist graue Vorzeit. Nicht einmal denen, die damals schon, im wahrsten Sinne des Wortes, Zeitgenossen waren, wird jene Zeit vor vierzig, gar fünfzig Jahren lebendig vor Augen ste-hen, als der filmende Bergsteiger Luis Trenker zwischen Steil-wand und Gletscherspalte noch ein Vorbild der Jugend war und ein im Wasser aufrecht stehender schnatternder Fernseh-Delphin namens Flipper in Schwarz-Weiß die Kinder faszinierte.

Damals, als der millionste Gastarbeiter in der Bundesrepublik, der Portugiese Hernando Rodrigues de Sá, noch persönlich begrüßt wurde und als kleines Dankeschön ein nagelneues Moped bekam, während im Schulatlas Deutschland Richtung Osten immerhin noch bis Königsberg reichte, wenn auch leider »derzeit unter sowjetischer Verwaltung«.

Aber das könnte sich ja noch irgendwann ändern. Noch gab es keinen endgültigen Friedensvertrag, und nach wie vor warnte Bundeskanzler Konrad Adenauer vor der »kommunistischen Soffjettunion«. Ganz unrecht hatte er nicht damit, »Kalter Krieg« hin oder her.

Bloß nicht ändern sollten sich die Frauen, denen ein Ratgeber mit dem Titel »Die Gute Ehe« aus dem Jahre 1959 noch dringend nahelegte, den goldenen Mittelweg zwischen den typologischen Extremen »Putzteufel« und »Schlampe« zu finden. Das Wichtigste für jede deutsche Ehefrau sei, »ihrem Mann ein Heim zu schaffen, in das er nach des Tages Arbeit gern zurückkehrt. Dabei muss immer im Vordergrund stehen, was ihm besonders am Herzen liegt,

Der berühmteste aller Filme von Bergfuzzi Luis Trenker aus dem Jahr 1937 lief auch noch Jahrzehnte später im Fernsehen – wie viele andere Streifen aus der Nazizeit meist am verregneten Sonntagnachmittag

und das kann ganz verschieden sein. Der eine verlangt unbedingte Ordnung. Er liebt es, wenn alle Gegenstände immer am gleichen Platz liegen, damit er seinen Zigarrenabschneider oder eine bestimmte Krawatte auch im Dunkeln finden kann ... Einem anderen Ehemann ist wichtiger, dass seine Frau immer gepflegt aussieht und hübsch angezogen ist, ein Dritter legt großen Wert darauf, dass ihm nicht nur Allerweltsgerichte auf den Tisch gestellt werden, sondern Dinge, die seinem Gaumen immer von neuem schmeicheln.«

20

So differenziert hat man das damals gesehen, und auch die Waschmittelreklame unterschied schon früh zwischen »sauber« und »rein«. »Keine Experimente!« lautete 1957 der Wahlslogan der CDU/CSU, mit dem Adenauer, der Kölner Katholik, zum dritten Mal Bundeskanzler wurde. Vier Jahre später konterte die SPD mit »Sicher ist sicher«. Wer hätte sich damals vorstellen können, dass im Jahre 2008 die Konrad-Adenauer-Stiftung der CDU Deutschkurse für türkische Imame anbietet? Das wäre für den Alten aus Rhöndorf, der mit 87 Jahren aus dem Amt schied, undenkbar gewesen: Dem Moslem Goethes Sprache nahebringen, damit er in der Moschee bärtigen Männern aus dem Morgenland die Suren des Koran auf Deutsch vortragen kann? »Jänzlich unmöchlich!« hätte er gesagt. »Se sind wohl verrückt jeworden.«

Plakat zur Bundestagswahl 1957. Damit war alles gesagt

Undenkbar war auch die Selbstverständlichkeit, mit der heute Toleranz als jene Tugend des Gewährenlassens verstanden wird, die man im Zweifel dem anderen abverlangt, während man selbst tut, was man will.

»Rasen betreten verboten« galt zu Adenauers Zeiten noch für alle. Es war mehr als ein Schild. Es war ein Fanal. Im Grunde war das meiste verboten, was nicht ausdrücklich erlaubt war. Ein letzter Abglanz dieser versunkenen Welt ist bis heute sichtbar. Massiv ins Erdreich gerammte Hinweisschilder mit Aufschriften wie »Liegewiese« oder »Grünfläche« dürften weltweit einmalig sein. Ein deutscher Nominalismus, der die Dinge beim Namen nennt, um sie unter eine imaginäre Ordnung zu bannen.

Gleichwohl ist es auch eine Folge der revolutionären Umtriebe aus den sechziger und siebziger Jahren, dass in Deutschland heute nahezu jedes unbewachte und nicht stacheldrahtbewehrte

Vorfreude aufs Baby? Foto für ein Poster der satirischen Zeitung »Pardon« zum Paragrafen 218

Stück Rasen als Liegewiese genutzt wird – auch ohne offizielle Statuserklärung, nicht selten ohne Kleidung und andere Formalitäten, dafür mit Holzkohlengrill und Kühltasche, Bobbycars und Bongotrommeln.

Der »Kuppeleiparagraf« jedoch, der noch aus dem preußischen Strafgesetzbuch von 1851 beziehungsweise 1871 rührte (»Verbrechen und Vergehen gegen die Sittlichkeit«) und »sexuelle Handlungen außerhalb der Ehe« als »unzüchtig« verurteilte, hatte langfristige und ganz handfeste Wirkungen. Ungezählt sind die Hauswirtinnen zwischen Heidelberg und Hamburg, die ein scharfes Auge auf ihre Studenten warfen, wenn sie versuchten, an ihnen vorbei eine junge Frau mit »auf die Bude« zu nehmen. Noch 1962 wurde der Journalist Sigi Sommer wegen »Kuppelei« verurteilt, weil er einem unverheirateten Paar sein Apartment zur Verfügung gestellt hatte.

Die absurde Strafbestimmung aus dem 19. Jahrhundert wurde 1969 abgeschafft. Gleichzeitig liberalisierte die erste Bundesregierung unter Willy Brandt den berüchtigten Homosexuellen-paragraf 175 StGB von 1872, der die »widernatürliche Unzucht, welche zwischen Personen männlichen Geschlechts oder von Menschen mit Tieren verübt wird«, mit Gefängnis bis zu zwei Jahren bedrohte – komplett gestrichen wurde er erst 1994 im Zuge der Wiedervereinigung.

Jahrzehntelang mussten sich Tausende Schwule heimlich in dunklen Hinterzimmern und Bahnhofstoiletten treffen, und die Offenbarung einer homosexuellen Neigung, gegenüber Eltern, Geschwistern oder Vorgesetzten geäußert, konnte leicht zur privaten wie beruflichen Tragödie werden. Unvorstellbar damals, dass ein angehender Regierender Bürgermeister von Berlin öffentlich und ungeniert bekennt: »Ich bin schwul, und das ist auch gut so.«

Auch die Abtreibung war mithilfe des Paragrafen 218 StGB unter Strafe verboten, außer im Falle einer »medizinischen Indikation«. Tausende Frauen fuhren nach Holland, um dort einen eigentlich »illegalen« Schwangerschaftsabbruch vornehmen zu lassen.

Vor allem unter dem Druck des jahrelangen Kampfes der neuen Frauenbewegung beschloss der Deutsche Bundestag 1974 die sogenannte Fristenlösung, der zwei Jahre später eine Beratungspflicht zur Seite gestellt wurde.

Auch wenn man das Klischee von den ebenso reaktionären wie autoritären fünfziger Jahren, die bis tief in die sechziger Jahre hineinwirkten, nicht strapazieren will: Es war die Zeit einer ziemlich rigiden Sozialkontrolle, die auch intimste Winkel des Privatlebens betraf. Es gab genaue Vorstellungen darüber, was sich schickt und was nicht. Nachbarn waren nicht nur Nachbarn, sondern auch kleine Aufpasser von nebenan. Die Blockwartmentalität aus der Nazizeit wirkte hier und da noch nach. Nicht nur »wilde« Ehe und »freie Sexualität« standen im Verdacht, die bürgerliche Ordnung zu untergraben, sondern auch laute Musik, kurze Röcke, lange Haare und enge Bluejeans.

Noch heute erzählt der Schriftsteller Uwe Timm, ein Freund des 1967 erschossenen Studenten Benno Ohnesorg, von seinem zähen

Kampf mit den Eltern, bis er endlich jene ersehnten amerikanischen Cowboyhosen anziehen durfte, die zum frühen Fanal einer Rebellion werden sollten, für die es noch gar keinen Namen gab. Aber auch die »Minimädchen«, die plötzlich in unzweideutig kniefreien Röcken durch die Straßen deutscher Provinzstädte stöckelten, provozierten die öffentliche Ordnung der Sinne, weil sie etwas grundsätzlich durcheinanderbrachten. Denn der Rückzug ins Private war ja gerade eine der frischen Errungenschaften der Nachkriegszeit gewesen.

Störung der öffentlichen Ordnung: Junge Frau im Minirock, 1966

Vor wenigen Jahren noch, bis April 1945, hatten die Deutschen nur ein sehr eingeschränktes Recht auf unpolitische Privatheit gehabt. Der nationalsozialistische Staat und der umfassende Terror seiner politischen wie militärischen Herrschaft verlangten ständig öffentliche Treuebekenntnisse zu »Führer, Volk und Vaterland«. Millionen Menschen hatten ihren Eid auf Hitler geschworen, jeder und jede war ständig im »Dienst« – von der sich aufopfernden Heldenmutter bis zum todesmutigen Frontsoldaten.

Die innere wie äußere Kriegsfront war überall, ob bei Wehrmacht oder SS, Gestapo oder Volkssturm, und die ideologische Anforderung an die Bevölkerung gipfelte schließlich in einer alles umfassenden Mobilmachung für den »Endsieg«, die absolute, besser: totalitäre Politisierung der Lebensverhältnisse, die schließlich in den Untergang führte.

Umso schärfer der Kontrast, nachdem 1949 die demokratische Bundesrepublik Deutschland gegründet war und ihr erster Kanzler ein zwar durchaus autoritär bestimmendes, aber eben auch großväterlich gütiges Charisma besaß. Unter dem weisen Schirm seiner rheinisch-katholischen Strenge, die die frohe Botschaft von leben und leben lassen einschloss, entwickelte sich nicht nur das sprichwörtliche »deutsche Wirtschaftswunder«, sondern auch jener Entfaltungsspielraum im Inneren, den man zuvor im totalen Krieg um den »Lebensraum im Osten« verloren hatte.

Die neuen Freiheiten des zivilen Alltagslebens wurden dankbar angenommen. Man war gerade noch einmal davongekommen und wollte fortan mit großer Politik, gar ideologischen Heilsversprechen und apokalyptischen Welteroberungsstürmen nichts mehr zu tun haben.

Die »skeptische Generation« (Helmut Schelsky) war nicht zwingend unpolitisch, aber zutiefst desillusioniert und ernüchtert. Im Zweifel dachte sie an sich selbst zuerst und überließ die öffentliche Sphäre, Politik und Weltethos den dafür Zuständigen. Deshalb hatte man bei den Wahlen ja sein Kreuzchen gemacht. Das sollte reichen.

Nun endlich wurden die Möglichkeiten eines erfüllten privaten Lebens erkundet, nachdem so viele Jahrgänge der Deutschen bislang daran gewöhnt gewesen waren, »ihren ganzen Lebensinhalt,

Ludwig Erhard, der Vater des deutschen Wirtschaftswunders, hatte die Zauberformel schon 1957 gefunden

allen Stoff für tiefere Emotionen, für Liebe und Hass, Jubel und Trauer, aber auch alle Sensationen und jeden Nervenkitzel sozusagen gratis aus der öffentlichen Sphäre geliefert zu bekommen – und sei es auch zugleich mit Armut, Hunger, Tod, Wirrsal und Gefahr«.

Derart hellsichtig hatte der Schriftsteller und Historiker Sebastian Haffner 1939 im Blick auf die zwanziger Jahre und die gescheiterte Weimarer Republik jene merkwürdige Unfähigkeit der Deutschen analysiert, »ein kleines privates Leben groß, schön und lohnend« zu machen.

25

Jetzt versuchten die Deutschen ein zweites Mal, das Angebot der repräsentativen, westeuropäischen Demokratie anzunehmen – jenseits transzendenter und gewalttätiger Vernichtungs- und Erlösungsfantasien.

Hilfe kam, neben der Erfindung von Einbauküche, Fernsehapparat und Waschmaschine, aus dem Kino. Der deutsche Nachkriegsfilm

Da lachte selbst die »skeptische Generation«. Heinz Erhardt als Schupo am Rande des Nervenzu-sammenbruchs, 1959

mit seinen alten Ufa-Stars wie Heinz Rühmann, Theo Lingen, Ruth Leuwerik, Romy Schneider, O.W. Fischer, Curd Jürgens, Hans Albers, Gert Fröbe und Maria Schell fütterte die wunde Seele der »verletzten Nation« (Elisabeth Noelle-Neumann) mit Alpenglühn und grünen Wiesen, Urlaubsglück und Liebessehnen. Auch Humor von jener volkstümlichen Art war gefragt, die wärmt statt kühl seziert: ironiefreie Komödien mit Unterhaltungswert und Identifikationsangebot.

Was Filmkritiker bis heute als schlimmen Kitsch brandmarken, war der romantische Stoff für die Wandtapeten, die die Dreizimmerwohnungen der neu gebauten Wohnsiedlungen ausstaffierten: schöne Träume, kleine Fluchten. Und eine tiefe Sehnsucht nach Unschuld. Nicht zufällig trug die große gewerkschaftseigene Wohnungsbaugesellschaft den trauten Namen »Neue Heimat«.

Tatsächlich wurde eine neue Behaglichkeit gesucht, die mit dem Italienurlaub an der Adria perfekt korrespondierte. Nicht mehr, wie eben noch, mit Kübelwagen und Kampfpanzer ging es im Sommer nach Bella Italia, wo die Zitronenbäume blühten, sondern mit dem VW Käfer, dem lustigen »Volkswagen« für die friedlichen Zeiten. Den hatte freilich auch schon der »Führer« vor Augen gehabt, als er mit Ferdinand Porsche auf dem Obersalzberg zusammensaß und über die Zukunft sprach – nach dem selbstverständlich bald errungenen »Endsieg«.

Das »kollektive Beschweigen« (Karl Jaspers) der ungeheuerlichen Kriegsverbrechen und des Völkermords an den Juden half bei all den Neuanfängen. Ob Verdrängen oder Vergessen, Scham oder Schuldgefühl – jeder hing für sich seinen Gedanken und Gefühlen nach. Der eine mehr, der andere weniger. Vieles wollte man auch gar nicht oder nicht so genau wissen. Nicht wenige wussten allerdings ganz genau, was sie getan hatten: Nazitäter, Massenmörder, Verbrecher am Schreibtisch und im Versuchslabor, die nun auch ihr ganz privates Leben führten, gerne hinter ausladenden Laubbäumen und mannshohen Hecken.

Die konkrete Utopie der fünfziger Jahre: ein VW Käfer!

So wie der KZ-Arzt Heribert Heim, der bis 1945 gesunden Häftlingen bei vollem Bewusstsein Organe entnommen und aus ihrer Haut Lampenschirme fabriziert hatte. Bis zu seiner Flucht im Jahre 1962 lebte er unbehelligt und allseits geschätzt als Gynäkologe in Baden-Baden.

Zur gleichen Zeit sorgte die Waschmittelreklame psychologisch für Stabilität und Kontinuität im angeschlagenen »Volkskörper«, der nun auf dem besten Wege war, eine »nivellierte Mittelstandsgesellschaft« zu werden, wie der Soziologe Helmut Schelsky bereits 1953 voraussah. Wenig später, im Jahre 1960, lautete das zeitgemäße Motto schon ganz selbstbewusst: »Persil bleibt doch Persil«. Der führende Waschmaschinenhersteller gab sogar vor, sich in die Seele der deutschen Hausfrau einfühlen zu können: »Bauknecht weiß, was Frauen wünschen.« Für alles andere galt: »Man nehme Dr. Oetker.«

Aber auch die akademische Jugend verhielt sich ruhig und diszipliniert. Eine Studie der Frankfurter Soziologieprofessoren Jürgen Habermas und Ludwig von Friedeburg mit dem Titel »Student und Politik« ergab, dass 66 Prozent der Befragten als »apolitisch« gelten mussten, 16 Prozent gar als »autoritätsgebunden«. Nur 9 Prozent seien einem »definitiv demokratischen Potenzial« zuzurechnen.

Insgesamt stellte Habermas einen »Strukturwandel der Öffentlichkeit« fest, eine Entpolitisierung der Gesellschaft. Der Wähler sei zum Verbraucher geworden, Objekt des »politischen Marketing« statt Subjekt einer kritischen Debatte. Wahlkämpfe folgten mehr und mehr der »Persil«-Werbung, Stimmungsmache ersetzte Argumente. Eine Analyse, die merkwürdig aktuell wirkt.

Die Halbstarken kommen ...
Filmplakat von 1956

In diesem Augenblick also, als die westdeutsche Bundesrepublik jene historisch einzigartige Verbindung aus Neuanfang und Traditionsseligkeit, Modernisierung und Heile-Welt-Romantik einging, tauchten sogenannte »Halbstarke« auf, Motorradrocker, freche Minimädchen und gedankenzerfurchte Existenzialisten im schwarzen Rollkragenpullover, Literaten, Pazifisten und Gesellschaftskritiker, die die schöne neue Ordnung infrage stellten. Allein durch ihr öffentliches, nicht selten als »schamlos« beziehungsweise »unverschämt« empfundenes Auftreten provozierten sie die neue Privatheit als neues altes Spießertum.

Zugleich begaben sie sich, ihrerseits als Privatpersonen, in die öffentliche Sphäre, auf die Straße, in die Gesellschaft. Die zeigte sich sehr irritiert. Und leicht reizbar.

Als am lauen Frühsommerabend des 22. Juni 1962 in München-Schwabing ein junges Pärchen zur Musik dreier Gitarrenspieler tanzte, riefen Anwohner die Polizei. Sie kam, griff ein, und wie aus dem Nichts entstand eine Straßenschlacht, die sich an den folgenden Tagen Abend für Abend wiederholte. Viele Verletzte und etwa 200 Festnahmen standen am Ende der »Schwabinger Twistkrawalle«. Einer von denen, die damals zum ersten Mal erkennungsdienstlich behandelt wurden, war Andreas Baader, der nur wenige Jahre später die Ikone der RAF werden sollte. Ein Wetterleuchten, Vorschein kommender Ereignisse.

Ein ganzes Jahrzehnt, bevor der linke Schlachtruf »Das Private ist politisch!« bis zur letzten Bettkante vordrang, verkörperten die jungen Jeansträger und Beatles-Fans bereits die prekäre Vermischung der Sphären, oft, ohne es selbst zu wissen. Sie durchbrachen eine unsichtbare Schranke und durchkreuzten so das geheime Erfolgsrezept der Nachkriegs- und Wiederaufbaujahre – die möglichst strikte Trennung von Politik und Privatsphäre.

Werbeplakat der Firma Henkel, 1956

»Geh'n Se, geh'n Se, geh'n Se mit der Konjunktur!« sang Hazy Osterwald. Mehr musste nicht gesagt werden. Außerdem gab es ja noch das Kabarett, die »Münchner Lach- und Schießgesellschaft«, das Düsseldorfer »Kom(m)ödchen« und die Berliner »Stachelschweine«. Jede andere »Politisierung« des alltäglichen Lebens missfiel der überwältigenden Mehrheit der »Wiederaufbau«-Generation.

Gerade hatte man die totale Politisierung unterm Banner des Hakenkreuzes erlebt, und auch das später verwendete Wort von der 68er-»Bewegung« irritierte viele. Denn auch die Nazis hatten stets von ihrer »Bewegung« gesprochen, und selbst auf dem Zenith seiner Macht hatte Hitler nichts mehr gefürchtet als einen bürgerlich-friedlichen Ruhezustand, der ohne ständige Kampfbereitschaft, ohne flammende Tiraden und neue radikale Aktionen hätte auskommen können.

So entstanden schon früh wechselseitige Missverständnisse und Schuldzuweisungen, aber auch uneingestandene Schuldgefühle, an die man ungern erinnert wurde. Das Phänomen »1968« in Deutschland ist ohne diese gegenseitigen Projektionen und in sich verkeilten Fronten nicht zu verstehen, schon gar nicht ohne die Tatsache, dass viele Väter der rebellischen Jeansträger in Hitlers SS- und Wehrmachtsuniformen erwachsen wurden – vom »Westwall« bis Stalingrad, von Casablanca bis zum Nordkap, in U-Booten, Sturzkampfbombern und Konzentrationslagern.

Die Väter als »Täter« unter Generalverdacht – das gab es in keinem anderen Land der Welt. »Nur in dieser Spannung – einer Flucht aus der vergifteten Vergangenheit, die hinter den Biedermeierfassaden von Demokratie und Marktwirtschaft fortzuwesen schien, und einer elitär überzogenen Vorstellung von der Notwendigkeit und Möglichkeit, sich selbst und die Welt neu zu erfinden«, sei die Rebellion gerade der deutschen 68er politisch wie sozialpsychologisch angemessen zu interpretieren, meint der Historiker Gerd Koenen.

Auf der einen Seite jene merkwürdige »Ich-Leere« der vom totalen Zusammenbruch des »Dritten Reichs« schockierten Kriegsgeneration und ihre legendäre »Unfähigkeit zu trauern« (Alexander Mitscherlich) – auf der anderen Seite die Töchter und Söhne, die den Verlust einer moralisch glaubwürdigen elterlichen Vorbildfunktion durchaus schmerzhaft empfanden.

Auch so ist der Hunger nach unbefleckter Moral und neuen hehren Idealen zu verstehen. Während sich die Eltern hinter Ruhe und Ordnung, Arbeit und Disziplin versteckten, suchten ihre Kinder nach dem Utopos, dem unbekannten Ort hinterm Horizont.

»Mit denen kann man nicht diskutieren. Das ist die Generation von Auschwitz!« Dieser wütend-kalte Ausruf von Gudrun Ensslin am Abend des 2. Juni 1967 im Berliner SDS-Zentrum, kurz nachdem Benno Ohnesorg durch eine Polizeikugel gestorben war, dokumentiert den »Generationsbruch« nach dem »Zivi-

Damals war die Welt noch in Ordnung: Eine Radioübertragung des Soldatensenders »American Forces Network« (AFN) am Berliner Wittenbergplatz im August 1959

lisationsbruch« am radikalsten. Der Subtext war schon unüberhörbar: Also muss geschossen werden.

»1968« war eben auch der Versuch, das fortgesetzte Trauma jener »unbewältigten Vergangenheit« des nationalsozialistischen Terrors »noch einmal in fieberhaften Tagträumen und gewaltsamen Ausbrüchen durchzuspielen« (Koenen) und es derart aus eigener Kraft, gleichsam freudianisch, zu überwinden.

Ein heute erst richtig zu goutierendes Kuriosum der eigentümlich verschobenen Generationenverhältnisse ist, dass es gerade die frühen Rebellen der sechziger Jahre waren, die die durchaus umstrittene Politik der Westbindung des als »reaktionär« verschrienen Konrad Adenauer faktisch ernst nahmen. Sie waren absolut »westorientiert« und hörten Elvis Presley, lasen Sartre und Camus, gingen ins Theater zu Beckett und Ionesco, liebten Humphrey Bogart und schalteten AFN ein, »American Forces Network«, den Sender der Besatzungstruppen. Dort lief die beste Rockmusik weltweit, aber auch Jazz, Swing und Bebop, der zur Nazizeit noch als »entartete Negermusik« gebrandmarkt und verboten war.

US-Präsident John F. Kennedy wird bei seinem Besuch am 26. 6. 1963 am Checkpoint Charlie von den Berlinern umjubelt

Als US-Präsident John F. Kennedy, der, im heutigen Jargon, »coolste« Politiker seiner Epoche, am 26. Juni 1963 vom Balkon des Rathauses Schöneberg rief: »Ich bin ein Berliner!«, gab es nur Jubel und keinerlei Proteste. Umso größer waren Trauer und Entsetzen nach seiner Ermordung am 22. November 1963. In Frankfurt rief sogar der SDS, der »Sozialistische Deutsche Studentenbund«, zu einer spontanen Trauerdemo auf.

Charakteristisch für die frühen sechziger Jahre war das unvermittelte Nebeneinander von Rock 'n' Roll und Butzenscheibenromantik, schriller Pop-Avantgarde und braver Schnulzenästhetik, von Hans Magnus Enzensberger und Heinz Erhardt – dem »zornigen« intellektuellen Junggenie und dem Altmeister der Situationskomik, die Gleichzeitigkeit von »Geierwally« und »Gruppe 47«: Hier der »verlogene« Heimatfilm, dort der »wahrhaftige« literarisch-politische Aufbruch eines kleinen, wenn auch prominenten Zirkels, von Günter Grass bis Marcel Reich-Ranicki.

Heute scheint offensichtlich, dass dieses ungeklärte, eben auch: schweigend-sprachlose Spannungsverhältnis zwischen sozialökonomischer Modernisierung und Retro-Idylle nicht von Dauer sein konnte und irgendwie aufgelöst werden musste. Die wirtschaftlichen Verhältnisse aber, marxistisch gesprochen: die Widersprüche zwischen Kapital und Arbeit, zwischen »Produktionsverhältnissen« und »Produktivkräften«, spielten dabei die geringste Rolle. Einerseits befand sich die Bundesrepublik zu Beginn der sechziger Jahre in einem lang anhaltenden Konjunkturboom, von dem weite Teile der Bevölkerung profitierten, andererseits stellten selbst eher linksorientierte Soziologen wie Jürgen Habermas fest, dass »ein Klassenbewusstsein, zumal ein revolutionäres«, auch in den »Kernschichten der Arbeiterschaft« nicht mehr vorhanden sei. Konsequenz: »Jede revolutionäre Theorie entbehrt unter diesen Umständen ihres Adressaten.«

Logisch, dass sich die revolutionäre Idee nun andere Adressaten suchen musste. Von Anfang an waren es Künstlernaturen, Intellektuelle, Dichter und Denker, späte Bohemiens und frühe Existenzialisten, die sich mit der ernüchternden Soziologenweisheit nicht zufriedengeben wollten.

Doch es ging ja auch nicht vorrangig um die elende Knechtschaft ausgebeuteter Proletarier wie im 19. Jahrhundert (und noch zu Beginn des zwanzigsten), sondern vielmehr um die Entwertung des Individuums in der »verwalteten Welt« (Max Horkheimer), jener nivellierten »Massenkultur« des modernen Konsumkapitalismus, die das Subjekt zum beliebig austauschbaren funktionalen Rädchen im Getriebe degradierte. Der Philosoph Herbert Marcuse sprach gar von der »technologischen Aufhebung des Individuums«.

So war es kein Zufall, dass eines der ersten Dokumente jenes Unbehagens an der Gesellschaft, das zur Revolte werden sollte, von der »deutschen Sektion der Situationistischen Internationale«, der Gruppe »Spur«, stammt, die sich 1963, nach ihrem Ausschluss aus dem Verband wegen »fraktionistischer Aktivität«, in »Subversive Aktion« umbenannte.

In ihrem »Manifest« vom Januar 1961, in München-Schwabing als Flugblatt verteilt, unterschrieben auch von Dieter Kunzelmann, dem späteren Mitglied der berüchtigten »Kommune 1«, geht es drunter und drüber, wie sich das für eine Mixtur aus Dadaismus und Surrealismus, Existenzialismus und Hedonismus gehört: »Boykottiert alle herrschenden Systeme und Konventionen, indem ihr sie nur als missratene Gaudi betrachtet ... Jeder echte Künstler ist zur Umänderung seiner Umwelt geboren ... L'art pour l'art ist beendet, ebenso l'art pour l'argent und l'art pour la femme ... Mensch sein heißt homo ludens und homo gaudens ... Durch die Realisierung der Situationistischen Gaudi werden alle Probleme der Welt gelöst: Ost-West-Problem, Algerienfrage, Kongo-Problem, Halbstarken-Krawalle, Gotteslästerungsprozesse und sexuelle Verdrängungen ...«

Mag hier jede strikt literaturwissenschaftliche Textanalyse kapitulieren – der spätpubertäre Gestus, die lustvolle Provokation und die radikale, spielerische Subjektivität bildeten von Anfang an einen starken Impuls des diffusen Unbehagens an der Wirklichkeit. Noch in den späten siebziger Jahren, nicht zuletzt bei den »Spontis« in Frankfurt und Berlin, ist diese romantisch übersteigerte, teils antirationalistische Linie präsent. Ein libertäres, nahezu anarchistisches Freiheitsbedürfnis wurde zur zentralen Triebkraft, die auch unterhalb der ideologischen Abstraktionen, die später das Terrain eroberten, weiterwirkte. Daneben sorgten ein nicht unerheblicher Selbstdarstellungsdrang und eine ausgeprägte Eigenliebe dafür, dass die Öffentlichkeit, ob klein oder groß, im Saal oder auf der Straße, jeweils umgehend zur Theaterbühne wurde.

Was später über nachfolgende Generationen gesagt wurde, traf teils schon auf die um 1945 geborenen 68er zu: Statt »anal-autoritär« wie ihre Eltern, oft noch im kaiserlich-preußischen Deutschland geboren, waren sie bereits eher »oral-narzisstisch« geprägt. Einerseits Kriegs- und Trümmerkinder, waren sie andererseits Sprösslinge des Wirtschaftswunders und seiner schönen neuen Warenwelt.

Nicht von ungefähr attestierte man den 68ern im Rückblick »die längste Kindheit der Weltgeschichte« (Eva Demski). Ihre

Adoleszenz zog sich zuweilen bis ins fünfte Lebensjahrzehnt hin, einschließlich Jeans, Turnschuhen und Pferdeschwanz.

Der diskrete Charme der Rebellion – er war vor allem ein Aufstand der gestauten Lebenstriebe. Dabei ging er freilich mit neuen, subtilen Mischformen der Sublimation einher. Ironie, bis zum puren Nonsens, wurde zum Ventil – und zur Waffe der Kritik, die viele Ausdrucksmöglichkeiten fand.

Die im September 1962 gegründete Monatszeitschrift »Pardon« etwa, publizistische Wegbegleiterin, mehr noch: »Vademecum« der frühen Rebellen, war ein wirkliches Novum im Adenauer-Deutschland: satirisch und politisch gleichermaßen, engagiert und spielerisch, radikal und hedonistisch. Zu ihren Autoren gehörten Hans Magnus Enzensberger, Erich Kuby, Günter Wallraff und Robert Neumann; Robert Gernhardt, Eckhard Henscheid, Hans Traxler, Chlodwig Poth und F. K. Waechter lieferten Karikaturen, die Geschichte machten und noch Jahrzehnte später das ebenso legendäre Nachfolgemagazin »Titanic« inspirierten.

Die Ausgabe Nr. 2 der satirischen Zeitschrift »Pardon« im Herbst 1962. Ihr Motto: Das Ganze ist das Absurde

Doch neben dieser sarkastischen, sublim-heiteren Melange gab es auch das Graubrot der akademischen Gesellschaftskritik – von der Denkschrift des SDS mit dem Titel »Hochschule in der Demokratie« bis zum »Positivismusstreit« in der deutschen Soziologie mit seinen Antagonisten Theodor W. Adorno und Karl Popper.

Und immer wieder kam es bereits zu kleineren Aufmärschen, Demonstrationen und Kundgebungen gegen Wiederbewaffnung und Atomrüstung (aus denen die »Anti-Atomtod«- und »Ostermarschbewegung« wurde), gegen koloniale Herrschaft, Folter und Krieg in Algerien und im Kongo (Lumumbas Ermordung), gegen die ersten Pläne für sogenannte »Notstandsgesetze«, alte Nazis in Regierungsämtern oder ganz einfach »gegen Faschismus und Krieg – Nie wieder Auschwitz«.

Unterdessen hatte, 18 Jahre nach der Befreiung der NS-Vernichtungslager, Ende 1963 der große Auschwitzprozess in Frankfurt am Main begonnen – das größte Gerichtsverfahren gegen Holocaust-Täter überhaupt. Im August 1965 wurde das Urteil gefällt: Sechs der zwanzig Angeklagten erhielten eine lebenslange Freiheitsstrafe, elf zwischen drei und vierzehn Jahren Zuchthaus, drei wurden freigesprochen. Das Frankfurter Schwurgericht blieb durchweg deutlich unter den Strafanträgen der Staatsanwaltschaft. So wurde etwa Dr. Victor Capesius, SS-Sturmbannführer und Leiter der Lagerapotheke in Auschwitz-Birkenau, wegen gemeinschaftlicher Beihilfe zu gemeinschaftlichem Mord an mindestens 8000 Menschen zu neun Jahren Zuchthaus verurteilt. Nach acht Jahren, im Januar 1968, wurde er entlassen. Dr. Willy Frank, Zahnarzt und SS-Obersturmführer, wurde wegen gemeinschaftlichen Mordes an mindestens 6000 Menschen zu sieben Jahren Zuchthaus verurteilt. Er starb 1989 im Alter von 86 Jahren. Der historische Prozess fand durchaus öffentliches Interesse, doch der Begriff »Auschwitz« sollte erst Jahrzehnte später mit voller Wucht die schmerzhafte Selbstreflexion der Republik besetzen.

Erst im September 2007 zum Beispiel enthüllte eine offizielle Studie des Bundeskriminalamtes die eigene Nazivergangenheit unter dem Titel »Die Historie des BKA: Verbindungslinien zum NS-Regime«. Dutzende SS-Führer, darunter wahre Massenmörder im Dienste Hitlers, hatten ab 1951 bis in die siebziger Jahre hinein dem BKA in den gleichen Funktionen gedient, die sie bis 1945 bereits bei der Kripo in Himmlers »Reichssicherheitshauptamt«, bei der »Geheimen Feldpolizei« und Dienststellen der SS innegehabt hatten. So etwa SS-Hauptsturmführer Theo Saevecke, der »Henker von Mailand«, der 1971 als Kriminalrat regulär in den Ruhestand ging und erst 1998 von einem italienischen Gericht in Abwesenheit wegen hundertfacher Hinrichtung von

Die Angeklagten im Frankfurter Auschwitz-Prozess Ende 1963

Zivilisten zu lebenslanger Haft verurteilt wurde. Weil er nicht ausgeliefert wurde, lebte er in der Nähe von Osnabrück unbehelligt bis zu seinem Tode im Jahr 2000. Als stellvertretender Chef der »Sicherungsgruppe Bonn« hatte er Ende Oktober 1962 ausgerechnet das massive Vorgehen gegen den »Spiegel« und dessen Herausgeber Rudolf Augstein wegen »Landesverrats« geleitet, seitdem als »Spiegel-Affäre« legendär.

Der Autor der BKA-Studie, der Kriminalbeamte, Ex-BKA-Mitarbeiter und Historiker Dieter Schenk, hatte die wesentlichen Fakten allerdings schon in seinem 2001 erschienenen Buch über die »braunen Wurzeln des BKA« dargelegt: von 47 leitenden BKA-Beamten im Jahre 1959 besaßen nur zwei keine aktive Nazivergangenheit. Dass dieses braun verseuchte BKA zehn Jahre später Andreas Baader, Gudrun Ensslin & Co. jagte, ist schon mehr als eine böse Ironie der Geschichte.

Im Schatten des Unfassbaren ging es aber vorerst noch um anderes. Mal mit großer poetischer Geste – »Das Gedicht ist in den Augen der Herrschaft ... anarchisch« (Enzensberger) –, mal in der kleinen Münze einer »Protestresolution« gegen Adenauers Nato-Politik, ob in der apokalyptischen Warnung vor »der Bombe«, dem »Auschwitz von morgen« oder bei der Kritik am reformistischen »Godesberger Programm« der SPD – der diffuse Widerwille wurde konkreter, politischer, ungestümer, apodiktisch.

»Die SPD ist ein Scheißhaufen, Dummköpfe, Intriganten, eitle Pfauen«, polterte zum Beispiel Hans Werner Richter, der Herbergsvater der »Gruppe 47«, und setzte gleich noch eins drauf: »Im übrigen gebe ich der Bundesrepublik nicht die geringste Chance mehr.« Er meinte eine demokratische, pazifistische, fortschrittliche Bundesrepublik, die schon wieder rettungslos verloren schien. Aus und vorbei, bevor es richtig begonnen hatte.

Das Scheitern der »Weimarer Republik« lag in der meist rauchgeschwängerten Kellerkneipenluft, nicht zuletzt Ausdruck eines tiefen Selbstmisstrauens gegenüber der eigenen, der zweiten deutschen Republik.

So schwankten viele Intellektuelle in den frühen sechziger Jahren immer wieder zwischen fröhlichem Mitmachen und ästhetischem Überdruss, politischer Hoffnung und dunklen Untergangsfantasien, feucht-fröhlichen Stunden auf dem großen Buchmessenempfang und schriller Warnung vor der »Manipulation der Massen« durch Medien, Konsum und Kapital.

Gleichwohl: Aus der eher »literarischen Vorform der Öffentlichkeit« in kleinen Zirkeln und Grüppchen hatte sich allmählich eine gesellschaftliche Arena der politischen Auseinandersetzung entwickelt. Private und öffentliche Sphäre wurden durchlässiger, Streit, Diskussion und Debatte bürgerten sich ein, freilich nach wie vor eher im Kreise einer engagierten Minderheit.

Dass Unbehagen, Unzufriedenheit und innerer Aufruhr aber nicht nur Künstler, Intellektuelle und Studenten ergriffen hatten, zeigt sich exemplarisch bei »Bommi« Baumann, der in den siebziger Jahren Bomben bastelte und in den terroristischen Untergrund ging. Mitte der sechziger Jahre war er Lehrling am Bau. In seinem berühmt-berüchtigten Bekenntnisbuch von 1975 (»Wie alles anfing«) schildert er im Berliner Proleten-Slang rückblickend seinen deprimierenden Spießer-Alltag:

»Denn fährst du zur Arbeit, und wenn du denn die Leute ankiekst, mit denen kriegst du ja auch keinen Kontakt, obwohl du ja immer mit denselben Gesichtern zur selben Zeit fährst, aber da läuft ja auch nichts ab unter den Leuten. So sitzt du denn da und hörst dir immer wieder dieselben Gespräche an, siehst immer dieselben verkaterten Gesichter... Auf der Fahrt zu dieser Baustelle ist mir plötzlich klar geworden, das machst du jetzt 50 Jahre. Es gibt kein Entkommen. Der Schreck hat mir ziemlich in den Gliedern gesessen, also habe ich immer eine Möglichkeit gesucht, raus zu kommen.«

Bloß raus hier! Das galt für viele. Raus aus bedrückenden Lehr- und Arbeitsverhältnissen, raus aus einem beengten, eintönigen Leben in vorgezeichneten Bahnen, raus aus Kleinfamilie, Provinzmief und Vorstadtghetto. »We've gotta get out of this place!« sang Eric Burdon und traf damit das Lebensgefühl einer ganzen Generation. Nichts wie weg. Aber wohin?

Dieter Kunzelmanns »Subversive Aktion« wusste da schon ersten Rat: »Kritik muss in Aktion umschlagen. Aktion entlarvt die Herrschaft der Unterdrückung.« Das war das halbe Programm der Rebellion. In einem Brief an einen Freund wird der Urkommunarde Kunzelmann präziser: »Wir provozieren Monsterprozesse, durch die wir unsere ganzen Ideen publik werden lassen. Wir stürmen z.B. ein Kaufhaus, nehmen alle Güter und verteilen sie auf der Straße; der folgende Prozess müsste so frechgeschickt geführt werden, dass die Lüge der freien Wirtschaft selbst dem letzten Trottel bewusst wird. Oder wir inszenieren mitten auf dem Stachus eine Vögel-Szene (Du und Marion), und im Prozess treten wir dann auf: ›Warum nicht‹?«

So naiv, ja kindisch diese Vorschläge wirken, so charakteristisch und erstaunlich erfolgreich waren sie für die künftige Entwicklung. Das Kaufhaus sollte ja nicht geplündert werden, um die Waren an Arme und Bedürftige zu verteilen oder es in sozialistisches »Volkseigentum« zu überführen – es sollte nur etwas »demonstriert« werden: die große Waren-Lüge, die buchstäblich blendende Verlogenheit des Kapitalismus, das grundsätzlich Falsche des Systems.

Auch der öffentliche Sexualakt auf dem Münchner Paradeplatz hätte nur eine Funktion haben sollen: die verklemmte Spießermoral bloßzustellen. »Épater le Bourgeois!«, die kämpferische Parole antibürgerlicher Provokation durch Bohemiens, Surrealisten und Dandys Ende des 19., Anfang des 20. Jahrhunderts, kehrte in gewandelter Form zurück. Und Mitte der sechziger Jahre war es ungleich leichter als heute, Bürger zu irritieren, zu erschrecken oder ihnen die Zornesröte auf die Stirn zu treiben.

Man sieht sie noch heute vor sich, die braven Angestellten mit Hut und abgewetzter Aktentasche auf dem eiligen Weg von der Arbeit nach Hause, wenn auf der Straße wieder einmal »Action« angesagt war: Mit halb geöffnetem Mund standen sie da, schauten dem Spektakel eine Weile verständnislos zu und verließen die Szene dann meist kopfschüttelnd und wortlos. Daheim warteten Ehefrau und Linsensuppe.

Das Leitmotiv der »Entlarvung« zieht sich wie ein roter Faden durch die Geschichte der Revolte. Hinter der sichtbaren Oberfläche, dem Schein der Verhältnisse, wollte man ihre tiefere Wahrheit, Funktion und Struktur, das Sein der Dinge, ans Licht des Tages bringen und so »kritische Bewusstseinsprozesse« in Gang setzen.

Denn in die vorgeblich »normale« Wahrnehmung der Menschen, das war die elektrisierende Ausgangsthese, hatte sich überall »falsches Bewusstsein« eingenistet, eine Art eingebauter Irrtum über die wahren gesellschaftlichen Verhältnisse. Karl Marx hatte das die »bürgerliche Ideologie« genannt. Auf ihn berief man sich nun, neben Adorno, Horkheimer und Marcuse, immer öfter. So wurde Ideologiekritik zur neuen Leidenschaft der antibürgerlichen Rebellen.

In dem 1964 erschienenen Buch »Der eindimensionale Mensch« (die deutsche Ausgabe erschien 1967), einer Bibel des

Protests, behauptete der in Kalifornien lebende Philosoph Herbert Marcuse, die westliche Gesellschaft sei gerade wegen ihrer »totalen Mobilisierung« technologischer Produktivkräfte »als Ganzes irrational« und letztlich »ohne Opposition«: »Ihre Produktivität zerstört die freie Entwicklung der menschlichen Bedürfnisse und Anlagen, ihr Friede wird durch die beständige Kriegsdrohung aufrechterhalten, ihr Wachstum hängt ab von der Unterdrückung der realen Möglichkeiten, den Kampf ums Dasein zu befrieden…«

Kurz: Die Beherrschung der Produktivkräfte sei zur Beherrschung des Menschen geworden – eine Abwandlung jener These von der »Dialektik der Aufklärung« (Originalausgabe 1944), die Max Horkheimer und Theodor W. Adorno berühmt gemachten hatte. In ihrem frühen Hauptwerk zeigen sie, »wie die Unterwerfung alles Natürlichen unter das selbstherrliche Subjekt zuletzt gerade in der Herrschaft des blind Objektiven, Natürlichen gipfelt«.

Diese »Vergötzung des Daseienden«, der »Verblendungszusammenhang«, führe dazu, dass die Individuen, Gefangene jenes »falschen Bewusstseins«, ihre eigene Lage kaum noch

Kritik an der »Ideologie der fortgeschrittenen Industriegesellschaft«: der Philosoph und Soziologe Herbert Marcuse im Herbst 1970

erkennen könnten. Umso schwieriger, sich daraus zu befreien.

Die alles beherrschende technologische Rationalität, so auch Marcuse, habe der hoch entwickelten spätkapitalistischen Gesellschaft »totalitäre Züge« verliehen und jene Bedürfnisse an den Rand gedrängt, »die nach Befreiung verlangen«.

Der durch Arbeit und Konsum politisch integrierten Mehrheit bliebe nur jene »repressive Entsublimierung« übrig, die das Gegenteil tatsächlicher Freiheit sei – eine bloß eingebildete Pseudofreiheit zur Befriedigung »unmittelbarer« materieller Interessen, die der Entfaltung der »wirklichen« Interessen der Menschen entgegenstehe. Nur jene Minderheit, die noch über ein »unglückliches Bewusstsein« verfüge, sei in der Lage, sich der »Großen Weigerung« zu verschreiben, die der Einsicht folgt: »Das was ist, kann nicht wahr sein.«

Noch Jahrzehnte später hallte das Echo dieser fundamentalen Kulturkritik nach, nicht zuletzt in hämischen Punker-Parolen, die sich über den angeblichen Lebensinhalt der Millionen Spießer im Lande lustig machten. »Fressen, Ficken, Fernsehen« – mehr wollten die Leute gar nicht. Ein Generalverdacht, der zuweilen von jenen geäußert wurde, die von »Kritischer Theorie« und »Frankfurter Schule« noch nie etwas gehört hatten. Dafür waren ihre besten Freunde der Hund am Nieten-Halsband und die Bierflasche am Mittag.

Doch auch dieser diskrete Widerspruch gehörte zu einer ganz eigentümlichen Dialektik, die in Deutschland seit je stark ausgeprägt war: Auf der einen Seite wurden die »Massen« samt ihrer Kultur verachtet, andererseits dienten sie als Projektionsfläche romantischer und revolutionärer Fantasien.

Im Zweifel hielten sich die Rebellen der sechziger Jahre erst einmal an Theodor W. Adorno, den jüdischen Emigranten aus Nazideutschland und Mitbegründer der »Kritischen Theorie«. Er war die ebenso bewunderte wie umstrittene Hauptfigur der »Frankfurter Schule«. Die philosophische Kurzfassung seines umfangreichen Werks – »Das Ganze ist das Unwahre« und »Es gibt kein richtiges Leben im falschen« – avancierte zum *cantus firmus*, zum politisch-philosophischen Sound der Protestbewegung. Mit diesen Worten war auf ebenso schlagende wie wunderbare Weise das Tischtuch mit der schlechten Wirklichkeit zerschnitten. Das machte es einfacher, »dagegen« zu sein. Und es verlieh der Rebellion Flügel.

Zudem besaß Adorno die außergewöhnliche Gabe, filettiermesserscharf und poetisch zugleich zu formulieren. Zum Beispiel Sätze wie diese: »Mit dieser Welt gibt es keine Verständigung. Wir gehören ihr nur in dem Maße an, wie wir uns gegen sie auflehnen. Alle sind unfrei unter dem Schein, frei zu sein.«

Im Zentrum dieser ebenso grandiosen wie unentrinnbaren Dialektik standen drei Begriffe, die man bei Bedarf auch zusammenziehen konnte: MassenMedienManipulation. Damit war fast schon alles gesagt: der »Verblendungszusammenhang« in einem Wort. Erst jenseits seiner Herrschaft erstreckte sich das Reich der Freiheit und der wahren Selbstbestimmung – die Utopie eines anderen, wahrhaft glücklichen Lebens.

So war es beinah zwingend, dass zu den ersten größeren »Aktionen« ein »go-in« bei der »Tagung des Bundes deutscher Werbeleiter und Werbeberater« zählte. Als der Stuttgarter Oberbürgermeister am 5. Mai 1964 den Kongress der Fachleute für professionelle Täuschung in der »Liederhalle« eröffnete, flatterten plötzlich Flugblätter von der Empore, begleitet vom Schlusschor der Bach'schen Matthäuspassion und merkwürdigen Rülpsgeräuschen.

»Es gibt kein richtiges Leben im falschen«: Theodor W. Adorno, die Hauptfigur der »Kritischen Theorie«, während einer Protestkundgebung gegen die geplanten Notstandsgesetze, 1968

Der »Aufruf an die Seelenmasseure«, den die verdutzten Reklamefritzen nun in Händen hielten, begann fast schon klassisch: »IHR suggeriert den Leuten die Bedürfnisse ein, die sie nicht haben! IHR stopft sie voll mit Produkten, damit sie sich ihrer wahren Bedürfnisse nicht mehr bewusst werden! IHR sorgt dafür, dass die Menschen nur noch arbeiten müssen, um konsumieren zu können und damit Konsum mit Arbeit identisch wurde ... Deshalb seid IHR DIE PREDIGER DER UNTERDRÜCKUNG.«

Zwar wurden die Aktivisten festgenommen und vom Verfassungsschutz verhört, doch der Richter ließ sie wieder frei: Die Mitarbeiter der Werbebranche würden »die Opfer ihrer Werbung« ja auch nicht »mit Samthandschuhen anfassen. Also dürften auch sie »ruhig etwas härter angefasst werden«. Der Rechtsstaat war eben schon vor 1968 mehr als ein Papiertiger.

Die Provokation des Verblendungszusammenhangs hatte so nur halb funktioniert. Die Frage blieb weiter: Wohin mit der Rebellion? Denn selbst Rudi Dutschke, die Ikone der deutschen 68er, war vorläufig noch mit dem Studium der Klassiker beschäftigt. Kurz vor dem Bau der Berliner Mauer am 13. August 1961 war der christliche Sozialist, der den Wehrdienst in der »Volksarmee« verweigert und die »Militarisierung« der DDR öffentlich kritisiert hatte, von seinem bisherigen Wohnort im brandenburgischen Luckenwalde nach Westberlin umgesiedelt, wo er unverzüglich das Studium der Soziologie an der Freien Universität aufnahm.

Er verschlang Platon und Hegel, Freud und Lukács, Martin Heidegger und Jean-Paul Sartre. Selbstverständlich las er auch Karl Marx und notierte in seinem Tagebuch: »Natürlich verkauft auch der Arbeiter Westeuropas seine Arbeitskraft; er verkauft sich gut, hat heute mehr zu verlieren als seine Ketten. Das proletarische Klassenbewusstsein ... erwies sich nach verbesserten Lebensbedingungen als wenig haltbar, die Arbeiter ›verbürgerlichten‹«.

Umso mehr kam es darauf an, eine »permanente Aufklärungs- und Enthüllungsanalyse der aktuell und bewusst revolutionären Kräfte einzusetzen«. In dieser theoretisch wie praktisch nicht ganz unkomplizierten Lage setzten die vereinigten Subversiven aus West und Ost, München und Berlin auf das ganz Nahe und ganz Ferne. Rudi Dutschke und Bernd Rabehl, Dieter Kunzelmann und Rainer Langhans, so unterschiedlich sie waren, nahmen das große Ganze ins Visier – und das Innerste, die Triebstruktur der autoritären Herrschaft in jedem Einzelnen; die aus-

Rudi Dutschke, 1968

gebeutete »dritte Welt«, zugleich aber auch die inneren Widersprüche des potenziell revolutionären Subjekts, das psychisch
immer noch »kleinbürgerlich deformiert« war, unfrei und voller
Komplexe, streng genommen revolutionsuntauglich. An beiden
Punkten sollte angesetzt werden. Wenn die Thesen von Adorno
und Marcuse stimmten, musste eben die »Peripherie« der Gesellschaft handeln, soziale Randgruppen, Ausgestoßene, Intellektuelle, zur Tat Entschlossene.

Und wie praktisch: Gerade war das Buch »Partisanenkrieg –
eine Methode« erschienen, das Werk eines gewissen Che Guevara, der den bewaffneten Kampf einer kleinen entschlossenen
Avantgarde von Berufsrevolutionären predigte und den offiziellen, parlamentarisch drapierten Weg der kommunistischen Parteien als »reformistisch« verwarf. Gemeinsam mit Fidel Castro
hatte er 1958/59 die kubanische Revolution zum Sieg geführt.
Auch er, schon damals auf dem Weg zur weltweit unsterblichen
Ikone, strebte nicht nur die Umwälzung der äußeren Verhält-

nisse, sondern auch die Revolutionierung der Rebellen selbst an, kurz: den »neuen Menschen«.

Zwar war Rudi Dutschke weder ein neuer Mensch noch ein Che Guevara aus Charlottenburg, aber er träumte immerhin schon davon, dass »unsere Mikrozellen« mit amerikanischen, lateinamerikanischen und afroasiatischen Gesinnungsgenossen zusammenarbeiten könnten.

Strebte nicht nur die Umwälzung der äußeren Verhältnisse, sondern auch den »neuen Menschen« an: Che Guevara

Der Studierstuben-Revolutionär mit der stets zur Tat drängenden gepresst nasalen Stimme war ein notorischer Optimist. »Und so suchte und fand er Sätze, die ihn zur Praxis ermutigten«, erinnert sich sein Biograf Jürgen Miermeister. Sein Freund Frank Böckelmann, ebenfalls Mitglied der »Subversiven Aktion«, benutzte sogar das politisch unkorrekte Wort vom »Material, aus dem Führerpersönlichkeiten geschmiedet werden« zur Charakterisierung des künftigen SDS-»Chefideologen«. »Von Dutschke ging eine Atmosphäre der Fremdheit aus, die zugleich begeisternd war ... Etwas Strenges, Düsteres und gleichzeitig Entschlossenes ... Er war auch umgeben von so einer Ahnung von Reinheit, man möchte fast sagen: Keuschheit. Wenn er sprach, machte er es nicht unter zehn Minuten. Er sprach unter vier Augen genauso wie in Veranstaltungen vor fünfzig Leuten. Da war einer, für den schon alles klar war.«

Im persönlichen Umgang stets freundlich, begann er selbst lange private Briefe an Freunde gleich mit dem aktuellen Stand der weltweiten Kräfteverhältnisse zwischen Revolution und Konterrevolution. Eine kleine Frage nach Gesundheit und Befinden, ein nettes Wort zum Auftakt – Fehlanzeige. Er war einfach zu beschäftigt mit den wirklich wichtigen Dingen – ein protestantischer deutscher Revolutionär par excellence. Stets hatte er seine dicke Tasche mit Büchern und Papieren dabei, darunter »seine drei Bände Marx«, in denen »jede Zeile mit einem fünffarbigen Kugelschreiber unterstrichen« war (Miermeister).

Unter solchen, wenig libidinös geprägten Umständen lernte ihn auch seine spätere deutsch-amerikanische Frau Gretchen an einem milden Sommerabend 1964 kennen: »Am Steinplatz in Berlin aßen und tranken wir zufällig nebeneinander Eis und Kakao. Er war damals dabei, Polnisch zu lernen, weil er vorhatte, für seine Doktorarbeit polnische Theoretiker im Original zu lesen. Da er eine Masse polnischer Bücher dabeihatte und weil er ein für mich ungewohntes Deutsch sprach, glaubte ich, er sei Pole.«

Sie verliebte sich in diesen merkwürdig faszinierenden Mann, doch der schickte sie erst einmal wieder zurück nach Amerika. »Er sagte mir, er sei mit der Revolution verheiratet.« Im Sommer 1966, als die Vorbereitungen für die Gründung der »Kommune 1« schon auf Hochtouren liefen, hinderte ihn das schließlich nicht mehr, sein Gretchen zu heiraten – ganz gegen den antibürgerlichen Zug der Zeit.

Wie so oft bringt es Bommi Baumann auf den Punkt: »Er war ein abgefahrener Typ, auf seinem Level echt ein higher Typ gewesen. Darum war er auch irgendwo der wichtigste Mann, den wir hatten, weil er war ja wirklich voll drauf. Seine Reden waren immer so abstrakt, die hat ja kein Mensch verstanden ... Aber er hat eben die Power, hast du sofort gemerkt, der ist in Ordnung, der geht genauso wie du durchs Feuer.«

Gudrun Ensslin war damals noch nicht ganz so weit. Die spätere RAF-Genossin und Geliebte Andreas Baaders engagierte sich im Sommer 1965 gemeinsam mit Günter Grass, Klaus Wagenbach, Peter Schneider, F. C. Delius, Reinhard Lettau, Peter Härtling, Hubert Fichte und anderen im »Wahlkontor deutscher Schriftsteller in Berlin« für den Kanzlerkandidaten der SPD, Willy Brandt.

Rudi Dutschke und seine Freunde aus der »Subversiven Aktion« waren da schon längst Mitglieder im Berliner SDS geworden, um den damals noch recht bürokratischen Laden ein bisschen aufzumischen. Gegen die Studentenorganisation der SPD bestand seit Ende 1961 ein scharfer »Unvereinbarkeitsbeschluss« mit der ehrwürdigen Mutterpartei – wegen flagranter Linksabweichung.

II. Die Politisierung einer Generation
oder
Wir sind dagegen

Mit dem Abstand der Jahre wird manches klarer, im historischen Zusammenhang verständlicher, besser interpretierbar. Vieles scheint aber auch nebulöser und exotischer zu werden, rational kaum noch nachvollziehbar, frei nach dem Satz von Karl Kraus: Je näher man ein Wort anschaut, desto ferner blickt es zurück.

Je näher man sich heute etwa Rudi Dutschkes Worte Mitte der sechziger Jahre des vergangenen Jahrhunderts anschaut, desto entrückter scheinen sie. Wenn in diesen Tagen alte Fernsehaufnahmen und Redemitschnitte des »Studentenführers« gesendet werden, so fragen sich nicht nur die Jüngeren, welche Fremdsprache da eigentlich gesprochen wird. Es ist jedenfalls eine Sprache voller Fremdwörter und hochabstrakter, zuweilen hochfahrender wissenschaftlicher Begriffe, mit Substantiven überladen und in einem Stakkato vorgetragen, dass sich die Unbedingtheit und Unaufschiebbarkeit dessen, worum es ging, auch dem aufdrängen sollte, der so gut wie nichts verstand.

Hinter der verstiegenen Grammatik dieser linken Geheimsprache stand der Glaube an die Macht des Wortes, das die Kritik an der Gesellschaft zum Protest führen sollte. »Eine furchterregende Waffe«, nennt sie Thomas Schmid, der selbst ausgiebig von ihr Gebrauch gemacht hat. »So selbstsicher wir damals dieses neue Idiom – das wie ein wunderbarer autogenerativer Motor lief –

sprachen, wir blickten auch staunend zu ihm auf, wir erschauerten vor unseren eigenen Formulierungen ... Es ist kaum mehr vorstellbar, welch starker ästhetischer Reiz von dieser Sprache ausging ... Die Öffnung betreibend, schlossen wir die Sprache ab, verkarsteten sie, machten sie für Außenstehende zu einem Minenfeld.« Wer heute dieser buchstabengläubigen Kunstsprache und dem »kultischen Umgang« mit theoretischen Werken nur noch mit Spott begegne, der übersehe »den Eros, der uns trieb«.

Und tatsächlich, die akademische Verve theoretischer Analyse und die Rhetorik der Welterklärung hatten ihre eigene Erotik. Der schon beinah naive Glaube an die Schrift, an das Argument, an Abstraktionen und Begriffe, die die irritierende Welt der Erscheinungen in ihrem Wesen erhellen sollten – das »Auf-den-Begriff-bringen« der Dinge – das alles enthielt ein faszinierendes Versprechen, einen faustischen Moment der wahren Erkenntnis. In ihm lag das Wunder der ideologiekritischen Entlarvung, wenn man will: einer innerweltlichen Offenbarung.

Und wirklich, manche Lektüre einer »solitären Schrift« (Schmid), ein ganz bestimmtes Buch, empfanden viele 68er wie eine glückliche Offenbarung. Ein bestimmtes Buch nicht gelesen zu haben, kam dagegen dem Eingeständnis eines schweren intellektuellen und politischen Versagens gleich.

Das Vertrauen in die nur über Abstraktion zu gewinnende Erkenntnis saß tief, weil es zugleich eine konkrete, letztlich lustvolle Selbstermächtigung war: Eine Autonomie, die der gesellschaftlichen Entwertung des Individuums trotzte. Ich erkenne, also bin ich. Wir erkennen, also verändern wir die Welt.

Gerade weil bislang nur wenige den Weg der Erkenntnis aufgenommen hatten, war das Eintrittsbillet umso kostbarer. Auch wenn es später Tausende waren: Mit ein paar Dutzend Leuten fing es an. Auch Tom Sawyer war zu Beginn ganz allein mit seinem langen Zaun, den er zu streichen hatte.

Die Abgrenzung zur Generation der Eltern konnte kaum schärfer sein. Sie verstanden tatsächlich meist kein Wort von diesem »Soziologendeutsch«. Dabei bezog sich ihre Frage an die theoretisierenden Töchter und Söhne beim sonntäglichen Mittagessen – »Was wollt ihr eigentlich?« – nicht nur auf bestimmte politische Ziele, sondern auch auf die Unmöglichkeit, sich überhaupt gegenseitig verständlich zu machen. »Kapitalakkumulation«, »Entfremdung«, »repressive Toleranz« – da wandte sich Vater lieber wieder dem rheinischen Sauerbraten zu.

Dabei war doch alles ganz klar. »Unser Ziel ist das Setzen der Kommune«, schrieb Dutschkes Freund Bernd Rabehl, später Professor für Soziologie in Brasilien, in einem manifestartigen Diskussionsbeitrag für die etwa 25-köpfige Gründungsgruppe der »Urkommune« im November 1966. »Setzen der Kommune ist die Voraussetzung von Praxis. Anarchistische Praxis ist die Zerstörung von Theorie. Wir haben uns vorgenommen, keine Tendenzanalyse mehr zu machen. Das bedeutet, dass Praxis augenblicklich möglich ist.«

Dieser auf den ersten Blick theoriefeindliche Aufruf war nichts weiter als die fiebernd theoretische Begründung eines voluntaristischen Sprungs in die Tat, ganz so, als handele es sich um das winzige »Startfenster« einer Apollo-Rakete ins Weltall, das unbedingt genutzt werden musste.

Während Adorno, Marcuse & Co. wortreich den Verblendungszusammenhang und die Unmöglichkeit der befreienden Handlung beschworen, wollten die Revolutionstheoretiker Dutschke & Co. endlich damit anfangen, diesen Teufelskreis der intellektuellen Selbstblockade zu durchbrechen. Das änderte nichts daran, dass der Theorie/Praxis-Widerspruch zum Leitmotiv unzähliger Debatten werden sollte: Theorie ohne Praxis ende im Seminarmarxismus, Praxis ohne Theorie bleibe in begriffsloser Beliebigkeit und Aktionismus stecken. Legendär schon damals die Verzweiflungsrufe Einzelner: »Ich finde es Scheiße, dass hier so abstrakt diskutiert wird, während es einem so dreckig geht!«

Wenige Monate zuvor, im Juni, hatten sich alle im Elternhaus des Genossen Lothar Menne am oberbayerischen Kochelsee getroffen, um dieser Verzweiflung ein Ende zu machen. Individuelles und gesellschaftliches Elend sollte gleichermaßen in die politische Praxistherapie. Menne, Sohn eines Textilfabrikanten, später ein erfolgreicher Verlagsmanager, veröffentliche zwei Jahre später, 1968, gemeinsam mit Che Guevara ein Buch mit dem Titel »Venceremos. Wir werden siegen!«

Zunächst aber diskutierten die neun Männer und fünf Frauen, die sich »Viva-Maria-Gruppe« nannten, darunter auch das künftige RAF-Mitglied Jan-Carl Raspe, über »die Bedingungen und Möglichkeiten revolutionärer Praxis in Westeuropa unter besonderer Berücksichtigung kollektiver Wohnprojekte«.

Die Bezeichnung »Viva Maria« war dem gleichnamigen Film von Louis Malle mit Jeanne Moreau und Brigitte Bardot entlehnt, in dem zwei hinreißende Frauen mit Schönheit, Witz und viel Sprengstoff der mexikanischen Revolution auf die Beine helfen. Zwischen Ernst und Spaß, Pathos und Ironie changierend beeindruckte der Film selbst Rudi Dutschke, dem sonst im Kino rasch die Augen zufielen. Er soll den Film, der ganz sinnlich Lust auf die Revolution macht, gleich vier Mal gesehen haben.

Anfangs jedoch musste er sich der Kritik der Genossen stellen: Erst mit ein paar Tagen Verspätung war er am Kochelsee eingetroffen. Der Grund: Seine Eltern hatten ihn besucht!

Was war das denn? Ein glasklarer Fall, so viel wussten jedenfalls die Münchner Viva-Marxisten: »psychische Abhängigkeit von bürgerlichen Autoritäten«.

Aber darum ging es ja gerade. Der Münchner Kunzelmann forderte deshalb die »totale Entwurzelung«, das Sich-selbst-Herausreißen aus allen sozialen und kulturellen Verwurzelungen und Traditionen, um die Voraussetzungen für den allseits befreiten neuen Menschen zu schaffen.

Und da war sie wieder, die Theorie-/Praxis-Falle. Theoretisch fand Rudi Dutschke das alles gar nicht falsch und durchaus richtig. Praktisch aber wollte er nicht in die »Kommune 1« einziehen. Er war dabei, sein Gretchen zu heiraten und hatte schon deshalb

»Viva Maria« – zwei Sexsymbole zeigen, was sie am besten können: Revolution und Liebe. Preisgekrönte Westernkomödie von Louis Malle mit Brigitte Bardot und Jeanne Moreau in den Hauptrollen, 1965

eine andere Einstellung zur Familie. Womöglich auch, weil er sich als Christ verstand und aus dem Osten Deutschlands kam, wo Sozialismus und »bürgerliche Kleinfamilie« durchaus keinen Gegensatz bildeten.

Im Grunde war Dutschke der andere Pol der revolutionären Zangenbewegung ohnehin wichtiger – eher das gesellschaftliche als das individuelle Elend, eher die welthistorische Perspektive als die alternative Gruppentherapie. Ausufernde Psychoexperimente waren nicht seine Sache, auch nicht die ironisch-provokativen Spielchen von Kunzelmann, Teufel, Langhans & Co. Die Befreiungsbewegungen in der »Dritten Welt« lagen ihm viel mehr am Herzen. Vor allem der »Vietcong«, der gegen die amerikanischen Truppen kämpfte und dabei vom kommunistischen Nordvietnam unterstützt wurde.

»Bombt sie in die Steinzeit zurück!«, forderte der Stabschef der US-Luftwaffe, und tatsächlich wurden große Teile Südvietnams zu »Feuer-Frei-Zonen« erklärt. Doch auch nordvietnamesische Städte wurden bombardiert – ebenso wie der »Ho-Chi-Minh-Pfad«, die Versorgungslinie des Vietcong durch den Dschungel. Das berüchtigte und bis heute verheerend wirkende Entlaubungsmittel »Agent Orange« wurde dabei ebenso eingesetzt wie Napalm-, Brand- und Splitterbomben. Zeitweise wurde sogar der Einsatz von kleineren Atomwaffen erwogen.

Wie ein Fanal wirkten Fotos und Filmaufnahmen von schreienden nackten Kindern, die halbverbrannt aus ihren brennenden Dörfern flohen. Das um die Welt gehende Bild des Saigoner Polizeichefs, der auf offener Straße mit einer Pistole eigenhändig und aus nächster Nähe einen »Vietcong«-verdächtigen jungen Vietnamesen in den Kopf schoss, wurde zum Inbegriff dieses Krieges, der angeblich zum Schutz des freien Westens vor dem Weltkommunismus geführt werden musste. Was als französischer Kolonialkrieg begonnen hatte, wurde, mitten im »Kalten Krieg« zwischen West und Ost, Amerika und der Sowjetunion, zu einer wahren Katastrophe des 20. Jahrhunderts.

Der südvietnamesische Polizeichef Nguyen Ngoc Loan exekutiert am 1. Februar 1968 einen Offizier des aufständischen Vietcong auf offener Straße in Saigon. Das Foto wurde zum Fanal des weltweiten Protests gegen den Vietnamkrieg

Von wenigen Tausend Soldaten noch Anfang 1964 war die Truppenstärke der US-Streitkräfte in den folgenden Jahren auf weit über 500 000 Mann angewachsen. 56 000 von ihnen verloren ihr Leben. Insgesamt forderte der Krieg 2,5 Millionen Tote, darunter 90 Prozent Zivilisten, fast ausschließlich Vietnamesen. Vier Millionen Menschen wurden verletzt, teils grausam verstümmelt. Die Spätfolgen durch Nervengifte dauern an.

Zum Vergleich: Beim Irakkrieg ab März 2003 waren nie mehr als 150 000 US-Soldaten gleichzeitig im Einsatz.

Niemals in der Menschheitsgeschichte wurden mehr Bomben abgeworfen als zwischen 1964 und 1975, bis die siegreichen nordvietnamesischen Truppen schließlich in Saigon einrückten und die letzten Amerikaner das Land fluchtartig verlassen mussten: etwa viermal so viel wie im gesamten Zweiten Weltkrieg.

Wie immer man den Krieg militärisch, historisch und politisch bewerten mochte – moralisch war er ein Desaster für Amerika, obwohl vor allem der überwältigende Protest im Lande selbst den Truppenrückzug bewirkt hatte.

Die deutschen AFN-Hörer, die eben noch mit Elvis Presley, Louis Armstrong, Glenn Miller und Bill Haley ihre schicke Studentenbude zum Beben gebracht hatten, vernahmen nun die geschönten Durchhalteparolen der US-Regierung, die Tod und Elend der vietnamesischen Zivilbevölkerung verschwieg.

Enttäuschung und ungläubiges Entsetzen wuchsen, und jene, die eben noch um John F. Kennedy getrauert hatten, empörten sich nun über die Barbarei im Namen der westlichen Freiheit. Eine ganze Generation wurde von dieser brutalen Negation dessen geprägt, was humanistische Moral und die Tradition von Aufklärung und Menschenrechten eigentlich garantieren sollten: die Freiheit des Menschen, sein Recht auf Leben und die Unantastbarkeit seiner Würde.

Anders als heute, da sich allein die Nennung des Namens von George W. Bush wie die schwefelgetränkte Herbeizitierung des Leibhaftigen ausnimmt, hatte Amerika vordem noch einen überwiegend guten Klang. Ohne die Landung seiner Truppen in »Omaha Beach« an der französischen Atlantikküste wäre Hitler nicht besiegt worden, und ohne die Wiederaufbauhilfe, ohne den »Marshall«-Plan«, hätte Westdeutschland nicht so schnell wieder Tritt gefasst, von der Einbindung ins westliche Bündnis zu schweigen.

Vor allem in Berlin unvergessen blieben die »Rosinenbomber«, mit denen die amerikanische Luftwaffe die Blockade der geteilten Stadt durch die Sowjetunion vom Juni 1948 bis Mai 1949 durchbrochen und eine Hungersnot der Bevölkerung verhindert hatte.

So war die Provokation doppelt ungeheuerlich, als in der amerikafreundlichen, durch Mauer und Stacheldraht getrennten »Frontstadt« des Kalten Krieges in der Nacht vom 3. auf den 4. Februar 1966 plötzlich Plakate an Häuserwänden und Schaufenstern auftauchten: »Mord durch Napalmbomben! Mord durch Giftgas! Mord durch Atombomben! Die US-Aggression in Vietnam verstößt nicht gegen die Interessen des demokratischen Systems: Wer es wagt sich aufzulehnen gegen Ausbeutung und Unterdrückung, wird von den Herrschenden mit Brutalität niedergemacht.«

Schon die ersten Sätze zeigten: Hier geht es nicht nur um die Anklage des Krieges. Zugleich wird das »System« attackiert, das den Krieg führt, seine eigenen demokratischen Werte verrät und jeden angreift, der sich im Protest auf sie beruft.

Natürlich hatte Rudi Dutschke wieder seine Hand im Spiel.

»Wir sollen den Herrschenden beim Völkermord helfen«, heißt es am Ende. »Wie lange noch lassen wir zu, dass in unserem Namen gemordet wird?«

Obwohl nur etwa 60 dieser Plakate geklebt worden waren, eine lächerlich geringe Zahl, war die Reaktion beachtlich. Vier Teilnehmer der illegalen Plakat-Aktion wurden von der Polizei festgenommen, und selbst alt gediente SDS-Kader kritisierten die »idealistische«, »individualistische« und »putschistische« Tat der »Dutschke-Fraktion«.

Nur zur Erinnerung: Es ging um ein Plakat, das heute in keiner Fußgängerzone zwischen Passau und Bielefeld auffallen würde.

Auch die Massenmedien fielen über die Akteure her, nachdem am darauffolgenden Tag eine Anti-Vietnamkriegsdemonstration von über 2000 Teilnehmern mit einem »Sit-in« vor dem Amerikahaus hinter dem Bahnhof Zoo endete. Es war das erste »Sit-in« in Deutschland, ein politisch-logistischer Protest-Import aus Amerika, der gleich Eindruck machte. Man forderte die Freilassung der Plakatkleber, und einigen Unerschrockenen gelang es sogar, die »Stars-and-Stripes«-Fahne auf Halbmast zu setzen. Es folgten Gerangel, Eierwürfe, Schlagstockeinsatz der Polizei. In seiner Erzählung »Amerikahaus und der Tanz um die Frauen« schildert der Schriftsteller F. C. Delius die Szene: »Das Sternenbanner, plötzlich fiel es abwärts, sackte in drei, vier raschen Zügen fast bis zum Boden, einige Hände klatschten Beifall, ein Johlen da und dort.«

Ein paar Busstationen weiter fand derweil, ganz ungestört, die »Grüne Woche« unterm Funkturm statt, auf der leckere Neuigkeiten aus aller Welt präsentiert wurden. Zum Beispiel »Aufgespießt – die neue Art Käse zu essen. Käse aus Holland.« Damals eine kulinarische Sensation.

Für »Bild« aber gab es am nächsten Tag nur ein Thema: »BESCHÄMEND! UNDENKBAR! KURZSICHTIG!«, titelte Axel Springers Boulevardflaggschiff in Riesenlettern, und seine »B.Z.« schrieb: »EINE SCHANDE FÜR UNSER BERLIN! Studenten, die ihr Studium in Freiheit in dieser Stadt den Amerikanern zu verdanken haben, vergriffen sich an der amerikanischen Fahne! Pfui Teufel!«

Für Rudi Dutschke jedoch war der ersehnte »Sprung in eine neue politische Qualität: in eine illegale Dimension« damit schon ein bisschen nähergerückt. Die Richtung war klar: »Die Konfrontation mit der Staatsgewalt ist zu suchen und unbedingt erforderlich.«

Ein Anfang war gemacht, der Einstieg in eine Dynamik, die aus unterschiedlichen Anlässen Fahrt gewann und so schon mal Bewegung in die »erstarrten« Verhältnisse brachte.

Die aufgeheizte Atmosphäre in diesen Tagen erklärte sich aber nicht nur aus dem revolutionären Willen einer kleinen Gruppe und den Umständen der Zeit, sondern auch aus dem Ort, an dem dies geschah. Berlin, die ganz besondere Stadt, entwickelte sich zum Dampfkessel des Protests.

Hier kam alles zusammen: proletarische Kampftradition, ein durch Krieg und Holocaust dezimiertes und verunsichertes Bürgertum, das seinen einstmals prägenden jüdischen Teil verloren hatte, Neureiche und überlebende Kleinbürger, die emotional an Günter Pfitzmann, Harald Juhnke und ihre Weiße mit Schuss gebunden waren, nicht zuletzt Kommunisten und Sozialdemokraten, deutsche Fräuleins und GIs am »Checkpoint Charlie«.

Die dicht übereinander lagernden und ineinandergepressten historischen Tiefenschichten bildeten den Humus dieser Berliner Gesellschaft – vom Preußen Friedrichs des Großen über das wilhelminische Kaiserreich, Bismarck, den Ersten Weltkrieg, die Weimarer Republik, Hitler und den Zweiten Weltkrieg bis zum Viermächtestatus und der DDR, die Westberlin als von der Bundesrepublik losgelöste »selbstständige politische Einheit« betrachtete – und bedrohte.

Die Stimme des Volkes. Berliner Großkundgebung gegen Dutschke & Co am 21. Februar 1968

Selbstverständlich sahen sich die Westberliner ganz anders. Obwohl stolz geplagte »Insulaner« inmitten eines feindlichen »roten Meeres«, verstanden sie sich als integraler Teil Westdeutschlands – in Mark und Pfennig, mit Grundgesetz und Nato-Schutz. Alles andere war »drüben«, in der »Zone«, in »Pankow«, jenseits der Mauer: die sogenannte »DDR«, der »Arbeiter- und Bauernstaat« und sein »real existierender Sozialismus« mit SED-Chef Walter Ulbricht, einem altkommunistisch sächselnden Ziegenbart als Staatsoberhaupt, der zugleich Vorsitzender von »Politbüro« und »Zentralkomitee« der »Sozialistischen Einheitspartei Deutschlands« war. Schon in der Weimarer Republik, von 1926 bis 1929, hatte er für die KPD im Reichstag gesessen.

So oder so, Berlin, Deutschlands größte Stadt, war ein merkwürdiges Zwitterwesen, eine bedrohte Art, aber auch ein geschütztes Laboratorium an der Nahtstelle zwischen Ost und West mit einer dramatischen Geschichte, milliardenschweren Subventionen und der sprichwörtlich offenen – »deutschen« – Frage, wie es weitergehen würde.

So gab es Refugien im stillen Winkel, das alte Westberlin der Café-Kranzler-Sitzer und »Wilmersdorfer Witwen«, die mit dem knorpeligen Krückstock noch jeden Kommunisten aus der »SBZ«, der »Sowjetischen Besatzungszone«, in die Flucht geschlagen hätten, bevor sie sich wieder ihrer Flasche Eierlikör zuwenden würden.

Aber es gab auch soziale Freiräume für Wehrdienstflüchtige, Langzeitstudenten mit »Berlinzulage«, Künstler und Lebensabenteurer, die sich im »Zwiebelfisch« oder im »Diener« am Savignyplatz beim Bier die Köpfe heißredeten.

Gerade diese eigentümlich undefinierte Existenz zwischen den Welten eignete sich besonders als Übungsgelände für vage, aber verheißungsvolle Zukunftsvorstellungen und revolutionäre Ideen aller Art.

Ein weiterer Glücksfall am Utopie-Standort Berlin: die in der Mau-

Das ist das Wirtschaftswunder: Dame mit Pudel im Café Kranzler, 1960

erstadt dominierende, absolut marktbeherrschende Stellung der Zeitungen von Axel Springer. Der deutsche Patriot, Proamerikaner und Antikommunist aus Leidenschaft hatte sein 19-stöckiges Verlagsgebäude mit Absicht direkt an die Grenze zwischen Ost und West bauen lassen, und so war es nur folgerichtig, dass »Bild«, »B.Z.«, »Welt«, »Welt am Sonntag« und »Berliner Morgenpost« wie ein ganzes Geschwader aus Megafonen funktionierten, wie eine riesige Verstärkeranlage, die aus jeder revoluzzernden Maus einen »sowjetkommunistischen« oder »rotchinesischen« Elefanten machte. Vor allem die »Kommune 1« sollte sich diesen Effekt zunutze machen, die ein nicht selten maliziöses Spiel mit der Öffentlichkeit trieb.

Unterdessen wurde selbst der Campus der Freien Universität im schönen grünen Villenviertel Dahlem zum Terrain der Rebellion, und auch hier funktionierte das Prinzip der kleinen Anlässe mit großer Wirkung. Zwar sollte der schön gereimte Schlachtruf »Unter den Talaren/Muff von 1000 Jahren!«, der heute seinerseits fast antiquarisch anmutet, seine Premiere erst bei der feierlich-steifen Rektoratsübergabe an der Universität Hamburg am 9. November 1967 erleben – der Protest gegen überkommene akademische Privilegien und Hierarchien einer vorgeblich »neutralen«, unpolitischen Wissenschaft aber hatte längst begonnen.

Oft ging es um Dinge, die außerhalb der Hochschulen zunächst niemanden interessierten: um eine drohende »Zwangsexmatrikulation« nach Überschreitung der Studiendauer, um Probleme einer Hochschulreform, die Vergabe von Räumen für Diskussionsveranstaltungen und das »politische Mandat« der Studentenschaft und ihres Organs, des »Allgemeinen Studentenausschusses«, kurz »AStA« genannt.

Wollten die hochmögenden Ordinarien und »Seine Magnifizenz«, der Rektor, vor allem Ruhe und Ordnung des Universitätsbetriebs aufrechterhalten, gern auch unter Verweis auf Satzung und Hausrecht, so stemmten sich die Studenten gegen diese »autoritäre« und »oligarchische« Abschottung des elitären »Elfenbeinturms« von der in Bewegung geratenen demokratischen Gesellschaft.

Ob es sich um das Redeverbot für den linken Publizisten Erich Kuby handelte, um den Rauswurf eines wissenschaftlichen Assistenten, der sich unzulässigerweise »politisch exponiert« hatte, oder um eine Vietnamausstellung des SDS, die aus »baupolizeilichen« Gründen verboten worden war – jetzt wurde deutlich, dass eine neue Zeit angebrochen war.

»Plötzlich setzten sich alle hin. Als sie auf dem Boden saßen, überkam sie ein verdammt glückliches Gefühl der Gemeinsam-

Pünktlich zu den pompösen Feierlichkeiten des Rektorenwechsels an der Universität Hamburg im Herbst 1967 wurde der Schlachtruf der Studentenbewegung erfunden

keit. Den dreitausend Studenten war, als hätten sie den Henry-Ford-Bau der Freien Universität Berlin für sich erobert, unter dem sie bisher immer nur zu leiden hatten ... Wolfgang Neuss kam und trug den Studenten Szenen aus ›Neuss Testament‹ und ›Das jüngste Gerücht‹ vor, aber ›in strenger Form ohne Musik‹.«

So beschreibt ein Augenzeuge die Szene vom Februar 1966, in der auch der damals berühmte Filmschauspieler und Kabarettist auftaucht, der »Mann mit der Pauke«, der sogar seine eigene Zeitung herausgab: »Neuss Deutschland«, zarte Anspielung auf das famose SED-Parteiorgan »Neues Deutschland«.

Was am Nachmittag begann, zog sich bis in die tiefe Nacht. Die Aufforderung des Rektors, die Versammlung aufzulösen, wurde mit Pfiffen und Buhrufen quittiert. Solidaritätstelegramme aus ganz Deutschland trafen ein, und in Berlin hatte sich die Nachricht vom massenhaften »Sit-in« wie ein Lauffeuer verbreitet. Als die Studenten um 21.30 Uhr immer noch in der Halle saßen, begann ein »Teach-in«, an dem neben Rudi Dutschke auch die Professoren Ludwig von Friedeburg und Wilhelm Weischedel teilnahmen. Am Ende wurde eine Resolution verabschiedet.

Es sollten in den folgenden Jahren noch viele Resolutionen verabschiedet, »Go-ins«, »Sit-ins« und »Teach-ins« veranstaltet werden – doch dieser Moment einer kollektiven Euphorie der glücklichen Selbstermächtigung hat sich tief ins Bewusstsein der Teilnehmer eingeprägt. Und er sprach sich herum.

Hilfreich war auch hier wieder das notorisch steife Beharren der akademischen Autoritäten auf ihren angestammten Vorrechten und ehernen Regularien. Sehr schnell sahen sie ihre »akademische Würde« verletzt, witterten Unterwanderung und Diskreditierung ihrer ehrwürdigen Institution.

Wo Jahre später der linke »Prof« seinen lieben »Studis« gleich zur ersten Seminarstunde das »Du« anbot – »Ich heiße Dieter« –, bestand die alte Garde noch auf Abstand und Respekt gegenüber einer hochgestellten Amtsperson mit staatlicher Pensionsberechtigung.

Als Berlins Presse nach einer turbulenten Uni-Diskussion im November 1966 von »Mao-Jüngern« berichtete, von »Roten Garden«, gar »Kommunarden«, verlangte der alarmierte Rektor umgehend die Herausgabe der Namen von Flugblattverteilern, die sich unter der aparten Bezeichnung »Provisorisches Komitee zur Vorbereitung einer studentischen Selbstorganisation« vorgestellt hatten. Empört wiesen AStA und SDS dieses »denunziatorische« Ansinnen zurück, und schon hatte sich das demokratische »Legitimationsdefizit« der herrschenden Kräfte ein weiteres Mal entblößt. Das wiederum machte Mut zu noch mehr »Aufklärung durch Aktion«.

Mittendrin, im Spätsommer 1966, war Rudi Dutschke mit Gretchen nach Amerika gereist. Sowohl in Chicago, wo Gretchens Mutter gestorben war, als auch in New York besuchten die beiden die Slums, in denen die schwarze Bevölkerung leben musste. Ein gutes Jahr zuvor war einer ihrer prominentesten Anführer neben Martin Luther King, Malcom X, ermordet worden. Wiederholte öffentliche Redeverbote für ihn hatten unterdessen zur Gründung des »Free Speech Movement« im kalifornischen Berkely geführt.

Zwar konnte der protestantisch-(ost-)deutsche Revolutionär nicht viel mit schwarzem Blues, Janis Joplin oder Jimi Hendrix anfangen, doch er brachte »außer einem riesigen Haufen Bücher einen Schwall dieser US-amerikanischen Luft mit, den Hauch einer durch den Vietnamkrieg dramatisch in Bewegung geratenen Weltgesellschaft«, wie Ex-Kommunarde Ulrich Enzensberger sich erinnert.

Zu dieser Zeit befand sich Ulrike Meinhof, damals schon jahrelang Kolumnistin der linken Zeitschrift »konkret«, noch in einer ganz anderen Gesellschaft. Im August 1966 zeigte sich die spätere RAF-Terroristin beim Hamburger Derby gemeinsam mit Ehemann und »konkret«-Herausgeber Klaus Rainer Röhl im eleganten weißen Kostüm, mit weißen Handschuhen und weißen Pumps. Zwei Wochen zuvor war sie mit den beiden Zwillingstöchtern auf Mallorca gewesen.

Üblicherweise war die feine Nordseeinsel Sylt das bevorzugte Urlaubsdomizil. So auch im politisch turbulenten Sommer 1967, wie Tochter Bettina Röhl im Rückblick beschreibt: »Coulmas, Duves, Hegewischs, meine Eltern und viele andere saßen nackt oder nur teilweise bekleidet in ihren Strandkorbburgen ... Man besuchte sich gegenseitig, trank Wein und Sekt miteinander und diskutierte laut und lachend über die Revolution in Berlin.«

Ein anderer Zeitzeuge, der inzwischen verstorbene Literat Reinhard Baumgart, schilderte die gleiche Szenerie aus seiner Sicht: »Ferienbilder, Gruppenbilder vor dem dunklen oder grellen Hintergrund der zeitgeschichtlichen Umbrüche und Schübe, fauler Zauber der Ungleichzeitigkeit, immer wieder und wieder. Auch in den Sylter Ferienwochen der drei Sommer 1966, 1967 und noch 1968, wo einmal noch am Strand, in den Dünen und an langen Abendtafeln alle zusammenkamen, die es bald auseinandertreiben sollte.«

Selbst in den »besseren Kreisen« war es nun schick geworden, links zu sein. Wenigstens ein bisschen. Auch aus der Ferne fing die Revolution an, Spaß zu machen, gerade weil man sie nicht immer ganz ernst nehmen musste. Endlich passierte etwas, und wer wollte, konnte von weit her das Echo der Goethe'schen Bemerkung während der Kanonade von Valmy am 20. September 1792 hören, als die siegreichen französischen Revolutionstruppen zur Offensive gegen die Armeen des monarchistischen Europa übergingen: »Von hier und heute geht eine neue Epoche der Weltgeschichte aus, und ihr könnt sagen, ihr seid dabei gewesen.« Auch 175 Jahre später konnte man ahnen: Historische Ereignisse sind nicht zuletzt großes Theater.

Nur ein paar Wochen nach den schönen Sylter Strandtagen tauchte Ulrike Meinhof in der Berliner Wohnung des Exil-Iraners Bahman Nirumand auf, dessen Buch »Persien – Modell eines Entwicklungslandes oder die Diktatur der freien Welt« Furore gemacht hatte. Es war eines jener Bücher, die großen Einfluss auf die »internationalistische« Debatte der 68er hatten und den Zusammenhang zwischen »erster« und »dritter« Welt herstellten.

»Einmal besuchte sie mich, als ich gerade meine Fenster strich«, erzählte Nirumand im Sommer 2005 Bettina Röhl von der merkwürdigen Begegnung mit Ulrike Meinhof. »Da sagte sie: ›Wie kannst du so etwas machen, wenn da draußen die Revolution tobt und in Vietnam die Bomben fallen? Wie kannst du Zeit für so etwas haben?‹ Da habe ich gesagt: ›Ulrike, das Leben muss doch weitergehen, das ist doch das normale Leben, für das wir kämpfen.‹«

Die Frage war, wie dieses »normale Leben« aussehen sollte. Auch hier schwang wieder das große Metathema mit: Was ist ein gelungenes, befreites, glückliches Lebens für alle – ein Leben, in dem es, frei nach Bertolt Brecht, endgültig kein »Verbrechen« mehr wäre, die Fenster zu streichen...?

Ulrike Meinhof jedenfalls, die damals schon ein bisschen Ähnlichkeit mit Brechts »Heiliger Johanna der Schlachthöfe« auf-

Ein bisschen Ähnlichkeit mit Brechts »Heiliger Johanna der Schlachthöfe«:
»konkret«-Autorin Ulrike Meinhof, 1961

wies, hatte immerhin noch Zeit und Muße genug, im September
1967 mit der ganzen Familie aus dem zu klein gewordenen Häuschen in Hamburg-Lurup in eine standesgemäße Villa nach Blankenese zu ziehen.

Schon damals zeigte die »revolutionäre Moral« ihr Doppel-
gesicht: Auf der einen Seite war sie rein und unschuldig bis zur
Naivität, voller Unbedingtheit und klar wie Quellwasser, auf der
anderen Seite aber übersät von blinden Flecken und trüben Stellen.

Bahman Nirumand hätte Ulrike Meinhof genau so gut fragen
können, wie sie Sekt im Sylter Strandkorb trinken konnte, während Bomben auf Vietnam fielen.

Das häusliche Glück in Blankenese hielt allerdings nur kurz.
Als der notorische Schwerenöter Klaus Rainer Röhl bei der Ein-
weihungsparty ein paar Wochen später ganz offen seine Lieb-
schaft mit einer anderen Frau zur Schau stellte, konfrontierte
Ulrike Meinhof ihren Mann mit einem Ultimatum: die oder ich.

Es war das Ende. Im Februar 1968 zog sie aus der gemeinsamen Villa an der Elbe aus, nahm die Kinder mit und fuhr ins brodelnde Berlin.

Unterdessen war »konkret«, für das sie weiter ihre stark beachteten Kolumnen schrieb, zu dem populären Leitorgan der Neuen Linken in Deutschland geworden. Mehr als 200 000 Hefte wurden monatlich zuweilen verkauft, und zu dieser Zeit wusste fast niemand, dass die Zeitschrift von ihrer Gründung 1955 bis 1964 von der Exil-KPD in Ost-Berlin, also von der SED Walter Ulbrichts, gelenkt und finanziert worden war – mit 40 000 DM pro Ausgabe. Genau das hatten konservative, als »Kommunistenfresser« und »Kalte Krieger« verspottete Kritiker wie Gerhard Löwenthal, Moderator des ultrakonservativen »ZDF-Magazin«, immer behauptet, ohne es en detail belegen zu können.

Ende 1964 kam es, nach einer abermaligen DDR-Reise, zum offenen Bruch mit Exil-KPD und SED. Klaus Rainer Röhl wurde sogar formell aus der Partei ausgeschlossen. Ulrike Meinhof aber blieb bis Ende der sechziger Jahre in Kontakt mit dem Politbüro der SED.

Vor allem der wachsende Erfolg von »konkret«, für das die prominentesten Autoren der Zeit schrieben, hatte die neue Unabhängigkeit des Blattes ermöglicht. Im Zentrum standen plötzlich zwei Themen, die Walter Ulbricht gewiss nicht gebilligt hätte, schon gar nicht in dieser anzüglichen Kombination: Revolution und Sex. Immer wieder, in allen Variationen. Revolution und Sex, Sex und Revolution. Während Letztere noch vorwiegend in der »dritten Welt« zu beobachten war, kam die neue sexuelle Freizügigkeit frisch aus deutschen Landen auf den Ladentisch und in den Bahnhofskiosk.

Doch das politische Signal war klar: Hier ging es um einen gemeinsamen, unteilbaren Kampf um die Befreiung der Menschheit. »Sexfront« hieß nicht zufällig das radikale Aufklärungsbuch des SDS-Mitgliedes Günther Amendt, das 1970 beides zusammenbrachte. »konkret« nutzte frühzeitig die »Sexwelle«, die auch von Oswalt Kolles Aufklärungsfilmen (»Das Wunder der Liebe«, »Deine Frau – das unbekannte Wesen«) und den ersten »Sexshops« von Beate Uhse ausgelöst wurde.

Gern titelte man im schrill verkaufsfördernden Doppelpack. So zum Beispiel im Januar 1965: »Schwarze Hölle Kongo«, »Schülerliebe – Striptease und Mathematik«. Auch im Maiheft ging es umstandslos, aber anspielungsreich zur Sache: »Persien ohne Maske«, »Student intim«. Im August sprang es von der Titelseite: »Im Lager der Vietcong II«, »Kampen: Nackt, aber reich«.

Da kannte Sylt-Experte Röhl sich aus. Der Januar 1966 brachte »Alles über Sexpartys«, und im folgenden Juni hieß das scharfe Kontrastprogramm: »Drei Monate bei den Vietcong-Rebellen«, »Krank vor Sex – Jugendliche packen aus«. Ein Jahr später, im Juli 1967, gab es, neben dem Report »Vietnam geheim« nur eine Frage: »Machen Miniröcke dumm?«

Bis heute ist darauf keine abschließende Antwort gefunden worden, aber viel wichtiger war, dass schon im Augustheft wieder alles aufs Tapet kam, was müde Revolutionäre munter machen konnte: »Gedichte von Ho Tschi Minh« und »Was Mädchen weichmacht, Rezepte für Männer«.

Dennoch konnte es niemanden wundern, dass Rudi Dutschke in seinem ersten Artikel für »konkret« ganz andere, deutlich strengere Rezepturen empfahl. Drei Bücher gab er seinen Lesern mit auf den Weg, der ein langer Marsch werden würde: Die sogenannte »Mao-Bibel« mit Worten des Großen Vorsitzenden, das Buch des historischen Augenblicks »Vietnam – Genesis eines Konflikts« und Bahman Nirumands Persien-Studie.

Nächtelang diskutierte Dutschke mit Röhl und Meinhof über Mao, Stalin und die Weltrevolution. Das linke Hamburger Schickeria-Paar, das sich bei den frühen Anti-Atom-Protesten in der Adenauer-Ära kennengelernt hatte, begriff rasch, »dass hier eine nach dem Krieg sozialisierte Generation Randale machte, die so ganz anders war, als sie selbst es noch in den fünfziger Jahren gewesen waren, knapp zehn Jahre zuvor« – so beschreibt Bettina Röhl die Szenerie in ihrer Zeitstudie »So macht Kommunismus Spaß«. »Die Ironie und Süffisanz der neuen Generation, die mit Popelementen spielt ..., Jeans und Mao-Sticker trägt, von sexueller Befreiung faselt, von Psychoanalyse, Reich, Frankfurter Schule und der Befreiung des Individuums und sich abwechselnd auf Vietnam, China, Indien, Kuba bezieht – das alles hat mit ihrem guten alten Kommunismus nichts mehr zu tun. Es ist eine neue Welt. Eine neue Linke.«

Es war überhaupt ein Phänomen dieser merkwürdig »vorrevolutionären« Inkubationszeit, die das Wort von der Revolution bereits ziemlich oft im Munde führte, wie schnell sich die Kreise schlossen. Gerade weil die sogenannte »Neue Linke« noch aus einer vergleichsweise überschaubaren Zahl von Gruppen und Einzelpersonen bestand, lernte man sich bei den verschiedensten Anlässen problemlos kennen – von der Sylter Party bis zur Vietnam-Veranstaltung in Frankfurt, bei der Recherche für eine »konkret«-Story über paarungsbereite Schüler, in der Uni-Vollversammlung zur Studienreform oder beim Streitgespräch im Rundfunk und dem Bier danach.

Mochten die sozialen und beruflichen Welten auch sehr verschieden sein, der Zusammenhang einer neuen politischen Debatte über die Gesellschaft und ihre Zukunft wurde immer dichter. Auch die Medien, nicht zuletzt das Fernsehen, wirkten als kommunikatives Echo, als Verstärker eines Geistes der Zeit, der für mehr als ein Jahrzehnt zum Zeitgeist werden sollte.

Das ARD-Magazin »Panorama«, das heute Gammelfleischskandale enthüllt, porträtierte den Theoretiker der »Neuen Sensibilität«, Herbert Marcuse; Theodor W. Adorno stritt in druckreifen Fernsehdebatten über die Rolle der »bürgerlichen Institutionen«, und im TV-Magazin »Report« diskutierte Max Horkheimer über den Begriff der Freiheit und ihre Gefährdungen. Am 18. April 1966 hielt Adorno in einem Studio des Hessischen Rundfunks einen frei improvisierten Vortrag über »Erziehung nach Auschwitz« und formulierte eine der unvergänglichen Lehren: Wenn das Recht des Staates über das seiner Angehörigen gestellt werde, sei »das Grauen potenziell schon gesetzt«. Szenen aus einer anderen Zeit, in der es noch nicht die Herrschaft der Einschaltquote gab und ein großes Bücherregal mehr Eindruck machte als eine DVD-Sammlung.

Als Ende Mai 1966 der Kongress »Vietnam – Analyse eines Exempels« mit über 2000 Teilnehmern an der Frankfurter Universität stattfand, las sich die Liste der Referenten wie ein intellektuelles Who's Who der Neuen Linken: Jürgen Habermas, Oskar Negt, Herbert Marcuse, Norman Birnbaum und viele andere, die sich wenig später einen Namen machten.

Die meisten von ihnen tauchten zur gleichen Zeit auch auf den Buchumschlägen der »edition suhrkamp« auf, die seit Mai 1963 Monat für Monat vier Taschenbücher herausbrachte, politische und philosophische, aktuelle und historisch-essayistische Titel, die ganz bewusst ein imaginäres Programm des Humanismus und der Aufklärung verfolgten.

Die in Regenbogenfarben gehaltenen Bändchen, knapp 50 pro Jahr, standen bald in jedem fortschrittlichen Bücherregal, in Studentenbuden, Wohngemeinschaften und linken Anwaltskanzleien. Über die Jahre wurden sie zur Bibliothek der Neuen Linken. Im Rückblick spiegeln sie bis heute Glanz und Elend, Hoffnung und Irrtum der linken Politik- und Theorieliebe, die zuweilen Züge der Besessenheit annehmen konnte. In Zeiten von Google-Earth und iPhone, Wireless Lan, Mini-Laptop und HDTV-Flatscreen ist kaum noch vorstellbar, mit welcher gläubigen Inbrunst und Ernsthaftigkeit die Lektüre auch schwierigster theoretischer Texte, richtig dicker Wälzer, betrieben wurde. Die Radikalität der Neuen Linken war, neben dem Willen zur Aktion, eben auch von einer Gründlichkeit geprägt, die man gemeinhin »typisch deutsch« nennt.

Das galt auch für die Organisation. Beim Kampf gegen die geplanten »Notstandsgesetze« der Großen Koalition aus CDU/CSU

Protestkundgebung gegen die Notstandsgesetze in Berlin am 1. Mai 1968

und SPD, die am 1. Dezember 1966 geschlossen wurde, verbanden sich für zwei, drei Jahre die neue und die »alte« Linke, die jungen Rebellen und die sozialistisch oder kommunistisch geprägten Gruppen und Parteien der unmittelbaren Nachkriegszeit. Vor allem die Gewerkschaften, unter ihnen tonangebend die IG Metall, engagierten sich gegen das Gesetzesvorhaben, das für den »Verteidigungsfall«, den »Spannungsfall«, »den inneren Notstand« und den »Katastrophenfall« die massive Einschränkung verbriefter Grundrechte vorsah. Vor allem beim »inneren Notstand« befürchteten viele ein politisch bequemes Einfallstor, um unliebsamen Massenprotest, zum Beispiel einen Generalstreik, zu unterbinden. Auch hier wurde wieder die aktuelle politische Situation von der projektiven Erinnerung an die jüngere Vergangenheit überlagert, an das dramatische Scheitern der Weimarer Republik und den verhängnisvollen Triumph Hitlers.

Auf dem großen, von der IG Metall finanzierten Kongress des Kuratoriums »Notstand der Demokratie«, der am 30. Oktober 1966 in Frankfurt am Main mit über 8000 Teilnehmern eröffnet wurde, ging es deshalb vor allem um »Gewissensfreiheit und

Auch der Romancier Heinrich Böll, Theodor W. Adorno und »Suhrkamp«-Chef Siegfried Unseld protestierten Ende Mai 1968 gegen die Notstandsgesetze

Widerstandsrecht«. Bei der Abschlusskundgebung am Frankfurter Römer, auf der auch Hans Magnus Enzensberger und der Rechtswissenschaftler Helmut Ridder sprachen, begann der Philosoph Ernst Bloch seine Rede vor den 25 000 Demonstranten mit den Worten: »Wir kommen zusammen, um den Anfängen zu wehren.«

Am Ende seines vehementen Aufrufs zum Widerstand spielte er auf den Artikel 48 der Weimarer Verfassung an, die es dem Reichspräsidenten ermöglicht hatte, im Fall der »Gefährdung von Sicherheit und Ordnung« wesentliche Grundrechte ganz oder teilweise außer Kraft zu setzen: »Die alten Herren mit ihrem Artikel 48 haben bereits die Vergangenheit verspielt, die neuen Herren mit ihrem Notstandsunrecht sollen nicht unsere Zukunft verspielen.«

Enzensberger, der neue Star der intellektuellen Szene, der wenige Jahre zuvor bereits den renommierten Georg-Büchner-Preis erhalten hatte, verschärfte noch den Ton und rief in die Menge: »Dieser Clan, der da noch in der Agonie nach Ermächtigungsgesetzen schreit ... Das, was da im Bunker hockt und noch in der Stunde seines politischen Ablebens die Verfassung bricht, hat

Hans Magnus Enzensberger, der schillernde Revolutionsdichter. Sein Geist war so rasant, dass er sich zuweilen selbst überholte

Angst vor jedem Einzelnen von uns, und zwar mit Recht. Und weil sie Angst haben, diese politischen Bunkerleichen, weil sie selber der Notstand sind, von dem sie faseln, darum hecken sie die Paragrafen aus, die diesen Notstand verewigen sollen.«

Auch wenn, von heute aus gesehen, die Befürchtungen übertrieben, ja maßlos überzogen wirken und der »Notstandsfall« niemals eintrat – der Bundeskanzler der damals neuen Regierung, der gebildete schwäbische Schöngeist Kurt Georg Kiesinger, konnte durchaus politisches Misstrauen auf sich ziehen. Der langjährige Ministerpräsident von Baden-Württemberg (1958–1966) war ein NSDAP-Mitglied der ersten Stunde gewesen. Nur wenige Tage nach Hitlers »Machtergreifung« am 30. Januar 1933 trat er, damals immerhin fast dreißig Jahre alt, in die Nazipartei ein, in der er bis 1945 blieb. Um dem Waffendienst an der Kriegsfront zu entgehen, wechselte der promovierte Historiker und Jurist 1940 ins Auswärtige Amt Ribbentrops, wo er stellvertretender Leiter der »Rundfunkpolitischen Abteilung« wurde und Verbindung zum Reichspropagandaministerium Joseph Goebbels' hielt. Nach Kriegsende zunächst als Nazi-»Mitläufer« eingestuft, »entlastete« ihn 1948 der Spruch eines Kammergerichts angeblich »vollständig«.

Das hinderte die deutsch-französische »Nazijägerin« Beate Klarsfeld freilich keineswegs daran, Kiesinger auf dem CDU-Parteitag im November 1968 öffentlich zu ohrfeigen, wofür sie in einem Schnellverfahren zu einem Jahr Gefängnis verurteilt wurde. Nach Protesten wurde die Strafe auf vier Monate zur Bewährung herabgesetzt.

In diesem politisch hoch aufgeladenen Augenblick mit seiner charakteristischen Durchdringung von Vergangenheit und Gegenwart ging die Tatsache ein wenig unter, dass der Außenminister und Vizekanzler unter Kiesinger Willy Brandt war, ein linker Nazigegner der ersten Stunde, der 1933 nach Norwegen und Schweden emigrierte, in Deutschland aber immer wieder im antifaschistischen Untergrund arbeitete. 1938 bürgerte ihn das Naziregime schließlich formell aus.

Doch Sozialdemokraten, auch wenn sie bewährte Antifaschisten waren, galten nun nur noch als Opportunisten, Anpasser und Arbeiterverräter – ein spätes Echo auf die Parole der stalinistischen KPD Ernst Thälmanns von 1932: »Wer hat uns verraten? Sozialdemokraten!«

Einen »stinkenden Leichnam« nannte Rudi Dutschke die SPD, ein altes Wort von Rosa Luxemburg aufgreifend.

Die Gegenwart schien geeignet, dieses Verdikt wenigstens teilweise zu bestätigen. Die Sozialdemokraten in der Großen Koalition machten mit den Konservativen, die man »Reaktionäre« nannte, gemeinsame Sache. Und sie verteidigten den Krieg der Amerikaner in Vietnam. In Berlin bimmelte dazu auch noch die »Freiheitsglocke« im Rathaus Schöneberg, dem Amtssitz des Regierenden Bürgermeisters.

Am 10. Dezember 1966, am »Tag der Menschenrechte«, eine Woche nach Vereidigung der neuen Bundesregierung in Bonn, zogen über 2000 Demonstranten durch ziemlich menschenleere Straßen Berlins, um gegen den Vietnamkrieg zu protestieren. Der Polizeipräsident hatte die Demonstrationsroute mit Absicht von der City ferngehalten. Doch auf ein vereinbartes Zeichen hin scherten etwa 200 Personen, unter ihnen SDSler und die Reste der »Viva-Maria«-Gruppe, aus und rannten in Richtung Kurfürstendamm. Sofort griff die Polizei ein, holte den Schlagstock aus dem Halfter und nahm alle Demonstranten fest, derer sie habhaft werden konnte. Auf der improvisierten Abschlusskundgebung rief Rudi Dutschke wenig später in die einbrechende Dunkelheit: »Die Zeit ist reif für eine neue Organisationsform der außerparlamentarischen Opposition! Lasst uns sofort damit beginnen!«

Gesagt, getan. Spontan zogen einige Hundert Demonstranten zum Café Kranzler am »Ku'damm«. Dort drapierten sie einen Weihnachtsbaum mit dem amerikanischen Sternenbanner, hielten Pappmascheeköpfe von Walter Ulbricht – originalgetreu samt volkseigener Brille – und US-Präsident Lyndon B. Johnson hoch, dazu ein Plakat mit der Aufschrift »Spießer aller Länder, vereinigt euch!«

Dann setzten sie das politische Gesamtkunstwerk in Brand und sangen »Ihr Kinderlein kommet, o kommet doch all!« Während Konfetti durch die kalte Winterluft wirbelte, rief der Rebellenchor im Schein der Flammen: »Weihnachtswünsche werden wahr, Bomben made in USA!« und »Hey, hey, hey, LBJ – how many kids did you kill today?«

Das war zu viel der Provokation in der friedlichen Adventszeit. Wieder stürmten die Polizeikräfte ohne Vorwarnung los und schlugen auf alles ein, was nicht rechtzeitig fliehen konnte, darunter auch harmlose Schaufensterbummler. Achtzig Menschen wurden festgenommen, einige wegen »Widerstands gegen die Staatsgewalt«. Der Weihnachtsfriede aber war damit nicht wirklich wiederhergestellt.

Tags darauf empfahl »Bild« vorsorglich den Gummiknüppel als »Beruhigungsmittel missbrauchter Meinungsfreiheit« und die »Welt am Sonntag« schrieb, ganz außer sich: »Sie haben jetzt genug Schlagzeilen gemacht! Schmeißt die Störenfriede doch endlich raus und sorgt für Ruhe!«

Doch die Störenfriede gaben keine Ruhe. Im Gegenteil. Genau eine Woche später veranstalteten sie eine sogenannte »Spaziergangsdemonstration«, eine ebenso politische wie ironische Reaktion auf die Stimmungsmache der Springer-Blätter und die gewalttätige Überreaktion der Polizei.

Es handelte sich um die spielerische Variante einer andernorts erprobten Guerillataktik, eine Art »Hit and Run«, um die Polizei ins Leere laufen zu lassen. Die Amsterdamer »Provos« hatten es vorgemacht. Eine quäkende Kindertröte gab das Signal, und schon packten die gerade mal fünfzig Aktivisten, als harmlose Spaziergänger »getarnt«, ihre Flugblätter aus und verteilten sie auf dem Kurfürstendamm. Rasch bildeten sich diskutierende – glaubt man den Chronisten zuweilen sogar »singende« – Menschentrauben. Ein Alarmzeichen für die Polizei. Doch kaum traten die Ordnungshüter auf den Plan, zerstreute man sich gemäß der versartigen Parole: »Keine Keilerei mit der Polizei! Kommt die Polizei vorbei, gehen wir an ihr vorbei. An der nächsten Ecke dann fängt das Spiel von vorne an.« Hier und da wurden auch Spendenbüchsen zugunsten »warmer Wäsche für die Polizei« und »sturmfester Kerzen für die Mauer« herumgereicht.

Das Ergebnis dieses fröhlichen Demonstrations-Happenings mit revolutionärem Augenzwinkern war fast vorhersehbar: Polizisten in Uniform und in Zivil prügelten ebenso hilf- wie wahllos auf Passanten ein, die sie für »Studenten« hielten – in Wirklichkeit »überwiegend verblüffte Touristen, Schaufensterbummler, Journalisten und auch einige Töchter und Söhne von Marx, Mao, Marcuse und Malcolm X«, wie Zeitzeuge Miermeister die Szene in Erinnerung behielt.

Unter den 86 Festgenommenen befanden sich aber auch Kinder, Hausfrauen und Rentner, der prominente FU-Professor Jacob Taubes und der Filmregisseur Alexander Kluge. Nicht zuletzt Rudi Dutschke, der seine Verhaftung später so beschrieb: »Neben uns hielt ein Auto, vier Herren sprangen heraus, fielen über mich her, mein Karton, gedacht als spontane Rednerunterlage, wird mir entrissen, einer zeigte ein Kriminalpolizeiabzeichen. Sie wollten mich sofort in das Auto abführen. Ich wehrte mich mit Händen und Füßen. Gretchen war beiseite geschoben worden, und eine ältere Dame rief empört: ›Das ist ja, wie es im Faschismus war!‹ Wird wahrscheinlich nicht stimmen, aber die Willkür polizeilicher Entscheidungen erinnerte mich an DDR-Verhältnisse.«

Am frühen Morgen des nächsten Tages wurde der »Rote Rädelsführer Rudi«, so Springers gossenpoetisch alliierende Boulevardzeitung »B.Z.«, wieder freigelassen.

Zur großen Sache avancierte die vorweihnachtliche Provo-Aktion am vierten Advent vor allem durch die obrigkeitsstaatliche Anwendung des Prinzips »Kanonen auf Spatzen«. Die Reizschwelle war niedrig und die Ordnungskräfte waren noch ungeübt im Umgang mit Studenten und anderen antibürgerlichen »Elementen«. Es war noch ein weiter Weg bis zu den psychologisch geschulten »Anti-Konfliktteams« der Polizei in ihren grellgelben Leibchen, die inzwischen weit besser diskutieren können als antifaschistische »Autonome« und angetrunkene Punks am 1. Mai in Kreuzberg.

1966 jedenfalls wurde »Student« zum Schimpfwort der Saison. Senat, Polizei und Massenmedien hatten auf diese Weise Ende 1966 mit vereinten Kräften, wenn auch ungewollt, das revolutionäre Klassenziel erreicht: »Einen öffentlichen Raum zu schaffen, in den wir unsere Ideen, unsere Wünsche und unsere Bedürfnisse hineinlegen können. Ohne Provokation werden wir überhaupt nicht wahrgenommen.« Rudi Dutschkes »strategische Hypothese« war Wirklichkeit geworden, und Herbert Marcuses Axiom von der wie in Watte gepackten, tendenziell ungreifbaren, pseudodemokratisch-»repressiven Toleranz« im fortgeschrittenen Spätkapitalismus wurde ganz praktisch gewendet: Die »Repression« war gar nicht mehr »tolerant« und »ungreifbar«, sondern ganz direkt, für jeden sichtbar, in aller Öffentlichkeit.

Vorwiegend intolerante Aggressivität ging nun von den nervös, teils hysterisch agierenden Staatsorganen aus, während »Bild« die publizistischen Hemdsärmel vollends hochkrempelte und sich freudig über volkspädagogisch wertvolle »Polizeihiebe auf Krawallköpfe« erregte, die dazu geeignet sein könnten, den »möglicherweise doch vorhandenen Grips lockerzumachen«.

Doch zu viel Schaum vorm Mund, zu viel Wut und Überheblichkeit, das gilt heute wie damals, schaden dem eigenen Grips, machen blind und dumm. Als sich einige Universitätsprofessoren wegen eines Flugblattes der »Kommune-Gruppe«, in dem »professorale Fachidioten« attackiert wurden, persönlich beleidigt fühlten, erstatteten sie Strafanzeige. Es erging ein richterlicher Durchsuchungsbefehl, der mit einiger Verzögerung, am 26. Januar 1967, vollzogen wurde. Fünfzehn Beamte der Politischen Polizei durchstöberten die Büroräume des Berliner SDS.

Doch nicht vorrangig Matrizen, Schreibmaschinen und ähnliche »Beweismittel« wurden beschlagnahmt, obwohl man Schriftproben nahm, sondern die Mitgliederkartei des SDS. Ein klar rechtswidriger Akt.

So versammelten sich am nächsten Morgen 3000 Studenten auf dem Campus der Freien Universität und forderten die Rückgabe der Kartei und die Einsetzung eines parlamentarischen Untersuchungsausschusses. Die Proteste hielten an, und schließlich gab der Regierende Bürgermeister, Pastor Heinrich Albertz (SPD), in einem Gespräch mit dem AStA nach: Beschlagnahme und Strafanzeige seien »bedauerlich und unangemessen« gewesen und würden rückgängig gemacht.

Am selben Nachmittag zogen, von Albertz großzügig »erlaubt«, mehrere Tausend Menschen über den Kurfürstendamm, unter ihnen Schriftsteller, Gewerkschafter, Schüler und Lehrlinge. Auch Günter Grass reihte sich ein. Er trug ein Plakat mit der Aufschrift: »Tausche Grundgesetz gegen Bibel«.

Selbst amerikanische Journalisten, die hochrangige Mitglieder der »Ford Foundation« und des »John-F.-Kennedy-Instituts« begleiteten, hatten dem Regierenden Bürgermeister unangenehme Fragen wegen der SDS-Razzia gestellt.

Für den SPD-geführten Senat war das Ganze eine Aktion Wasserschlag, ein echter Rohrkrepierer. Mehr noch: Die Affäre rückte den SDS endgültig ins Zentrum des Protests. Eben noch ein theorielastiger Zirkel von meist bleichen Bücherwürmern, Marx-Exegeten und Schreibtischrevoluzzern war er plötzlich ein sozialer Katalysator der Rebellion geworden.

Zur Ironie des geschichtlichen Augenblicks gehört das Resümee einer empirischen Studie des Allensbacher Instituts für Demoskopie über die grundsätzlichen Einstellungen westdeutscher Studenten im Wintersemester 1966/67: Sie seien »konformistisch, apolitisch, vergnügungs- und karriereorientiert«. Ein bemerkenswert zeitloses Urteil, das so ähnlich auch in Frankreich kurz vor den Maiunruhen 1968 in Paris dem bürgerlichen Publikum präsentiert wurde. Fast wäre man geneigt, es für 2008 einfach wörtlich zu übernehmen.

Aber irgendetwas konnte da nicht stimmen. Wo immer der Grund für die Fehldiagnose gelegen haben mag – sie zeigt, in welch verschiedenen Welten man damals lebte.

Klaus Meschkat jedenfalls, einer der alten Theorie- und Gremienhasen im Berliner SDS, im späteren Leben Soziologieprofessor, hatte den Moment des Wandels gleichsam mikroskopisch erfasst: »Wir saßen in irgendeiner Sitzung, um irgendeine belanglose Diskussion fortzusetzen, die wir vermutlich schon vor acht oder neun Jahren geführt hatten, da kam Rudi vom Ku'damm rein und brachte zwei Leute mit. Die hatte er gerade auf der Straße getroffen, sie gehörten noch nicht dem SDS an; aber er fand sie interessant, weil er mit ihnen gesprochen hatte. Und denen sagte er dann: ›Kommt mal mit rauf‹. Wir waren natürlich vollkommen entsetzt. Aber ich bin sicher, dass diese Art, die geschlossenen Kreise zu sprengen, ein entscheidender Impuls gewesen ist für die ganze neue Entwicklung, die der SDS dann 67/68 genommen hat.«

Dies war auch der Augenblick, in dem die »Kommune 1«, über die schon so lange geredet wurde, endlich ihr erstes Domizil bezog, auch wenn es zunächst nur provisorisch war. »Wir hatten das ewige Gejammer über Notstandspläne, Vietnam, alte Nazis usw. gründlich satt«, erinnert sich Ulrich Enzensberger. »Wir wollten etwas tun.« So ging es auf der »Plenardiskussion« in einer überfüllten Altbauwohnung am Silvesterabend 1966/67 ein letztes Mal um die ganz praktische Frage: Wer macht mit? Wer zieht ein? Wer macht ernst mit der »kollektiven Lebenspraxis«, in der »die tendenzielle Aufhebung bürgerlicher Abhängigkeitsverhältnisse« wie »Ehe, Besitzanspruch auf Mann, Frau und Kind«, kurz: »die Destruierung der Privatsphäre und aller uns präformierender Alltäglichkeiten« (Kunzelmann) in die Tat umgesetzt werden sollte? Das Ziel war theoretisch sonnenklar: Die »Revolutionierung des Individuums«, der »Mensch des 21. Jahrhunderts«, nichts weniger.

Am Ende war es jedoch nur knapp die Hälfte der Anwesenden, die sich am frühen Morgen des 1. Januar 1967 zum revolutionären Dienst an der »systemsprengenden Praxis« meldete, zum »Menschsein in emanzipierter Gesellschaft«, wie der kommandierende Oberkommunarde Kunzelmann formuliert hatte.

Nicht nur Rudi Dutschke, obwohl er noch an Silvester in einem Radiointerview von der Kommune als der »adäquaten Antwort unserer Tage« gesprochen hatte – auch andere zogen offensichtlich den »psychischen Schutz der eigenen Wohnung« dem »direkten Zusammenleben von freien Individuen« vor.

Die zu allem Entschlossenen, weniger als ein Dutzend, aber kamen fürs Erste beim Schriftsteller Uwe Johnson unter, der im ruhigen Westberliner Friedenau eine große Altbauwohnung samt Atelier besaß. Der 1959 aus der DDR übergesiedelte Schriftsteller (»Jahrestage«) weilte glücklicherweise gerade in New York, wollte jedoch nach einigen Monaten zurückkehren.

Nebenan wohnte Günter Grass, und auch Hans Magnus Enzensbergers vom ersten Ruhm erworbene Stadtvilla lag nicht weit entfernt. Das politisch-soziale Umfeld war also gar nicht so übel.

In den ersten Wochen wohnten einige Aktivisten sogar in Enzensbergers Haus, das sie Anfang März aber schon wieder räumen mussten, nachdem der viel reisende Autor und Essayist aus Moskau zurückgekehrt war. Dafür »besetzten« sie komplett Johnsons Hauptwohnung – der hatte sich auf schriftliche Anfragen einfach nicht gemeldet. Eine »peinliche Notlösung« nennt das heute Ulrich Enzensberger.

Peinlich war durchaus noch vieles, was kommen würde, nicht zuletzt der Bau jener legendären »Pudding-Bombe«, die Anfang

April zu einer großen Hausdurchsuchung der Polizei führte – in den Wohn- und Arbeitsräumen des Schriftstellers, der von alldem natürlich nichts ahnte. Erst ab Mai bezogen die damals acht Kommunarden eine eigene Wohnung am Stuttgarter Platz, dem geliebten »Stutti«.

Unterdessen hatte sich eine zweite Kommune, die »Kommune 2« des SDS, gebildet. Bald schon gab es regen personellen Austausch zwischen »K1« und »K2«, angeführt vom experimentierfreudigen, später oft in Weiß gekleideten Frauenflüsterer Rainer Langhans, dessen wiederholter Liebeskummer den anderen jedoch ziemlich auf die Nerven ging. Bald wechselte er in die »K1«, was nichts daran änderte, dass Lisbeth Schlotterer in der »K2« sich gezwungen sah, die berühmt-berüchtigte Spülfrage zu stellen: »Was wollt ihr eigentlich verändern in dieser Gruppe, wenn ich jeden Tag für alle abwaschen muss?« Tatsächlich stellte sich hier wie dort binnen weniger Monate heraus, dass Theorie und Praxis doch zwei grundverschiedene Dinge sind.

Bernd Rabehl, der eben noch »das Setzen der Kommune als Voraussetzung von Praxis« gefordert hatte, beklagte nun das »Psycho-Konzept« als »sektiererhafte Absonderung von der politischen Bewegung«. Statt »arbeitsfähige Wohnkollektive« zu bilden, so urteilten auch andere SDSler selbstkritisch, verlören sich die »Genossinnen und Genossen« in »nächtelangen, rauschähnlichen Gesprächen« einer »psychoanalytischen Laienspielschar«, die den »Gordischen Knoten aus Übertragung, Gegenübertragung und Neurosengeschichte« vergeblich zu entwirren suche.

Selbst der leidenschaftliche »K1«er Fritz Teufel, der inzwischen immerhin einen Geldjob bei »Rotaprint« gefunden hatte, kritisierte, dass die ständige Selbstbeschäftigung der Gruppe, die unentwegte, bohrende Selbstbefragung »nur Zusammenbrüche« und subjektive Überforderung produziere, letztlich eine unfruchtbare »Kreisbewegung«.

Von einem »grausamen Zwangssystem« sprach SDS-Mitglied und Psychoanalytiker Reimut Reiche später, und auch im SDS

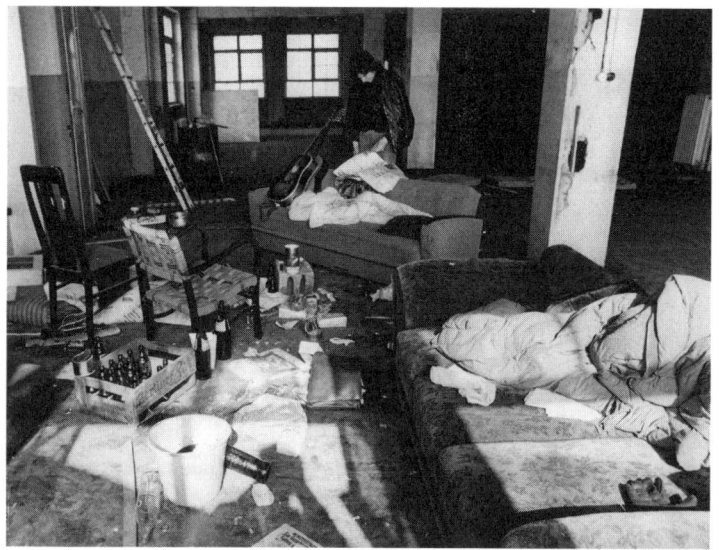

Innenansicht der Kommune 1 Anfang 1968. Nicht immer entsteht aus dem fröhlichen Chaos eine neue Ordnung der Welt

insgesamt galten Teufel, Langhans & Co. bald als »Horrorkommune«. Legendär bis heute der Ausruf Dieter Kunzelmanns: »Was interessiert mich Vietnam, wenn ich Orgasmusschwierigkeiten habe!?«

So war es kein Wunder, dass der Berliner SDS, von einer Serie anarchisch-infantiler Flugblätter endgültig genervt, schon am 3. Mai 1967 die Mitglieder der »Kommune 1« hochoffiziell aus seinem Landesverband ausschloss – wegen »falscher Unmittelbarkeit«, »Realitätsflucht« und »Selbstüberschätzung«.

Nur Spötter hätten diese Attribute damals auch anderen Rebellen und politisch motivierten Realitätsflüchtlingen zuerkannt, aber es war eben doch nur die halbe Wahrheit. Denn die vielen kleineren und größeren, teils spektakulären Aktionen, die in der »K1« ausgeheckt wurden, trafen, trotz aller narzisstischen Größenfantasien, meist auch eine objektive Realität »draußen im Lande«, auf den Straßen und Plätzen, nicht zuletzt in Behörden,

Gerichten und anderen Amtsstuben, kurz: Sie trafen die Autoritäten von Staat und Gesellschaft, oft sogar an ihrer empfindlichsten Stelle – dem gut behüteten Selbstbild, das umso anfälliger für »Beleidigungen« und »Kränkungen« aller Art war, je steifer, unreflektierter und autoritärer es daherkam.

Nahezu genial und jedenfalls sprichwörtlich bis heute die Bemerkung von Fritz Teufel, als er im November 1967 im Prozess wegen eines Steinwurfs auf der Demonstration gegen den Schah von Persien ein halbes Jahr zuvor vom Richter aufgefordert wurde, sich vom Sitz zu erheben. Während Teufel sich auffallend langsam erhob, brummte er in den altehrwürdigen Moabiter Verhandlungssaal: »Wenn's der Wahrheitsfindung dient...«

Wie so oft und ganz entspannt: Rainer Langhans und Fritz Teufel auf der Anklagebank 1967. Wenn's der Wahrheitsfindung dient...

Selbst im Büro des SDS, den einige KI-Witzbolde in »Seriösen Deutschen Studentenbund« umgetauft hatten, waren die Kommune-Aktionen nicht unwillkommen, »soweit sie den politischen Lernprozess begünstigende pathologische Reaktionen der Administration hervorrufen« würden. Von Spaß war ja nicht die Rede.

Wieder einmal spürte der proletarisch geprägte Bommi Baumann, der keine Zeile von Herbert Marcuse, Wilhelm Reich oder Sigmund Freud gelesen hatte, dass da etwas Neues entstanden war: »Es waren auch die einzigen, die so 'ne Musik gehört haben, die auch lange Haare hatten, im Gegensatz zu denen im SDS, die sahen ja alle noch suspekt aus. Die KI war da genau die richtige Sache, die hatte 'ne klare Alternative vorzuweisen ... Dass da mal irgendwann 'ne Revolution kommt, nützt Dir im Augenblick nichts.«

Baumann machte allerdings, anders als die ständig diskutierenden Kommunarden mit ihren »richtig sadomasochistischen« Selbstanklagen, das ewig selbstkritische »Gebrabbel« gar nicht erst mit. Lieber suchte er geradewegs jene sexuellen Abenteuer, die die aufgeschreckte bürgerliche Öffentlichkeit fälschlicherweise den Kommunarden unterstellte, die sich diese ausschweifende Mythenbildung allerdings durchaus gefallen ließen. Nur zu gern bediente man die schwülen Projektionen und erotischen Fantasien der anderen.

Auf dem Gebiet intimer zwischenmenschlicher Kontaktaufnahme mit dem anderen Geschlecht jedenfalls sammelte der praxisorientierte Baumann tatsächlich zeithistorisch wertvolle Erfahrungen: »Da haste mal mit der Braut gepennt, denn mal mit der, du warst sowieso immer hinter den Bräuten her, und zu der Zeit sind dir so viel Bräute hinterhergerannt, dass du so ein Ding (theoretisches »Gebrabbel« etc., R.M.) nie druff hattest. Wenn du lange Haare hattest und bist irgendwo hingekommen, da haben unheimlich viele Bräute auf dir gestanden, gerade die ganzen Fabrikmiezen. Die angepassten Typen waren ja damals echt nicht gefragt, das war ja eine sehr günstige Zeit, war echt besser wie heute.«

Auch wenn solch ungeschminkte Macho-Bekenntnisse heute, vor allem unter dem Aspekt des Gender-Mainstreaming, unerhört klingen – Fritz Teufel war damals offenbar derselben Meinung und versammelte im Laufe der Zeit eine ganze »Groupie«-Szene um sich herum, darunter »Schulmädchen«, aber auch »Schriftstellerinnen, Funktionärinnen, ja Philosophinnen«, wie Mitkommunarde Enzensberger neidlos notiert. Selbst Liebesbriefe, mit roten Herzen und Lippenabdruck abgestempelt, verstopften immer wieder den kollektiven Briefschlitz am »Stutti«. Die eine oder andere enttäuschte, weinende Verehrerin wurde zum trostspendenden Geschirrspülen oder einer anderen nützlichen Hausarbeit abkommandiert.

Dabei war der eigentlich eher schüchterne, oft in sich gekehrte Teufel keineswegs der einzige unter den neuen Helden der

Revolte, die ihre revolutionäre Prominenz nach Art von Rock- und Popstars durchaus männlich-traditionell zu nutzen wussten.

Es war sowieso ein ziemliches Kommen und Gehen in der Kommune, und im Sommer 67 schauten auch Gudrun Ensslin und Andreas Baader immer wieder auf einen Sprung vorbei. Hier und da beteiligten sie sich auch an einem jener »Happenings«, die mit vergleichsweise wenig Aufwand große Resonanz erzielten. »Schön war es immer, wenn du Aktionen geplant hast, da war es immer richtig toll«, berichtet Revolutionspraktikant Bommi Baumann. »Da waren immer Späßchen drin, war immer lustig, immer ein Lacher ... Und wenn's denn geklappt hat, war immer 'ne richtige Freude, wenn man nach Hause gekommen ist und hat es dann abends in der ›Abendschau‹ noch gesehen.«

Ein frühes Beispiel für autonom produziertes Event-Fernsehen, für die selbstreferentielle Ereignisproduktion der Massenmedien.

Die Spaßguerilla bei der Arbeit: Ein Happening der Kommune 1 auf dem Kurfürstendamm Ende August 1967. In der Mitte, verkleidet, Rainer Langhans, daneben Dorothea Ridder, links Andreas Baader

Auch hier war die Kommune 1 Avantgarde der Modernisierung. Sie hatte begriffen, dass die mediale, »virtuelle«, sich wellenförmig verbreitende und verstärkende Wirkung ihrer Aktionen letztlich wichtiger war als deren unmittelbarer materieller Gehalt, vom Unterhaltungswert einmal abgesehen. Die Logik von Provokation und Überreaktion, die in den Massenmedien heute Alltag ist, wurde damals erfolgreich getestet. So spielte die Kommune 1 in den entscheidenden ersten Monaten des Jahres 1967 die Rolle einer höchst effektiven PR-Zentrale für die anwachsende Rebellion.

Dass dazu auch die sorgfältige Auswertung der Zeitungen gehörte, die ausgiebige »Presseschau« im Esszimmer am Morgen danach, versteht sich von selbst. Die schönsten Geschichten landeten im Archiv.

Bald aber stießen die bürgerlichen »Pressefritzen«, die Interviews mit den Genossen im »maoistischen Liebesnest« machen wollten, auf ein kleines Schild an der Wohnungstür: »Erst blechen – dann sprechen«. Drunter machten es die Kommunarden nicht mehr. Erst Zaster, dann Zitate. Das galt erst recht für Fotos – ikonografische Berühmtheit erlangten das »Nacktenfoto« im »Stern« mit den aufgereihten Hinterteilen und die zahlreichen Oben-ohne-Porträts von Uschi Obermaier. Auch die Revolution braucht eben Geld.

Vor allem aber Ideen. An ihnen herrschte in diesen Tagen kein Mangel. Und immer wieder half die schlechte Realität, das ganze »Unwahre« (Adorno), den Rebellen auf die Sprünge. Zum Beispiel ein Berlin-Besuch des für den Bombenkrieg in Vietnam mitverantwortlichen US-Vizepräsidenten Hubert Horatio Humphrey, der sich für den 6. April 1967 ankündigte.

Umgehend liefen die Planungen auf Hochtouren. Am 2. April verzeichnet das Kommune-Protokoll: »Humphrey-Aktion: Martin-Luther-Str. oder Rathaus. Rote Rauchbomben, möglichst viele. Zum Auto laufen, Superbälle werfen.« Dazu sollten Spottlieder gesungen werden. Wie gehabt: Ein rau(s)chendes Happening nach Art des Hauses.

Ein Chemiestudent im 10. Semester gab gute Ratschläge, rasch besorgte man Kaliumchlorat, Sudan III, Natriumperoxyd, Lactose, Kieselgur, Ammoniumchlorid und andere Ingredienzien, fabrizierte 17 Hülsen und probierte einige davon im Grunewald aus. Viel weiter kamen die »Attentäter« jedoch nicht, denn Geheimdienste und Polizei waren ihnen längst auf der Spur. Am Vorabend des Staatsbesuchs wurden elf Mitglieder der Kommune 1 festgenommen, weil sie »unter verschwörerischen Umständen« zusammengekommen und »hierbei Anschläge gegen das Leben oder die Gesundheit des amerikanischen Vizepräsidenten Hubert H. Humphrey mittels Bomben« vorbereitet hätten.

»Bild« wusste schon am nächsten Tag ganz genau: »Bomben und hochexplosive Chemikalien« – »Sprengstoffgefüllte Plastikbeutel als Mao-Cocktails«. Weil die Kommunarden regelmäßig den deutschsprachigen Dienst von »Radio Peking« hörten, sich zuweilen als »Rote Garden« kostümierten und eine Woche zuvor wieder einmal die chinesische Botschaft in Ost-Berlin beehrt hatten, um »Mao-Bibeln« abzuholen, titelte »Der Abend« so, als wäre er selbst dabei gewesen: »Maos Botschaft in Ost-Berlin lieferte Bomben gegen Vizepräsident Humphrey«.

Doch schon einen Tag später waren alle »Bombenbauer« wieder frei. Kriminaltechniker hatten festgestellt, dass es sich nicht um Sprengstoff, sondern um eine Mischung aus Farbstoff, Pudding, Mehl und Rauchentwickler handelte. Eine Riesenblamage für die Polizei. Das Ermittlungsverfahren wurde eingestellt.

Vor dem Charlottenburger Schloss hatten am Abend des 6. April trotz eines massiven Polizeiaufgebots 2000 Demonstranten gegen Humphrey protestiert, es flogen Eier und Mehltüten, später auch Flaschen und Steine. Greiftrupps der Polizei schlugen immer wieder auf einzelne »Störer« ein, bevor sie sie festnahmen.

Kurz darauf übergab die Politische Polizei dem Rektor der Freien Universität Auszüge aus den diversen Ermittlungsakten, was Disziplinarverfahren gegen Kommune-Mitglieder, AStA-Vor-

Mitglieder der Kommune 1 üben das geplante »Pudding-Attentat« auf US-Vize-
präsident Hubert H. Humphrey im Berliner Grunewald. Deutsche Revolutionäre
wissen: Auch beim Umsturz kommt es auf Präzision an

sitzende und Rudi Dutschke (»Vorbereitung eines hochverräteri-
schen Unternehmens«) nach sich zog – und den Versuch des
Rektors, den AStA per Urabstimmung abzusetzen. Vom Regierenden Bürgermeister Albertz hatte er zudem eine »Schwarze
Liste« linker Studenten erhalten.

In diesem immer unübersichtlicher werdenden Nahkampf
zwischen autoritärer Staatsmacht und Rebellen, der spiralenför-
mig eskalierte, entstanden immer tiefere Risse und dauerhafte
Feindschaften. Es waren zwei Welten, die hier unversöhnlich auf-
einandertrafen. Nicht zuletzt: zwei Generationen.

Als sich am 19. April 2000 Studenten im überfüllten Audimax
der FU versammelten, um über die empörende »Servilität« der
Berliner Presse zu diskutieren, fasste der deutsch-amerikanische
Schriftsteller Reinhard Lettau die Erfahrungen der vergangenen
Wochen so zusammen: »Seine Meinung soll man sagen dürfen,
aber nur, wenn es opportun ist. Gegen Notstandsgesetze demon-

strieren: Das können nur ›Krakeeler‹, ›Radaubrüder‹, ›Radika-linskis‹.« Nicht nur der spießige Wortschatz der sechziger Jahre, im Bier-, Kloß- und Bratendunst gestählt, wirkt hier tatsächlich wie aus einem anderen Jahrhundert.

Seine abschließende kleine »Presseschau« beendete Lettau ganz praktisch. Er hielt »Berliner Morgenpost«, »B.Z.« und »Bild« in die Höhe und begann umgehend, handgreiflich zu wer-den. »Verzeihen Sie«, sagte er, »wenn ich das Resultat meiner Berliner Presse-Analyse dadurch mitteile, dass ich hier jetzt die Berliner Zeitungen zerreiße.«

Es ist nicht schwer, sich vorzustellen, wie der Saal augenblick-lich ins Toben geriet. In dieser jubelnden Stimmung von Gemein-schaft und Kampfesmut beschloss man gleich noch ein »Sit-in« gegen die drohenden Disziplinarverfahren und blieb einfach an Ort und Stelle.

Der aufgebrachte Rektor mit dem schönen Namen Lieber hol-te die Polizei, um das Audimax zu räumen. Nachdem die ersten 30 von weit über 1000 Studenten weggetragen worden waren, gaben die Uniformierten auf. Darauf waren sie nicht vorbereitet, das war nie geübt worden. Das hatte es bisher auch noch nicht gegeben.

So hatten die Rebellen gegen zwei Uhr nachts die Saalschlacht mit der Staatsmacht gewonnen, und die Kommunarden trium-phierten keck, wenn auch nicht metaphernsicher, dass »der mas-sive Arm des ganzen Misthaufens machtlos ist«.

In diesem schönen Glauben ging es erst einmal weiter bis zum nächsten Horizont. Die Logik der Provokation gehorchte nun auch einer Logik der Steigerung. Die Dosis wurde erhöht.

Eine besonders starke Wirkung errang eine Flugblatt-Aktion, die nach einem verheerenden Kaufhausbrand in Brüssel Ende Mai 1967 begonnen wurde, bei dem mehr als 300 Menschen qualvoll zu Tode kamen. Zuvor hatte die »Bild«-Zeitung, reiße-risch wie stets, über ein Attentat linker Vietnamkriegsgegner spe-kuliert.

Die »Kommune 1« reagierte sarkastisch und fantasierte ihrerseits: »Wann brennen die Berliner Kaufhäuser?« So war Flugblatt Nr. 4 überschrieben. Und weiter: »Unsere belgischen Freunde haben endlich den Dreh heraus, die Bevölkerung am lustigen Treiben in Vietnam wirklich zu beteiligen: Sie zünden ein Kaufhaus an, zweihundert saturierte Bürger beenden ihr aufregendes Leben, und Brüssel wird Hanoi ... Wenn es irgendwo brennt in der nächsten Zeit, wenn irgendwo eine Kaserne in die Luft geht, wenn irgendwo in einem Stadion die Tribüne einstürzt, seid bitte nicht überrascht...« Wer das Stadtzentrum von Hanoi bombardiere, müsse eben mit einer entsprechenden Antwort rechnen: »burn, ware-house, burn«.

Es war wieder ein provozierendes (Wort-)Spiel mit Gewalt und Gewaltfantasien, eine zynisch-dadaistische Reaktion auf das, was als objektiver Zynismus der Machthaber in Politik und Medien empfunden wurde. Die Antwort des Staates ließ nicht lange auf sich warten: Hausdurchsuchungen, Beschlagnahme von Unterlagen, Festnahmen und ein Prozess wegen »Anstiftung zur Menschen gefährdenden Brandstiftung«, der als »Moabiter Seifenoper« in die Annalen einging. Selbst Schriftsteller und Germanistikprofessoren wurden auf Antrag des Verteidigers Horst Mahler zu Rate gezogen, um über den satirisch-literarischen Charakter der Flugschrift streng wissenschaftlich Auskunft zu erteilen. Am Ende stand ein Freispruch.

Auch wenn Berlin im Mittelpunkt der Rebellion stand, die zu diesem Zeitpunkt vor allem eine Studentenbewegung war – in vielen deutschen Städten kam es längst zu ähnlichen Auseinandersetzungen, wenn auch im kleineren Maßstab. Doch die Erbitterung war ähnlich groß wie in der Frontstadt des Kalten Krieges. So demonstrierten am 7. Mai 1967 mehrere Hundert Menschen auf dem Römerberg in Frankfurt am Main, dem zweiten Kristallisationspunkt der Revolte, gegen ein militärisches Festzeremoniell zur Eröffnung der »Deutsch-Amerikanischen Freundschaftswoche«.

Auch hier manifestierten Knallkörper, Rauchkerzen und andere Wurfgeschosse die Empörung über das Feiern einer Freundschaft, die in Vietnam über Leichen ging. Während auf der Ehrentribüne der SPD-Oberbürgermeister Brundert, der hessische SPD-Ministerpräsident Zinn und der Ehrenbürger der Stadt, Max Horkheimer, saßen, forderten die Demonstranten, darunter die Kerngruppe des Frankfurter SDS: »Schluss mit den sinnlosen Verbrechen in Vietnam!«

Die Polizei versuchte mit überschaubarem Erfolg, der Störer habhaft zu werden, und immer wieder erschollen Rufe wie »Nazi«, »Yankee« und »Ami go home!« aus den verschiedenen Ecken des weitläufigen Platzes. Erzürnt rief der sozialdemokratische Ministerpräsident einem lautstarken Demonstranten zu: »Sie Schreihals, Sie haben die Hose noch hinten zugemacht, als wir um Freiheit und Demokratie kämpften!« Es war ein merkwürdiger politischer Frontverlauf, in dem sich die Kontrahenten jeweils als Opfer der anderen Seite fühlten – und historisch natürlich absolut im Recht.

»Wir führen die Auseinandersetzung mit dem Rücken zur Wand«, bilanzierte Rudi Dutschke im Mai 1967 gewohnt dramatisch, »ohne illusionäre Hoffnungen, aber wir führen sie permanent und haben die Überzeugung, durch die ununterbrochene Vermittlung von Aktionen und Aufklärungskampagnen unser ›Lager‹ der Antiautoritären vergrößern zu können. Wir sind dabei, die akademische Würde zu verlieren, und das ist gut so. Wir sind dabei, die akademische Würde zu verlieren und das ›Niveau der Geschichte‹ (Marx) zu gewinnen, das Niveau von Madrid, Barcelona, Berkeley und Caracas.«

Revolutionäres Weltniveau eben.

III. Der diskrete Charme der Rebellion
oder
Wir machen Weltrevolution

Am Morgen des 2. Juni 1967 stand die Sonne »fett und träg und reglos wie ein Schweißtropfen« am Berliner Himmel. So jedenfalls erinnern sich Augenzeugen. Es war der Beginn eines wunderbaren Frühsommertags. Er sollte im Schockzustand enden.

Der Schah von Persien und seine Frau Farah Diba waren auf Staatsbesuch in der Stadt, und die Vorboten kündeten nichts Gutes: »Gesucht wird Schah Mohamed Reza Pahlewi wegen Mord und Folterungen an dem Journalisten Karimpour Schirazi, an dem Außenminister Hossein Fatemi, an dem Justizminister Lotfi nach vorherigem Ausreißen der Augen...« So begann der Text eines Plakats mit dem Porträt des Herrschers in glitzernder kaiserlicher Uniform, das wenige Tage zuvor in der Stadt aufgetaucht war. Von der Polizei wurde es sogleich als »Hetzpropaganda« beschlagnahmt.

Dreitausend Studenten hatten sich schon am Vorabend der dramatischen Ereignisse im Audimax der Freien Universität versammelt, um von dem Exil-Iraner Bahman Nirumand aus erster Hand zu erfahren, mit welch grausamen Foltermethoden der gefürchtete Geheimdienst Savak jede Opposition gegen das Schah-Regime unterdrückte. Tausende Regimegegner fanden so den Tod. Dass die USA, die gerade in Vietnam ihren verheerenden Bombenkrieg führten, den Schah als ihren Verbündeten betrachteten, vervollständigte das düstere Bild.

Was die Studenten zu diesem Zeitpunkt noch nicht wissen konnten: Am folgenden Mittag prophezeite Peter Herz, der Chef des Presse- und Informationsamtes des Berliner Senats, ganz ungeschminkt, ja geradezu genüsslich, dass sich »diese Burschen«, gemeint waren »die Studenten«, an diesem 2. Juni auf »etwas gefasst machen« könnten. »Heute gibt's Dresche«, sagte er voraus.

Was der Rowdy in Staatsdiensten nicht verriet: Es sollte »Dresche« gleich von zwei Seiten geben. Denn der Schah hatte seine eigenen Schlägertrupps, die sogenannten »Jubelperser«, von zu Hause mitgebracht, darunter auch etliche Savak-Agenten.

Mit Stahlruten, Totschlägern und Holzlatten schlugen sie schon auf jene Demonstranten ein, die am frühen Nachmittag vor dem Rathaus Schöneberg protestierten. Der Schah, der in seinem Reich von fünftausend Leibgardisten beschützt wurde und nie ohne persönlichen »Giftprüfer« aus seinem silbernen Geschirr aß, trug sich dort gerade in das Goldene Buch der Stadt ein. Westberliner Polizisten sahen der Prügelei ungerührt, teils grinsend zu, bevor sie sich nach ein paar Minuten doch noch bequemten, dem rechtswidrigen Treiben Einhalt zu gebieten. Doch nicht die brutalen »Jubelperser« wurden attackiert, sondern die Schahgegner, von denen einige sogar verhaftet wurden.

Für den Abend war der ganz große Auftritt geplant, der festliche Besuch von Mozarts »Zauberflöte« in der Deutschen Oper an der Bismarckstraße, begleitet von Bundespräsident Heinrich Lübke, dem Regierenden Bürgermeister Albertz, Polizeipräsident Duensing und anderen Exzellenzen.

Um 19.56 Uhr fuhren die Staatskarossen vor. »Mörder, Mörder!«, schrien Hunderte erboste Demonstranten, die von Absperrgittern hinter einen schmalen Streifen auf dem gegenüberliegenden Bürgersteig gedrängt worden waren. »Hurra! Hurra!«, antworteten die gut hundert »Jubelperser«, die, mit Doppeldekker-Bussen der Berliner Verkehrsbetriebe angekarrt, deutlich näher am Eingang der Oper standen. Ihre Waffen hatten sie mitgebracht und machten gleich von ihnen Gebrauch – abermals unter den gnädigen Augen der deutschen Polizei.

Es folgt ein kurzer Protesthagel von Eiern, Tomaten, Farbbeuteln, Rauchkerzen und auch ein paar Steinen, doch sie verfehlen ihr Ziel, das etwa vierzig Meter weit entfernt ist. Zu weit. Nur eine einzelne Tomate rauscht knapp an Wilhelmine Lübke, der Frau des Bundespräsidenten, vorbei. Blitzschnell ist die Gala-Gesellschaft in der Oper verschwunden.

»Das war's«, glaubten die Demonstranten. Mehr war nicht drin.

Ein tragischer Irrtum. Denn noch beim Betreten der Oper hatte der Regierende Bürgermeister seinem Polizeipräsidenten zugeraunt, er wolle die Protestszenerie draußen nach Ende der Gala nicht mehr vorfinden.

Um 20.04 Uhr springen die ersten Polizisten, ohne jede Vorwarnung oder sichtbaren Anlass, über die Absperrgitter und prügeln wie von Sinnen auf unbeteiligte Zuschauer und Demonstranten ein. Keilförmig, von zwei Seiten aus, werden die Protestierer in die Zange genommen, gleichsam zusammen- und wieder auseinandergequetscht. Polizeipräsident Erich Duensing, Ritterkreuzträger der Naziwehrmacht, der das Kriegsende beim Stabschef der »Heeresgruppe Süd« erlebt hatte, war ein erfahrener Offizier, der wusste, was er tat. Auf einer Pressekonferenz beschrieb er die Polizeitaktik später so: »Nehmen wir die Demonstranten als Leberwurst, nicht wahr, dann müssen wir in die Mitte hineinstechen, damit sie an den Enden auseinanderplatzt.«

So geschah es dann auch. Ein Teil der Ordnungskräfte treibt die Schachgegner in Richtung Kaiserdamm, während ein anderer Teil sie mit Knüppeleinsatz wieder zurück in Richtung Krumme Straße an der Oper drängt. Greiftrupps verfolgen Fliehende bis zum Kurfürstendamm, schlagen wahllos zu und nehmen fest, was ihnen zwischen die Finger kommt. Demonstranten, die sich auf die Straße setzen, werden erst recht verprügelt und anschließend abtransportiert. Ein einziger Spießrutenlauf.

»Ich habe gesehen, wie ein Polizist einem jungen Mann auf das rechte Auge schlug, sodass die ganze Gesichtshälfte blutüberströmt war«, schildert ein Augenzeuge eine Szene unter vielen. Der Polizist schlug dennoch weiter »mit unvergleichlicher Brutalität auf den ohnehin schon Blutüberströmten ein.«

Dreißig Jahre später erklärte ein Polizeibeamter, der als Zugführer am Einsatzort Dienst tat, welches Feindbild, von der Springer-Presse befeuert, wohl in vielen Köpfen der bewaffneten Ordnungsmacht herumspukte: »Der Bereitschaftspolizist war damals wie ein Infanterist ausgebildet, an Granatwerfern, schweren Maschinengewehren und Panzerabwehrraketen – alles unter der Obhut der Alliierten ... Auf einmal standen sie nicht an der Mauer, sondern vor der Oper.« Auch der Regierende Bürgermeister fuhr gerne auf die Exerzierplätze nach Schulzendorf und Lankwitz, um seine »Kerls« beim Üben »an der Front« (Ilse Albertz) zu beobachten.

Unter den in die Krumme Straße Abgedrängten befindet sich auch der 26-jährige Benno Ohnesorg. Es ist die erste Demonstration seines Lebens, und es ist warm an diesem Tag. Deshalb trägt er Sandalen ohne Strümpfe, sogenannte »Jesuslatschen«, nicht gerade praktisches Schuhwerk für den ungeplanten Straßenkampf. Dazu eine helle Hose und ein auffälliges rotes Hemd. Zusammen mit anderen hat sich der schlanke, 1,83 Meter große Student der Romanistik, Mitglied der Evangelischen Studentengemeinde, in einen Parkhof der Krummen Straße 67 geflüchtet. Diesen trostlosen Ort gibt es heute noch, doch nichts erinnert mehr an das, was dort passierte.

Eine Augenzeugin sah, wie der Mann im roten Hemd hinter einem geparkten VW Käfer stand und offenbar versuchte, wieder auf die Krumme Straße zu gelangen: »Zwei uniformierte Beamte ... versuchten, ihn daran zu hindern. Von hinten tauchte plötzlich ein uniformierter Beamter aus dem Dunkeln auf und schlug dem Mann im roten Hemd mit dem Schlagstock hinten auf den Kopf. Der Getroffene sank langsam in sich zusammen, und nun kamen die beiden Polizisten ... hinzu, und zu dritt schlugen sie auf ihn ein.«

Das alles vollzieht sich in wenigen Sekunden. Es ist gerade 20.30 Uhr und noch nicht dunkel. In der Deutschen Oper macht sich, unter den Augen des Schahs von Persien, die »Königin der Nacht« zur großen Arie bereit.

»Ich habe zwischen all diesen Geschehnissen einen Knall gehört«, so die Augenzeugin, »den ich aber nicht als Schuss deutete. Ich lief zu dem am Boden liegenden jungen Mann und bückte mich links zu ihm herunter. Als ich zu den Beamten hochblickte, sah ich, dass sie immer noch ihre Schlagstöcke in der Hand hatten, und bat sie leise: ›Nicht schlagen, bitte holen Sie die Ambulanz.‹ Seine Lippen bewegten sich, und ich nahm an, er wolle etwas sagen. Ich beugte mich herunter, konnte aber nur ein Röcheln vernehmen.«

Eine Kugel Kaliber 7,65 aus der Walther PPK von Kriminalobermeister in Zivil, Karl-Heinz Kurras, 39, hatte ihn aus etwa eineinhalb Metern Entfernung in den Hinterkopf getroffen.

Nicht genug damit: »Es besteht leider der dringende Verdacht, dass auf Benno Ohnesorg auch dann noch eingeschlagen wurde, als er schon tödlich

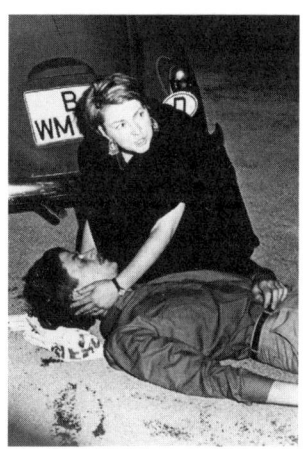

Friederike Hausmann hält den Kopf des von einer Polizeikugel tödlich getroffenen Studenten Benno Ohnesorg am Abend des 2. Juni 1967. Das Bild wurde zur Ikone der Revolte

getroffen am Boden lag«, hielt das Berliner Landgericht später fest. Auf einem Tonband, das vor Gericht abgespielt wurde, war zu hören, wie der Todesschütze von seinem Vorgesetzten den Befehl zum sprichwörtlichen »Verdünnisieren« erhielt: »Schnell weg! Kurras gleich nach hinten! Los!« Der ging erst zum Polizeipräsidenten und dann nach Hause, ließ das Magazin seiner Pistole verschwinden und brachte am Morgen seine Kleider zur Reinigung.

Kurz nach 20.30 Uhr trat die damals 22-jährige Studentin Friederike Hausmann heran, kniete neben dem Schwerverletzten und legte ihre Handtasche unter den blutenden Kopf, den sie mit beiden Händen fürsorglich umfasste. Darunter lag schon, blutdurchtränkt, das zusammengefaltete Protesttransparent, das Ohnesorg mit sich geführt hatte. »Holt lieber einen Krankenwagen anstatt mich hier wegzuziehen!«, schrie sie die Polizisten an.

Der zufällig anwesende Fotograf Jürgen Henschel von der sozialistischen Zeitung »Die Wahrheit« hielt die Szene fest. In dieser Sekunde konnte er noch nicht wissen, dass sein Foto zu *dem* symbolischen Bild, zur Ikone der Protestbewegung im Augenblick ihrer reinsten und hellsten Empörung werden sollte.

Wenig später stirbt Benno Ohnesorg. Offizielle Diagnose der Todesursache im Moabiter Krankenhaus: »Schädelbasisbruch«. Keine Rede von einer Kugel. Erst einen Tag später, bei der Obduktion, wird ein »Gehirnsteckschuss« festgestellt. Merkwürdig genug, dass ein Teil des Schädelknochens fehlt, der offenbar herausoperiert wurde.

Unmittelbar nach Ohnesorgs Tod verbreitet die Polizei die Legende von zuvor abgegebenen »Warnschüssen«, blitzenden Demonstranten-Messern und einer angeblichen »Notwehrsituation«, in der sich Kurras befunden haben soll. Als sei dies nicht genug der Vernebelung, wurde noch am Abend das Gerücht gestreut, ein Demonstrant hätte einen Polizisten erstochen. Eine glatte Falschmeldung.

Die Morgenzeitungen der Springer-Presse wussten es natürlich wieder einmal ganz genau. Kein Wort vom Todesschuss in der Krummen Straße, dafür sehr viel erregte Meinung vom Schreibtisch aus: »Blutige Krawalle: 1 Toter« lautete die Schlagzeile von »Bild«, und unter dem groß aufgemachten Foto eines am Kopf blutenden Polizisten stand: »In Berlin gab es bisher Terror nur östlich der Mauer. Gestern haben bösartige und dumme Wirrköpfe zum ersten Mal versucht, den Terror in den freien Teil der Stadt zu tragen.«

Im Kommentar ging es im gleichen Stil weiter: »Sie müssen Blut sehen. Hier hören der Spaß und der Kompromiss und die demokratische Toleranz auf. Wir haben etwas gegen SA-Methoden. Die Deutschen wollen keine braune und keine rote SA.«

Im klirrenden Gleichklang urteilte die »B.Z.«: »Wer Terror produziert, muss Härte in Kauf nehmen.« Und die »Berliner Morgenpost« war sich ganz sicher: »Die Polizei trägt keine Schuld an den Zusammenstößen, die eindeutig von den Krawallradikalen provoziert wurden.«

Noch zwei Tage danach behauptete die »Welt am Sonntag«, Kurras sei von den Demonstranten »in einen Hof abgedrängt«, dort festgehalten und »mit Messern bedroht« worden.

Auch der Regierende Bürgermeister Albertz reihte sich in die Front der Wahrheitsverdreher ein: »Die Geduld der Stadt ist zu Ende«, hieß es in einer über den Rundfunk verbreiteten Erklärung. »Einige Dutzend Demonstranten« hätten nicht nur einen ausländischen Staatsgast beleidigt – »auf ihr Konto gehen auch ein Toter und zahlreiche Verletzte«. Ausdrücklich billigte Albertz das Vorgehen der Sicherheitskräfte. Durch »eigenen Augenschein« habe er sich davon überzeugen können, dass »sich die Polizei bis an die Grenze des Zumutbaren zurückgehalten hat«.

Ein Hohn auf die Wirklichkeit. Auch heute noch bezeugt Friederike Hausmann, inzwischen Lehrerin, Buchautorin und Übersetzerin: »Die Polizisten haben geprügelt wie blöd.«

Doch im Zusammenspiel von Senat, Polizei, Presse und großen Teilen von »Volkes Stimme« wurden die Opfer zu Tätern gemacht – und die Täter zu Opfern. Die vereinigte Staatsmacht hatte mit der angekündigten »Dresche« den »Krawallmachern« und »Radikalinskis« eine Lektion erteilt – so glaubte sie jedenfalls.

In Wirklichkeit hatten die Studenten eine Lektion gelernt, allerdings eine ganz andere als von Albertz & Co. geplant. Ein Repräsentant des demokratischen Rechtsstaats hatte einen unbewaffneten Menschen erschossen, und die Öffentlichkeit machte nicht den Totschläger verantwortlich, sondern sein Opfer und dessen Mitstreiter. Nach dem den Tod eines Kommilitonen war dies der zweite große Schock des 2. Juni 1967: Die Übermacht der organisierten Lüge in einer Gesellschaft, die so stolz war auf Menschenrechte, Freiheit und Demokratie.

Während Fritz Teufel wegen eines angeblichen Steinwurfs vor der Oper bis zu seinem Freispruch im Dezember monatelang in Untersuchungshaft genommen wurde, blieb Karl-Heinz Kurras bis zur Pensionierung im Polizeidienst, als sei nichts geschehen. Von vornherein sowieso nur der »fahrlässigen Tötung« angeklagt, wurde er ein halbes Jahr später, am 21.11.1967, von der 14. Großen Strafkammer des Moabiter Landgerichts freigesprochen. Trotz immer neuer unglaubwürdiger Versionen des Angeklagten, trotz aller Widersprüche, in die er sich verwickelte, und trotz der Tatsache, dass er Benno Ohnesorg auch nach Meinung der Kammer zweifelsfrei und »rechtswidrig« durch einen Schuss aus seiner Pistole getötet hatte, wollte das Gericht nicht ausschließen, dass Kurras aus eingebildeter, »putativer Notwehr«, also weder absichtlich noch fahrlässig gehandelt habe. »Es hat sich sogar nicht

Freudestrahlend gratuliert ein Kollege dem Polizisten Karl-Heinz Kurras zum Freispruch im Strafprozess wegen der Erschießung Benno Ohnesorgs

ausschließen lassen, dass es sich bei dem Abdrücken der Pistole um ein ungesteuertes, nicht vom Willen des Angeklagten beherrschtes Fehlverhalten gehandelt hat«, sagte der Richter in seiner Urteilsbegründung. Ein psychiatrisches Gutachten hatte ihm für den Abend des 2. Juni zudem eine »eingeschränkte Kritik- und Urteilsfähigkeit« attestiert. Dass dies nicht nur für jene Nacht galt, konnten die Zeitgenossen einem Interview von Kurras im »Stern« entnehmen, dem er wenige Wochen nach der Tat anvertraute: »Wenn ich gezielt geschossen hätte, wie es meine Pflicht gewesen wäre, wären mindestens 18 Mann tot gewesen.«

Alles in allem ein Freispruch dritter Klasse aus »Mangel an Beweisen«, der in zwei weiteren Prozessen, der letzte vor dem Bundesgerichtshof, bestätigt wurde. Doch es war und blieb ein Skandal, der die Republik veränderte.

Nicht einmal eine spontane Trauerkundgebung war gestattet. Als sich am Morgen des 3. Juni einige Hundert Studenten vom Campus der FU zum Rathaus Schöneberg aufmachen wollten, wurden sie von der Polizei gestoppt. Am Nachmittag waren es dann schon zweitausend Menschen mit schwarzen Armbinden, schwarzen Fahnen, manche in Trauerkleidung, die sich an der Uni versammelten. Starke Polizeikräfte kesselten die Trauernden ein, Rektor Lieber ordnete die Schließung der FU an. Ein Dekan ließ jedoch eigenmächtig Räume und Hörsäle öffnen. Sofort trafen sich überall diskutierende Gruppen. Ein »Teach-in« jagte das andere; Flugblätter und Plakate wurden gedruckt und die Gründung eines Ermittlungsausschusses beschlossen, an dem auch Rechtsanwalt Horst Mahler teilnahm. Er vertrat die hochschwangere Witwe Benno Ohnesorgs, für die in kurzer Zeit fast 10 000 Mark gesammelt wurden. Auf Antrag von Rudi Dutschke forderten die empörten Studenten den Rücktritt des Regierenden Bürgermeisters, des Innensenators und des Polizeipräsidenten.

Zu den fieberhaften Aktivitäten dieser Stunden gehörte auch die Bildung eines Öffentlichkeitsausschusses, der auf dem Kurfürstendamm und anderswo versuchte, den Bürgern der Stadt zu erzählen, wie es wirklich war. »Es gab plötzlich eine für alle überraschende Kraft zu Begegnungen und Diskussionen«, erinnert sich SDS-Mitglied Peter Mosler. »Studenten, die sich nicht kannten, richteten ohne Zögern das Wort aneinander, in allen die glühende Wut gegen die Lügen der Zeitungen und die Verdrehungen des Senats ... Das Gefühl großer Gemeinsamkeit und des Zusammenhalts schwappte auf alle über, es gab die Stimmung: hic Rhodus, hic salta, jetzt springe ich!«

Aus der quälenden Empfindung politischer Machtlosigkeit erwuchs das Gefühl einer neuen, bislang unbekannten Stärke. Für eine Woche rissen die Studenten den Lehrbetrieb an sich. Das Metathema aller Veranstaltungen: Gegenöffentlichkeit durch Gegeninformation. Im folgenden Wintersemester 1967 wurde daraus die »Kritische Universität«, die Idee einer »autonomen«, selbstbestimmten Wissenschaft.

Obwohl alle öffentlichen Versammlungen in Berlin verboten worden waren, sah man an vielen Ecken der Stadt heftig diskutierende Menschentrauben. In gewisser Weise war dies die erste direkte, gleichsam »authentische« Begegnung der Rebellen mit den normalen Bürgern, dem Volk, das sie sonst vorwiegend aus der »Bild«-Zeitung kannten.

Hier und da setzte es allerdings auch volkstümliche Prügel für einen der Flugblattverteiler, und in Briefen an den AStA der FU wie den SDS kam Volkes Stimme der »anständigen Berliner« zuweilen ganz ungefiltert zum Ausdruck: »Wir hätten gleich mit dem MG dazwischengehalten, damit euch Halunken ein für allemal die Lust am Radau vergangen wär'«, heißt es da. Oder auch: »Mir graust, wenn ich daran denke, dass dieser Pöbel später mal die Führerschicht in unserem Vaterlande stellen soll. Hier fehlt ein Innenminister wie Hermann Göring, der mit den Ganoven aus dem Scheunenviertel spielend fertig wurde.«

Auch ein anderer Brief knüpfte nahtlos an die Nazizeit an: »Ungeziefer muss man mit Benzin begießen und anzünden! Tod der roten Studentenpest!« Ein weiterer Briefschreiber empfahl die Methode: »durch den Ofen jagen, das ganze Pack!«

Direkt an die Witwe Ohnesorg gerichtet riet ein Anonymus: »Der Tod Ihres Mannes kann noch einen Sinn haben, wenn es Ihnen gelingt, dem Kind, das Sie erwarten, klarzumachen, dass sein Vater ein Fehlentwickler war.«

Selbst Mitglieder des Berliner Abgeordnetenhauses bedienten sich einer Sprache, deren Herkunft aus dem »Dritten Reich« kaum zu leugnen war. In der Parlamentsdebatte vom 8. Juni, dem

Tag der Überführung von Ohnesorgs Leichnam nach Hannover, redete der SPD-Abgeordnete Theis davon, dass man die »Unbelehrbaren ... aus dieser Gemeinschaft ausgliedern« müsse, während der CDU-Parlamentarier Heinschke ganz bildlich wurde und zum »Herausoperieren« des politisch renitenten, gleichsam kranken »Blinddarms« riet.

Erst nach und nach meldeten sich andere Stimmen zu Wort, die politisch Klartext sprachen, auch in der sogenannten »bürgerlichen Presse«. In der »FAZ« schrieb Karl Heinz Bohrer, die Polizei habe »ohne gravierende Notwendigkeit, mit Planung, einer Brutalität Lauf gelassen, wie sie bisher nur aus Zeitungsberichten über faschistische oder halbfaschistische Länder bekannt wurde«. Schärfer noch verurteilte Sebastian Haffner im »Stern« die Berliner »Blutnacht« als einen »systematischen, kaltblütig geplanten Pogrom«.

Theodor W. Adorno, der sonst Tagespolitik und Wissenschaft strikt trennte, sah sich am 6. Juni außerstande, seine Vorlesung »Ästhetik I« an der Frankfurter Universität zu beginnen, »ohne ein Wort zu sagen über die Berliner Vorgänge« und dabei seine »Sympathie für den Studenten auszusprechen, dessen Schicksal, gleichgültig, was man berichtet, in gar keinem Verhältnis zu seiner Teilnahme an einer politischen Demonstration steht«.

Unterdessen war der Druck auf den Senat so groß geworden, dass ein parlamentarischer Untersuchungsausschuss eingesetzt wurde.

Am 8. Juni dann gaben 15 000 Menschen Benno Ohnesorg das letzte Geleit bis zum Grenzkontrollpunkt Dreilinden, wo der Trauerkonvoi aus zweihundert Wagen ohne jegliche Formalitäten durchgelassen wurde. Mehr noch: Rund tausend DDR-Bürger, darunter viele FDJler, die Jugendorganisation der SED, erwiesen dem Toten die Ehre: »Wir verneigen uns vor den Opfern des Neonazismus« stand auf Transparenten und »Wir gedenken aller Opfer des Westberliner Polizeiterrors«. Ein seltener deutsch-deutscher Augenblick.

»Irgendwie hat mir das ein irres Ding gegeben damals, Benno Ohnesorg«, erzählt Bommi Baumann, der am Straßenrand stand. »Echt, sein Sarg, wo der an mir vorbeigefahren ist, hat's richtig kling gemacht. Da ist einfach irgendetwas abgefahren.«

So war es bei vielen. Ein Abgrund hatte sich aufgetan zwischen dem Staat und den rebellierenden Studenten. Die Konfrontation zweier Welten, zweier feindlicher Lager, nicht zuletzt: zweier Generationen nahm ihren Lauf.

Trauerkonvoi zur Überführung von Benno Ohnesorgs Leichnam nach Hannover

»Das postfaschistische System in der BRD ist zu einem präfaschistischen geworden« – derart apodiktisch beschrieb der SDS-Bundesvorstand die Situation nach dem 2. Juni 1967.

Der alte Verdacht vom Fortwirken des Nazigeistes, das schien nun vielen gewiss, hatte sich bestätigt. Nicht nur Gudrun Ensslin sprach an diesem Wendepunkt von der Auschwitz-Generation, mit der man eben nicht reden könne: »Wir müssen uns bewaffnen!«, forderte sie.

Auch andere fragten sich nun, ob angesichts der »manifesten Gewalt« des Staatsapparates neben »Aufklärung und Gegenöffentlichkeit« nicht auch »Gegengewalt« zur Debatte stehe – Angriff statt Verteidigung.

Heute besteht kein Zweifel mehr: Das mit einer einzigen Jahreszahl verknüpfte historische Ereignis – die Revolte von 1968 – begann am 2. Juni 1967.

Im gleichen Maße, in dem sich die Situation zu drehen begann und nicht mehr die studentischen Rebellen, sondern der Senat in die Defensive geriet, verwandelten sich hier und da die einstigen Ohnmachtsgefühle sogar in Allmachtsfantasien. Der SDS erhielt ungeahnten Zulauf, die »Außerparlamentarische

102

Opposition«, kurz: APO, wurde zum Begriff, ja, zu einer Macht, zur Gegenmacht. Plötzlich schienen sich die kühnsten Träume zu erfüllen.

Dies umso mehr, als knapp drei Monate später, Ende September nacheinander Polizeipräsident Duensing, Innensenator Büsch und schließlich der Regierende Bürgermeister Albertz höchstpersönlich zurücktraten. Aus der dramatischen Niederlage vom 2. Juni war ein politischer Sieg geworden. Am 15. September bekannte der sichtlich erschütterte Albertz vor dem Parlament in einer für Politiker seltenen, öffentlich formulierten Selbstkritik: »Ich war am schwächsten, als ich am härtesten war in jener Nacht des 2. Juni, weil ich dort objektiv das Falsche tat.«

Drei Jahrzehnte später fügte der ehemalige Innensenator Büsch für seine Person hinzu, der Tod von Benno Ohnesorg sei »absolut vermeidbar« gewesen. »Den Polizeioffizieren zu vertrauen, war mein größter Fehler.«

Am 9. Juni 1967 wird Benno Ohnesorg in Hannover begraben. Mehr als zehntausend Menschen begleiten seinen allerletzten Weg.

Gleich danach, typisch für diese Zeit, wird diskutiert. Auf einem Kongress mit dem länglichen Titel »Hochschule und Demokratie – Bedingungen und Organisation des Widerstands« reden die rund fünftausend Teilnehmer aus der ganzen Bundesrepublik, unter ihnen viele Universitätsassistenten und Professoren, über das, was geschehen war – und über die Konsequenzen, die daraus zu ziehen wären.

Dabei ging es längst nicht mehr nur um Schuld, Aufklärung und Rechenschaft, sondern um die politische Perspektive der Rebellion, die auf dem Wege zur Revolte war, um die Zukunft der außerparlamentarischen Opposition insgesamt. Im Mittelpunkt stand die »Legitimität von Widerstandsformen«, wie es in einer charakteristischen Mischung aus Kritischer Theorie und 68er-Sprache hieß. Also nicht nur: »Wie weiter?«, sondern auch: »Mit welchen Mitteln?«

Auf der Tagesordnung war also nicht irgendein Projekt, sondern das große Ganze: die radikale Veränderung der Gesellschaft, um es zurückhaltend auszudrücken. Wie in einer Theater- oder Operninszenierung drängte die Auseinandersetzung zwischen den verschiedenen Wortführern zum Höhepunkt, zur Konfrontation zwischen »Reformisten« und »Revolutionären«.

Der mit großem rhetorischen Aufwand betriebene Streit um Worte und Begriffe zeigte sich nicht zuletzt in dem edlen Wettkampf darum, wer die längsten Sätze ohne grammatikalischen Absturz oder allzu große semantische Unklarheit zu Ende bringen konnte. Zum Gefecht an vorderster Front angetreten waren Professor Jürgen Habermas, heute noch der berühmteste lebende deutsche Philosoph, sein Frankfurter Intimfeind, der Adorno-Schüler und SDS-Chefdenker Hans Jürgen Krahl, und selbstverständlich Rudi Dutschke, den der 2. Juni endgültig zum allseits anerkannten »Studentenführer« gemacht hatte.

Habermas lobte die bisherigen Erfolge des studentischen Protests, der sich, im Sinne einer radikalen Gesellschaftskritik, auf Vietnam, Persien und die Notstandsgesetze konzentriere. Zugleich bestand er darauf, dass alle »demonstrative Gewalt« nur durch das »Ziel der Aufklärung« legitimiert sei, die »die Sensibilität für die Unterdrückung und für die Verletzung, auch für die Verletzbarkeit des Menschen zu einer politischen Kategorie erhebt«.

Ganz anders der schmächtige Vielleser Krahl, der mit einem seiner gefürchteten Endlossätze antwortete. An Habermas gerichtet fragte er: »Provozieren Tomaten im Ernst die Gewalt oder ist das nicht vielmehr so, dass der sich überbürokratisierende Staatsapparat die Studenten zur Provokation insofern zwingt, als ihre Opposition gegenüber einer technisch hoch ausgerüsteten und entsprechend armierten Exekutivgewalt, als ihre Opposition dieser technologisch hoch ausgerüsteten Gewalt, der sie mit blanken Händen gegenüberstehen, objektiv sie auf die Verhaltensweise primitiver Völker zurückzwingt?«

Grammatikalisch wie stilistisch nicht ganz auf »Zauberberg«-Niveau, wurde Krahl von den meisten dennoch verstanden: Es ist der hochgerüstete Staat, der die unbewaffneten Rebellen geradezu zwingt, eine fantasievolle, ideenreiche Guerillataktik einzuschlagen.

Rudi Dutschke ging noch einen Schritt weiter. Der Marx'sche Satz, dass nicht nur der Gedanke zur Wirklichkeit drängen müsse, sondern auch die Wirklichkeit zum Gedanken, also zur revolutionären Idee, sei historisch überholt. Denn nun seien die materiellen Voraussetzungen »für die Machbarkeit unserer Geschichte« gegeben: »Die Entwicklung der Produktivkräfte hat einen Prozesspunkt erreicht, wo die Abschaffung von Hunger, Krieg und Herrschaft materiell möglich geworden ist. Alles hängt vom bewussten Willen der Menschen ab, ihre schon immer von ihnen gemachte Geschichte endlich bewusst zu machen, sie zu kontrollieren, sie sich zu unterwerfen ...« – und hier holte Dutschke zum tödlichen Schlag aus – »... das heißt, Professor Habermas, Ihr begriffsloser Objektivismus erschlägt das zu emanzipierende Subjekt!«

Jubel und Beifall im Saal bei all denen, für die abstrakt-theoretische Formulierungen dieser Art tatsächlich ein mitreißendes, politisch-erotisches Erlebnis waren. Denn wie nebenbei hatte der SDS-Tribun auch das Theorie-Praxis-Problem erledigt: Die Wirklichkeit, so konnte man Dutschkes Argument verstehen, warte ja geradezu darauf, von der Idee einer befreiten Gesellschaft erlöst zu werden.

Am Ende seiner dreiviertelstündigen Ausführungen wendete Dutschke seine Worte ins Praktische und rief zur Bildung von »Aktionszentren« auf, »räteartige Gebilde«, die die »Mobilisierung« der Bevölkerung anfachen sollten. War auch dies noch einigermaßen wolkig, wurde es zum Schluss doch ganz konkret: Der SDS habe in Berlin eine Demonstration zur Aufhebung des Demonstrationsverbots beantragt. Falls sie untersagt werden sollte, wolle man unmittelbar über »Kampfaktionen« beraten.

Abermals erntete er großen Beifall. Aber da es schon auf Mitternacht zuging, begann sich die Massenversammlung, die zuweilen an hin- und herwogende französische Konventssitzungen des Jahres 1793 erinnerte, langsam aufzulösen.

Professor Habermas saß schon im Auto, kehrte dann aber noch einmal zurück in den Saal. Der flammende Aufruf Dutschkes, der kurz darauf in aller Eile abgereist war, ließ ihm keine Ruhe. Am Mikrofon angekommen sagte er: »Herr Dutschke hat als konkreten Vorschlag, wie ich zu meinem Erstaunen nachher festgestellt habe, nur vorgetragen, dass ein Sitzstreik stattfinden soll ... Ich frage mich, warum nennt er das nicht so? Warum braucht er eine Dreiviertelstunde, um eine voluntaristische Ideologie hier zu entwickeln..., die man im Jahr 1848 utopischen Sozialismus genannt hat und die er unter heutigen Umständen – jedenfalls ich glaube, Gründe zu haben, diese Terminologie vorzuschlagen –, linken Faschismus nennen muss. Es sei denn, dass Herr Dutschke aus dem, was er an Überbau hier entwickelt hat, praktisch keine Konsequenzen zu ziehen wünscht ... Oder habe ich ihn total missverstanden?«

An dieser Stelle tönt es aus verschiedenen Ecken des Saales »Ja, selbstverständlich, Sie haben ihn nicht verstanden. Total missverstanden – total missverstanden.«

Dennoch war es heraus, das böse Wort, nur diesmal anders herum und anders gemeint. Es gab Pfiffe und Buh-Rufe, aber auch vereinzelten Beifall. Als »Linksfaschismus«-Vorwurf machte das späte Wort zur Nacht Furore und semantisch Karriere. Ein Jahr später erschien sogar ein »Suhrkamp«-Bändchen mit dem Titel »Die Linke antwortet Habermas«.

Er selbst nahm die Formulierung später zurück, doch was er mit ihr sagen wollte, traf ins Zentrum der Revolte: »Ich hätte gern geklärt, ob er (Dutschke, R.M.) nun willentlich die manifeste Gewalt herausfordert ... Ich meine, dass in einer Situation, die weder objektiv revolutionär ist, noch in einer Situation, nachdem eine Revolution gewonnen ist, es eine subjektive Anmaßung ist für Studenten, die nichts anderes als Tomaten in den Händen haben können, eine Strategie vorzuschlagen..., die darauf angelegt ist, eine sublime Gewalt, die notwendig in Institutionen impliziert ist, manifest werden zu lassen...«

Habermas' Warnung vor einer die Gewalt gleichsam hervorkitzelnden Eskalationsstrategie, die am Ende eher faschistische als freiheitlich-sozialistische Verhältnisse befördern würde, war durchaus berechtigt.

Aber sie konnte auch als Relativierung der politischen Verantwortung des Berliner Senats missverstanden werden.

Auf der anderen Seite kam sie in gewisser Weise schon zu spät. Denn viele hatten gar nicht mehr nur Tomaten in den Händen, und einige dachten schon an ganz andere Kaliber. Der Funke war bereits übergesprungen. Die Politisierung einer ganzen Generation hatte begonnen.

An vielen Orten in der Bundesrepublik, neben Berlin vor allem in Frankfurt, Heidelberg, Tübingen, Freiburg, Marburg, Göttingen, Hamburg, Bremen und München, wurde jetzt erregt diskutiert und demonstriert. Der Tod Benno Ohnesorgs wirkte wie ein Katalysator aller politischen Debatten, die bis dahin geführt wurden. Dass sein Schicksal eben nicht zufällig war, sondern »System« hatte, glaubten nun immer mehr. So stellte sich die grundsätzliche Frage nach der Alternative ganz von selbst, Adornos Diktum vom ganzen »Unwahren« im theoretisch linken Ohr.

Was Habermas als »voluntaristisch« kritisiert hatte, das spontane Handeln aus eigenem Willen, aus dem Drang heraus, selbst eine Entscheidung zu fällen, auch wenn das objektive Weltgesetz womöglich noch anderer Meinung war – genau dies beseelte die Rebellierenden. Hegel hin, Marx her – für sie war die Zeit jetzt reif. Unsicherheit verwandelte sich plötzlich in eine merkwürdige Gewissheit, die selber kaum wusste, wie ihr geschah und aus welchen Quellen sie sich speiste.

Nun schoss plötzlich vieles zusammen – nicht nur Trauer, Wut, Frustration, sondern auch jede Menge Hoffnung und ganz private

Ahnungen von einem anderen Leben jenseits »repressiver Vernunft« (Marcuse) und allseits geordneter Bahnen.

Der subjektive Faktor griff ins Geschehen ein, und natürlich glaubte er sich im Bunde mit der geschichtlichen Tendenz. Aber die hatte immer schon den Hang zum Schweigen. Also musste man auf eigene Faust reden und die Dinge zum Sprechen bringen. Nicht zuletzt sich selbst.

Vielleicht liegt in dieser »subjektiven Anmaßung«, die Habermas so heftig kritisiert hatte, das ganze Geheimnis von »1968«:

Auch die Revolution kann sich mal kurz fassen, jedenfalls im Pariser Mai 1968: »Unter dem Pflaster ist der Strand«

Der ebenso »naive« wie waghalsige und hochambitionierte Versuch, aus einer objektiven Unmöglichkeit – nicht nur subjektiv – eine neue Wirklichkeit zu schmieden, solange das Eisen heiß war.

Zunächst musste man deshalb an die Verflüssigung der Verhältnisse gehen, an eine neue Leichtigkeit des Seins. »Fantasie an die Macht!« – diese surreale Parole einer träumerischen Selbstermächtigung sollten ein Jahr später die französischen Brüder und Schwestern an die Fassaden von Paris kritzeln. In den legendären Barrikadennächten zwischen dem 10. und dem 12. Mai 1968 gingen sie zugleich daran, den Strand eines anderen Lebens buchstäblich unterm Straßenpflaster des Quartier Latin zu suchen: »Sous les pavés la plage!«

Tatsächlich kehrte nun ein Hauch jener situationistischen und surrealistischen Atmosphäre aus der Anfangszeit zurück, freilich unter politisch veränderten Umständen. Das Herausspringen aus der als falsch und schlecht erkannten Normalität schien in greifbarer Nähe.

»Geschichte wird gemacht, es geht voran« – was der deutschen Popgruppe »Fehlfarben« in den achtziger Jahren längst nur noch ironisch über die Lippen kam, war in den späten Sechzigern der Sound, der alles ins Rollen brachte. Und manchmal auch zum Tanzen.

Noch war nicht alles mit politisch-ideologischen Parolen wieder fugendicht zugepflastert, noch war nicht alles todernst geworden, noch war der Witz eine Waffe der Kritik und nicht Begleitmusik ihres Untergangs. Der geheimnisvolle Zeit-Raum zwischen individueller Schwäche und kollektiver Stärke entfaltete plötzlich seine fragile Zauberkraft – den diskreten Charme der Rebellion.

Hier begann sie, die kostbare Millisekunde, in der alles möglich schien: »Nur eine Weltsekunde lang hatten wir alle zusammengearbeitet und alles miteinander geteilt«, heißt es in Bernd Caillouxs Roman »Das Geschäftsjahr 1968/69«, der nüchtern und lakonisch, aber zugleich sehr bewegend von jener Utopie erzählt, die damals zum schillernden Fixstern der Rebellen wurde.

Die »Utopie« war zugleich Weg und Ziel, der mythische Strand unterm Metropolenpflaster, das neue Zuhause, das noch keiner kannte, jene »Heimat, worin noch niemand war«, wie Ernst Bloch in seinem Werk »Das Prinzip Hoffnung« formuliert hatte.

Aber auch hier ging es natürlich nicht ohne Theorie ab. »Das Ende der Utopie« war der Titel einer Vortragsreihe, die Herbert Marcuse vom 10. bis 13. Juli 1967 an der Freien Universität hielt. Mit »Ende« war allerdings nicht die Unmöglichkeit der Utopie einer glücklichen Gesellschaft gemeint, sondern das gerade Gegenteil, ihr wahrhafter Anfang – die Chance, aus dem »Utopos« endlich einen »Topos« zu machen, aus dem gedachten einen wirklichen Ort, eine andere Realität.

Mehrere Tausend dicht gedrängt sitzende Studenten lauschten dem weißhaarigen, aus Kalifornien angereisten jüdischen Emigranten, Philosophen und Gesellschaftstheoretiker, als er von der historisch aktuellen Perspektive einer freien Gesellschaft sprach, die bislang nur an der »totalen Mobilisierung der bestehenden Gesellschaft gegen ihre eigene Möglichkeit der Befreiung«

Revolutionsphilosoph Herbert Marcuse in der Freien Universität Berlin im Juni 1967

gescheitert sei. Wohlklingende Worte, die exakt zu Rudi Dutschkes »Voluntarismus« zu passen schienen, zum »bewussten Willen« der Entschlossenen, den Kairos zu ergreifen, die Gelegenheit beim Schopfe zu packen.

Natürlich ergaben sich immer noch ein paar letzte Fragen in der historischen Tiefe des Raumes zwischen Theorie und Praxis. Am zweiten Abend, als es um »Das Problem der Gewalt in der Opposition« ging, stellte der Frankfurter SDS-Vorausdenker Hans-Jürgen Krahl die Gretchenfrage der Revolte – jene »Gewaltfrage«, der eine jahrzehntelange Karriere bevorstehen sollte, vom Tod Benno Ohnesorgs 1967 bis zum G-8-Gipfel in Heiligendamm 2007.

»Wie ist es möglich«, fragte Krahl, »eine materiell-manifeste Gewaltlosigkeit zu organisieren im Hinblick auf eine Bürokratie, die selbst in toto in diesem System zu einer suprakonventionellen Waffe wird? Wie ist es möglich, eine waffenlose Opposition mit konkret-revolutionärem, gegengewaltigen Anspruch darzustellen?«

Wie also sollte die außerparlamentarische Opposition auf Dauer gewaltlos erfolgreich sein, wenn die Gewalt im »repressiven System« strukturell schon verankert war?

Der Philosoph wusste es auch nicht wirklich. Aber er gab eine richtungweisende Antwort. Zunächst wies Marcuse, der unverkennbar Sympathien für die Studentenbewegung hegte und in immer neuen Büchern Stichworte und Neologismen wie »repressive Toleranz« für ihren geistigen Fortschritt lieferte, auf die Bedeutung der »Freiheitsrechte in der Demokratie« hin, also auf die Legalität jenes »positiven Rechts«, das prinzipiell zu achten sei. Dann aber relativierte er Recht und Gesetz gleich wieder mit einem kleinen, aber folgenreichen sophistischen Trick: »Wir sind diejenigen, die die Demokratie verteidigen«, rief er den Versammelten zu und erklärte damit die Rebellion zur wahren Bastion abendländisch-demokratischer Gesinnung. Revolution als Rettung, Opposition als Bewahrung – ein dialektischer Gedanke, der Schule machte und stilbildend werden sollte.

Das kämpferische Kollektiv der Rebellierenden müsse sich »dessen voll bewusst« sein, dass »wir positives Recht verletzen, und dass wir glauben, die Berechtigung zu haben, dieses positive Recht zu verletzen«. Recht verletzen, um Recht zu setzen: Kann man sich den Jubel vorstellen?

Wäre Jürgen Habermas dabei gewesen, er hätte wieder aus dem Auto springen, ans Mikrofon eilen und vehement widersprechen müssen. Denn Marcuse formulierte letztlich nichts anderes als das eherne Gesetz der Revolution, die sich, um ihr Ziel zu erreichen, über die existierenden Gesetze hinwegsetzen darf, weil sie sich im Bunde mit der vermeintlich objektiven Tendenz der Geschichte und ihrem uneingelösten Befreiungspotenzial glaubt. Eigentlich eine Art revolutionäres Notstandsgesetz, die übergesetzliche Rechtfertigung des Gesetzesbruchs zum höheren Wohl der Menschheit.

Aus ganz praktischer Solidarität mit dem inhaftierten Fritz Teufel besuchte der bald siebzigjährige Marcuse die Kommune 1 am Stuttgarter Platz. »Der schon einigermaßen gebrechlich wirkende Meister«, berichtet Ulrich Enzensberger, »erinnerte uns vorsichtig an seine Überzeugung, dass befreite Sexualität nichts mit Promiskuität zu tun habe, sondern vielmehr auf einer dem Waren- und Tauschverhältnis entzogenen Zärtlichkeit beruhe.«

Was wohl Uschi Obermaier dazu gesagt hätte, die damals noch bei ihren Eltern in München-Sendling wohnte? Leider kam es nicht zu diesem historischen Aufeinandertreffen von Theorie und Praxis, abstrahierendem Geist und handfester Sinnlichkeit.

Das geschah andernorts.

Während es im Audimax bei der Diskussion über »Naturrecht«, »Widerstandsrecht« und »Freiheit« als »bestimmte geschichtlich-gesellschaftliche Negation des Bestehenden« schon ziemlich ernst geworden war, ging es auf der Straße durchaus hedonistisch zu, unverschämt und fröhlich.

Vier Wochen vor dem Utopie-Kongress, am 13. Juni, veranstalteten rund 4000 Menschen ein noch nie da gewesenes Spektakel. Weil der Senat für die erste genehmigte Demonstration nach dem Tod von Benno Ohnesorg für je 50 Teilnehmer einen »Ordner« verlangt hatte, drehten die Studenten den Spieß einfach um: Auf einen Demonstranten, der das Schild »Demonstrant« zur Selbstkennzeichnung säuberlich in die Luft hielt, kamen 50 »Ordner«, die mit Armbinden und fiktiven Dienstnummern versehen, hinter großen Transparenten mit der Aufschrift »Ordner« herliefen. Den Einfall für diese absurde Szenerie hatte ein Theatermann gehabt, das SDS-Mitglied Matthias Schwiedrzik.

Die Kommune 1 defilierte, in weiße Bettlaken gehüllt, unter der Parole »Radikalinskis aller Länder, tut Buße!«, warf sich hier und da unter einem chorisch gemurmelten »Wir wollen keine Polizisten mehr erstechen!« in Flagellantenmanier auf den Asphalt, und noch auf alten Fotografien sieht man grinsende Passanten auf dem Bürgersteig.

»Ick schäme mir so!« berlinerte ein mitgeführter Teddybär laut mitgeführtem Schild. »Albertz erhöre uns! Duensing, sei uns gnädig!«, flehten die Protagonisten des »Studentenkabaretts unterm Funkturm« (»B.Z.«) in bitterbösem Sarkasmus.

Wie nah beieinander Spaß und Ernst, Happening und Politik lagen, zeigt eine einschlägige Tagebuchnotiz Rudi Dutschkes. Für die bevorstehenden Wochen im Sommer 1967 empfahl er: »Gegengewalt demonstrieren und praktizieren (Schutztruppe – Karateausbildung – bei Knüppeleinsatz – Molotowcocktails etc; siehe USA)«.

Dabei sieht man Dutschke auch immer wieder lachen in diesen Tagen, vor allem wenn Teufel, Kunzelmann & Co. ihre öffentlichen Späßchen treiben. Einmal erschien Fritz Teufel in »Ketten« samt selbst gebauter, schlurfend hinterhergeschleifter »Eisenkugel« vor dem Moabiter Untersuchungsgefängnis und bat um »Einlass«, nachdem er absichtlich seinen Meldeauflagen nicht nachgekommen war.

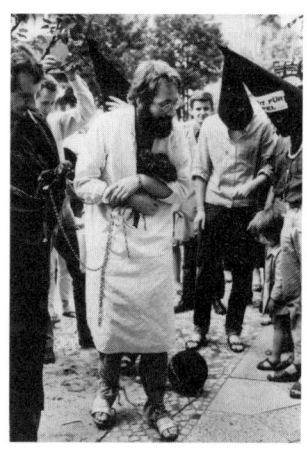

»So einfach, wie Herr Teufel sich das vorstellt, ist es nicht, ins Gefängnis zu kommen«, wies ein Sprecher der Justizvollzugsanstalt den Übereifrigen zurecht.

Fritz Teufel im Büßergewand auf seinem langen Marsch in die Untersuchungshaft, 1967

Am Ende war es dann doch nicht so schwer.

Gleichzeitig wandern Dutschkes Gedanken unermüdlich um die ganze Welt. »In der Nacht durch E. (wohl Hans Magnus Enzensberger, R.M.) einen äußerst guten Bericht über die Fortführung der Revolution in Kuba gehört«, notiert er am 17. Juni in sein Tagebuch. »Aktionskomitees bis in die Straßen hinein, getragen von den bewussten Massen. Fidel ist einmal pro Woche in der Universität für stundenlange Diskussionen über den Weg der Revolution. Che lebt und arbeitet in Bolivien; die dritte Front ist errichtet, das heißt, es existieren dort 200 voll ausgebildete

Guerillas. Das ist sehr viel!! Kämpfen schon mit Raketenwaffen!! Die Vietcong haben solche Waffen erst vor kurzem erhalten.«

Dass es auch im bolivianischen Busch nicht immer um die ganz großen Abenteuer ging, zeigt ein Tagebucheintrag Che Guevaras vom selben Tag, dem 17. Juni 1967: »Wir marschieren in 5 Stunden 15 km am Rosita entlang. Auf dieser Strecke überquerten wir allein 4 Bäche, obwohl auf der Karte nur ein einziger, der Abacocito, eingezeichnet ist. Wir entdeckten eine Menge frischer Spuren. Ricardo hat ein Hochi geschossen. Das reichte uns zusammen mit dem Mais für den ganzen Tag.«

Frische Spuren im bolivianischen Busch, weiße Bettlaken in Berlin, Raketenwerfer in Vietnam – dazwischen lagen Welten.

Auch für den geübten Dialektiker Dutschke war es nicht ganz leicht, aus den politisch-militärischen Ungleichzeitigkeiten die weltumspannende Einheit einer revolutionären Kampffront zu machen. Aber die Euphorie ist spürbar, das tiefe, wärmende Gefühl, Teil einer großartigen, weltweiten Bewegung zu sein.

Im Blick von heute aus, mehr als 40 Jahre später, verschwimmen dabei die eher theaterhaften Momente einer dramatischen Selbstinszenierung mit der nicht weniger dramengesättigten Wirklichkeit, in der ja tatsächlich gekämpft, geschossen und gestorben wurde. Nicht nur in Vietnam und Bolivien, sondern auch im Nahen Osten, wo Israel im sogenannten »Sechstagekrieg« gegen die arabischen Staaten Anfang Juni 1967 den Gazastreifen, die Golanhöhen, die Sinaihalbinsel und das Westjordanland eroberte.

Keine Frage, die Losung »Fantasie an die Macht!« hatte viele Bedeutungen und viele Facetten. Am Ende eines turbulenten Sommers sollte die XXII. ordentliche Delegiertenkonferenz des SDS für intellektuelle Orientierung und politische Klarheit sorgen. Es waren zwar nur 70 Delegierte, die insgesamt 2000 Mitglieder vertraten, aber die Rolle des SDS ähnelte inzwischen sowieso eher einer »Avantgarde« der Rebellion als einer wie auch immer gearteten Studentenvertretung.

114

Wie zum Beweis verfassten Rudi Dutschke und Hans-Jürgen Krahl, sonst durchaus Konkurrenten, ein gemeinsames Referat zur »Organisation des SDS«, in dem es letztlich um das »Problem revolutionärer Existenz« ging. Während im Foyer der Frankfurter Uni-Mensa Dieter Kunzelmann in aller Ruhe Raubdrucke von Wilhelm Reich verkaufte, darunter natürlich »Die Massenpsychologie des Faschismus« und »Die Funktion des Orgasmus«, trug Dutschke im Saal vor, dass der Staat zum »ideellen Gesamtkapitalisten« geworden sei. Darauf müsse sich das revolutionär gesinnte Subjekt einstellen. Nicht mehr die einstige Arbeiterklasse, sondern vor allem gesellschaftliche Randgruppen – wie die rebellierenden Studenten – seien nun gefordert, den »passiven und leidenden Massen« durch »sichtbar irreguläre Aktionen die abstrakte Gewalt des Systems zur sinnlichen Gewissheit« werden zu lassen. Kurz: »Die *Propaganda der Schüsse* (Che) in der ›Dritten Welt‹ muss durch die *Propaganda der Tat* in den Metropolen vervollständigt werden, welche eine Urbanisierung ruraler Guerilla-Tätigkeit geschichtlich möglich macht.«

Bereits Anfang 1966, das zeigen Notizen aus dem Nachlass, hatte Dutschke von »kleinsten homogenen Guerilla-Einheiten«, bestehend aus vier bis sechs Kämpfern, gesprochen, die über einen »urbanen militärischen Apparat« verfügen müssten – offensichtlich eine Anwendung der lateinamerikanischen »Focus«-Theorie auf westeuropäische Verhältnisse.

Das war schon schweres Geschütz. Dann aber folgte jener Satz, der allein aufgrund seiner fantastischen Sperrigkeit im kollektiven Gedächtnis haften blieb: »Der städtische Guerillero ist der Organisator schlechthinniger Irregularität als Destruktion des Systems der repressiven Institutionen.«

Ein semantischer Blitzeinschlag von hinten durch die Brust in die Köpfe der noch morgenmüden Delegierten, den heute nur noch Harald Schmidt fehlerfrei über die Lippen brächte.

Damals applaudierten viele frenetisch, andere waren sprachlos oder entsetzt. Der Delegierte Hannes Heer, der 30 Jahre später die berühmt-berüchtigte »Wehrmachtsausstellung« organisierte, packte selbst die große Keule aus und bezeichnete Dutschke und Krahl, frei nach Jürgen Habermas, als »Linksfaschisten«. Der erboste Kommilitone Christian Semler warf ihm daraufhin, ganz ohne die praktische Hilfe des ebenfalls anwesenden Fritz Teufel, einen Knallfrosch unter den Stuhl – womöglich ein spontaner Vorgriff auf die schlechthinnige Irregularität des städtischen, genauer: studentischen Guerillero.

Zum ersten Mal zeigte sich hier auch der Riss zwischen der »antiautoritären« und der »traditionalistischen« Fraktion im SDS, der sich ein gutes Jahr später zum Sprengsatz entwickeln sollte. In diesem Augenblick aber behielten die »Antiautoritären« um Dutschke die Oberhand. Mit ihren aktivistischen Ideen trieben sie jene Dynamik voran, die sich seit dem 2. Juni Bahn gebrochen hatte.

Bereits Ende Juni hatte Dutschke einen zunächst anonym formulierten »räterevolutionären Machtergreifungsplan« für die Befreiung Westberlins präsentiert, eine Art »Freistaat« unter freundlicher Duldung der vier Alliierten USA, Sowjetunion, England und Frankreich. »Das Fernziel ist, ganz Westberlin in Kommunen aufzulösen«, meldete aufgeregt die »Welt am Sonntag«.

Etwas komplizierter klang es in den Worten des Studentenführers, dem »ein von unten durch direkte Rätedemokratie getragenes Westberlin« vorschwebte, das zugleich ein »strategischer Transmissionsriemen für eine zukünftige Wiedervereinigung Deutschlands« wäre. Mehr noch: »Hier könnte ein beispielhaftes Modell eines dezentralisierten real-demokratischen Lebens für die anderen Teilstaaten, für die ganze Welt demonstriert werden.«

Es handelte sich unverkennbar um einen utopischen Umsturzplan mit globaler Ausstrahlungskraft, aber auch um eine Provokation für jene Teile des traditionalistischen SDS-Flügels, denen eine deutsche »Wiedervereinigung« nur als »reaktionäres Komplott« westlich-chauvinistischer »Kriegstreiber« denkbar schien. Damit standen sie der offiziellen Position der DDR ganz nahe.

Der Fall der Berliner Mauer im November 1989 hat Rudi Dutschke wenigstens im Nachhinein zum Teil ins Recht gesetzt, obwohl seine Vorstellungen von der »Errichtung gemischter Produktionsstätten« und einer »Zusammenarbeit östlicher Kombinate und westlicher Großkonzerne« ökonomisch wie politisch höchst naiv waren.

An ihnen lässt sich aber auch studieren, wie wenig durchdacht und reflektiert, eher autosuggestiv und halluzinatorisch, damals überhaupt jene konkrete Systemalternative war, von der so viel geredet wurde. Meist existierte sie nur als Leerstelle, als »konkrete Negation des Bestehenden«.

Und wenn einmal etwas genauer über die Zukunft nach einer revolutionären Umwälzung gesprochen wurde – wie in Hans Magnus Enzensbergers Kursbuch 14 vom Herbst 1968 –, dann klang es auch nicht viel konkreter als bei den Anarchisten des 19. Jahrhunderts, etwa bei Proudhon und Bakunin. Von einer »Assoziation freier Individuen« war da die Rede, von einem »Gegenmilieu« überschaubarer Kollektive, die »den Wirtschaftsablauf kontrollieren« sollten, während die Fabriken zugleich Schule und Universität wären. Die umfassend befreiten Arbeiter sollten »gleichsam durch den Betrieb wandern können, durch alle Berufszweige hindurch«, um schließlich, so könnte man hinzufügen, wie Goethes Faust auszurufen: »Solch ein Gewimmel möchte ich seh'n/Auf freiem Grund mit freiem Volke stehn«.

Am Ende, so glaubte Dutschke, würde die ganze Stadt eine einzige »große Universität« sein, und es gäbe – ja, er dachte auch ans Essen – Großküchen für alle, für all jene jedenfalls, die zugleich Politiker und Künstler, Arbeitende, Lernende und Lehrende wären. Es wäre die endgültige Aufhebung der modernen, kapitalistisch-technologischen Arbeitsteilung, die »Universalisierung des Menschen«, letztlich die Verwirklichung des »romantisch-regressiven Wunsches nach Wiederherstellung unmittelbarer ›Gemeinschaft‹ anstelle einer modernen Gesellschaft mit ihren unaufhebbaren Widersprüchen«, wie der Historiker und 68er Gerd Koenen im selbstkritischen Rückblick urteilt.

Schon 1970 hatte Richard Löwenthal, der sozialdemokratische Politologe an der Freien Universität, dieses Phänomen in seinem Buch »Der romantische Rückfall« diagnostiziert. Wie wurde er damals angefeindet von jenen, die diesen bürgerlichen Pragmatismus nur verachtenswert fanden, »objektiv konterrevolutionär«!

Aber es ist kaum zu bestreiten: Im tiefsten Grunde bewahrten die utopischen Vorstellungen von Dutschke & Co. das alte Bild von Löwe und Lamm auf, die Versöhnung der Widersprüche, das glückliche Ende der Geschichte im stillgestellten Paradies.

Sooft die Revolutionäre auch vom grundsätzlichen »Antagonismus der Konflikte« redeten, vom unausweichlichen Kampf gegen eine »totalisierte Herrschaft« des Systems, von der »Diktatur der Gewalt«, so sehr sehnten sie sich nach ganz friedlichen Zuständen, nach der autonomen Idylle, die ein paar Jahre später ganz praktisch in Landkommunen und Wohngemeinschaften gesucht wurde, in den Untiefen des vermeintlich wahren Selbst oder am fernen Strand von Goa. Es waren hier wie dort überwiegend Phantasmagorien, doch gerade in ihrer zuweilen absurden Überspanntheit, in ihren überschießenden Energieschüben und kathedralenhaften Vorstellungswelten war jene Motivation enthalten, die die Rebellion in Schwung hielt.

Zugleich aber hatte man noch andere, ganz gegenwärtige Aufgaben zu bewältigen. Eine wahre Prozessflut war über die Rebellen hereingebrochen – nicht nur gegen Fritz Teufel und andere Mitbewohner aus der Kommune 1, unter anderem wegen des versuchten »Pudding«-Attentats, der »Kaufhausbrand«-Flugblätter und der Straßenschlachten am 2. Juni, sondern auch wegen unzähliger anderer Delikte, die zwischen Uni-Campus und Kurfürstendamm Polizei und Staatsanwaltschaft auf den Plan gerufen hatten.

All die »Go-ins« und »Sit-ins«, die Spontanaktionen und Demonstrationen zogen einen ganzen Schweif an Ordnungswidrigkeits- und Strafanzeigen hinter sich her – vom gemeinen

118

Hausfriedensbruch über Nötigung, Beleidigung, Verunglimpfung von ausländischen Staatsoberhäuptern, Sachbeschädigung, Aufforderung zu Straftaten und Körperverletzung bis zum »Widerstand gegen die Staatsgewalt«.

Obwohl der Kontakt mit Polizei und Strafjustiz im Allgemeinen nicht zu den schönsten Erlebnissen eines Menschenlebens zählt, eröffnete sich hier ein ganz neues Feld revolutionärer Betätigung. Die unzähligen Begegnungen zwischen Rebellen und Staatsmacht entwickelten sich zu einer permanenten Reibungsfläche, aus der sich viele Funken schlagen ließen. Fritz Teufel war ein Meister dieses Fachs und verstand es immer wieder, Gerichtsverhandlungen in absurdes Theater zu verwandeln.

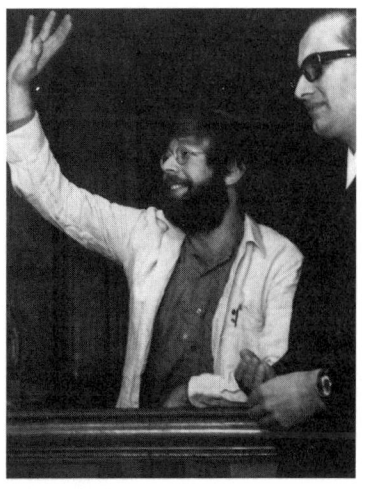

Auf den Antrag einer Moabiter Strafkammer, ihn und andere Mitangeklagte im Prozess um die »Kaufhausbrand-Flugblätter« psychiatrisch untersuchen zu lassen, antwortete er: »Ich stimme der Untersuchung zu, wenn die Mitglieder des Gerichts und der Herr Staatsanwalt sich ebenfalls psychiatrisch untersuchen lassen.«

Fritz Teufel mit seinem Anwalt Horst Mahler, 1967

Beifall brandete auf im Zuschauerraum, doch der erzürnte Richter sprang wie von der Tarantel gestochen auf und rief: »Räumen! Räumen! Alles raus! Pause!«

Bei der Wiederaufnahme des schier endlosen Prozesses im März 1968 kam es zu einem Wortwechsel zwischen Rainer Langhans, dem Staatsanwalt und dem Vorsitzenden Richter Schwerdtner, der exemplarisch zeigte, dass es sich hier in erster Linie nicht um ein politisches, strafrechtliches oder sprachtheoretisches, sondern um ein abgründiges Beziehungsproblem handelte:

119

Langhans: »Es geht mir jetzt darum, Sie zu fragen, wie Sie darauf kommen können, dass das eine Aufforderung zur Brandstiftung sein könne, das ist doch blödsinnig!«

Schwerdtner: »Was soll das heißen?«

Langhans: »Das heißt, dass wir Leute, die sich zur Brandstiftung aufgefordert fühlen, nur für sehr blöd halten können – und da hat sich das Gericht ja sehr hervorgetan.«

Dafür gab es schon mal einen Tag Ordnungshaft.

Dann schaltete sich der Staatsanwalt ein: »Ihre Unglaubwürdigkeit wird durch das, was Sie eben gesagt haben, nur verstärkt. Was war denn Ihre Absicht mit den Flugblättern? Sie sind dem ausgewichen!«

Langhans: »Schreien Sie nicht so!

Staatsanwalt: »Ich dachte, Sie hören unter Ihren Haaren schlecht.«

Langhans: »Jetzt verstehe ich Sie nicht.«

Staatsanwalt: »Dann gehe ich etwas näher heran.«

Langhans: »Ja, ja, kommen Sie nur.«

Schwerdtner: »Lieber nicht!«

Langhans: »Wohl, weil ich stinke?«

Schwerdtner: Ja, ja!«

Unter solchen Umständen war es dann schon gar nicht mehr so erstaunlich, dass der Kommunarde Karl-Heinz Pawla ein halbes Jahr später in aller Öffentlichkeit seine Notdurft auf dem Moabiter Richtertisch verrichtete und sich den Hintern mit Gerichtsakten abwischte. Ein politisches Statement mit klarer Symbolik.

Aufklärung durch Bekleckerung. Wegen »Richterbeleidigung« wurde Pawla, der die Aktion mehrfach fachgerecht mit Laxativa »geprobt« hatte, zu zehn Monaten Gefängnis ohne Bewährung verurteilt.

Tumulte dieser Art waren inzwischen an der Tagesordnung, und das politische Reizklima beherrschte nicht nur die Gerichtsgebäude und Hörsäle, sondern auch Podiumsdiskussionen aller

Art, die häufig entweder »gesprengt« oder »umfunktioniert« wurden. Mal stürmte man mit der Fahne des Vietcong und »Ho-Ho-Ho-Chi-Minh« rufend auf die Bühne, um gegen die vermeintlich amerikafreundliche Mehrheitsmeinung zu protestieren, mal forderte man die Umbesetzung des Podiums, das gerade über »Ziele und Gefahren der direkten Aktion« debattierte.

Am 20. November 1967 okkupierte ein Dutzend SDS-Mitglieder die Frankfurter Politik-Vorlesung von Professor Carlo Schmid, einer der sozialdemokratischen Väter des Grundgesetzes, 1959 unterlegener SPD-Kandidat für das Amt des Bundespräsidenten, von 1966 bis 1969 Bundesratsminister, ein polyglotter Bildungsbürger und frankophiler Kosmopolit ersten Ranges.

»Notstandsminister, Notstandsminister«, riefen sie im Chor und versuchten, das Mikrofon an sich zu reißen. Minutenlang wurde rhythmisch geklatscht, einer warf mit Büroklammern: »Trotz des Tumultes und Lärmes setzte Prof. Schmid seine Vorlesung fort, obwohl er, was ihm bewusst war, nur noch von einem sehr geringen Teil der Zuhörer verstanden werden konnte«, hieß es später in der Anklageschrift wegen Hausfriedensbruch und Nötigung gegen elf Teilnehmer des »Go-ins«.

Wieder einmal warfen sich Universitätsspitze und SDS gegenseitig »faschistische Terrormethoden« vor, doch das Landgericht Frankfurt lehnte die Eröffnung des Hauptverfahrens ab. Die Begründung klang für diese Zeit erstaunlich liberal: Die Wichtigkeit des Anliegens der Störer – der Protest gegen die Notstandsgesetze – lasse »das Verhalten der Angeschuldigten noch nicht als strafwürdig« erscheinen.

Frankfurts Uni-Rektor Rüegg allerdings suspendierte die SDS-Hochschulgruppe von der Zulassung als »studentische Vereinigung«.

Wie dicht die Ereignisse in diesen Monaten aufeinanderfolgten, sich überlagerten und durchdrangen, zeigt sich an dem Umstand, dass einen Tag nach dem aufsehenerregenden Frankfurter »Go-in« bei Carlo Schmid der schießwütige Kriminalober-meister Kurras in Berlin vom Vorwurf der fahrlässigen Tötung Benno Ohnesorgs freigesprochen wurde. Nur zehn Tage später, am 1. Dezember, wurde Fritz Teufel, der, anders als Kurras, meh-rere Monate in Untersuchungshaft gesessen hatte, freigelassen. Zwei Freisprüche, ein Skandal.

Und eine Koinzidenz, die wie ein Weckruf wirken musste.

Theodor W. Adorno äußerte sich, was eine seltene Ausnahme war, zu Beginn seiner Ästhetik-Vorlesung ausführlich und unge-wöhnlich scharf zum Berliner Urteil, vor allem über Kurras' merkwürdige »Affektarmut«: »Das klingt, als hätte am 2. Juni eine objektiv höhere Gewalt sich manifestiert und nicht Herr Kur-ras, zielend oder nicht, auf den Hahn gedrückt. Solche Sprache ist zum Erschrecken ähnlich der, die man in den Prozessen gegen die Quälgeister der Konzentrationslager vernimmt ... Der Aus-druck ›ein Student‹ in seinem Satz erinnert an jenen Gebrauch, der heute noch in Prozessen und in der Öffentlichkeit, die darü-ber berichtet, von dem Wort Jude gemacht wird. Man setzt Opfer zu Exemplaren einer Gattung herab.« Ein politisch brisanter Ver-gleich.

Doch blitzschnell wechseln in dieser Zeit die Szenen und Stimmungen. Mal ist man hell empört, mal melancholisch, mal düster und verwegen, mal naiv und leichtsinnig. Mal ist es Spiel, mal ist es Ernst.

Wenige Wochen zuvor, auf der Frankfurter Buchmesse, waren mehrere Hundert Studenten durch die Gänge gezogen, während sie skandierten: »Haut dem Springer auf die Finger!« Seit dem 2. Juni war die Forderung »Enteignet Springer!« überall zu hören. Hier und da werden Springer-Zeitungen zerrissen, und Verlags-prospekte des zum Springer-Konzern gehörenden Ullstein Verla-ges fliegen durch die Luft. An die Bücher immerhin wagt sich nie-mand heran. Diese Tabugrenze, seit der Bücherverbrennung durch die Nazis vom 10. Mai 1933 unverrückbar gezogen, wird nicht überschritten.

Mitglieder der Kommune 1, darunter Rainer Langhans und Dieter Kunzelmann, feiern Fritz Teufels Haftentlassung am 1.12. 1967

In einer eindrucksvollen Nachbetrachtung zur Buchmesse beschrieb die Journalistin Edelgard Skowronnek in der »Frankfurter Rundschau« die veränderte Szenerie, die das Jahr 1967 auch auf dem Felde der notorischen Verlagsempfänge bewirkt hatte: »Plötzlich überfiel ein Schwarm Buntheit die Hotelsäle, laute Rufe, Schockfarben prangten auf. Wirbel, Unruhe, Turbulenz: Die ›Hippies‹ waren aufgezogen, die Blumenkinder, jüngste Spielart junger, mit der Gesellschaft unzufriedener Leute. Die Mädchen mit Blumen im Haar, in Mini-Mini-Röcken, daran kleine Glöckchen genäht, die jeden Schritt mit Gebimmel begleiten. Biedermeierfräcke, gesteppte Lederjacken an den Jungmännergestalten, bei irgendeinem Trödler aufgestöbert oder von Holland- und Englandreisen mitgebracht ... Die bunte Brigade schlug Purzelbäume, drängte zu dem ausgedehnten kalten Buffet vor; sie umschwärmten es wie Heuschrecken, vergriffen sich mit flinker Hand an dem, was ihnen eigentlich nicht zugedacht war. Berlins ›ran an die Buletten‹ hatte seine Hippie-Form gefunden. Da griffen sie nach den appetitlich glasierten Hühnern,

123

rissen Schenkel aus, benagten sie eifrig oder ließen sie plötzlich durch die Luft wirbeln. Der Klamauk war vollkommen. Hilflos standen würdige Herren und Damen im kleinen Schwarzen, unentschlossen, ob sie lachen oder protestieren sollten.« Ein Stillleben der Epoche.

Zu ihr gehören auch jene merkwürdigen Interferenzen zwischen der offiziösen bundesdeutschen Gesellschaft und den Rebellen, die aus der Tiefe des Raumes kamen und plötzlich vor dem Tor standen, um zu vollstrecken – schräge Begegnungen der dritten Art, die einer gewissen Komik nicht entbehrten. Erst recht, wenn man sie von heute aus betrachtet.

So meldete die damals noch viel amtlicher wirkende »Deutsche Presse-Agentur« am 28. November 1967 unter der Überschrift »Dutschke fordert in Bremen zu ›revolutionären Aktionen‹ auf«, dass der Studentenführer »in der Nacht zum Dienstag die Bremer Jugend aufgefordert« habe, »Arbeitskreise zu bilden und Ansatzpunkte für ›revolutionäre Aktionen‹ zu suchen«: »Dutschke sprach vor knapp tausend jungen Bremern im Kellerlokal ›Lila Eule‹. Er schlug vor, den Hafen zu untersuchen, da höchstwahrscheinlich auch Bremen zu den europäischen Häfen gehöre, in denen Güter nach Vietnam umgeschlagen würden.«

Vier Wochen später, an Heiligabend in Berlin, suchte Dutschke mit ein paar Mutigen sogar einen Ansatzpunkt für revolutionäre Aktionen im Hause des Allmächtigen – während des Mitternachtsgottesdienstes der Kaiser-Wilhelm-Gedächtniskirche. Wieder geht es um den eskalierenden Krieg in Vietnam. Die Protestierer, unter ihnen auch Mitglieder der Evangelischen Studentengemeinde, haben Transparente dabei und das Foto eines gefolterten Vietcong – »Was ihr getan habt einem unter diesen meinen geringsten Brüdern, das habt ihr mir getan«. Doch schnell werden sie von empörten Besuchern der Christmette aus der Kirche gedrängt.

Nur für einen Moment gelingt es Rudi Dutschke, die Kanzel zu erklimmen und, beginnend mit den Worten »Liebe Brüder und Schwestern!«, sein Anliegen vorzubringen. Die Brüder und Schwestern aber antworten mit Rufen wie »Schämt euch!«, »Wascht euch erst einmal!« und »Raus, ihr Schweine!«

Ausgerechnet ein Kriegsveteran der Naziwehrmacht, 1929 in Hitlers SA eingetreten, Burschenschaftler, im Luftkrieg »Stuka«-Flieger, erhebt die Krücke gegen den Studentenführer, Christi Bruder im Geiste.

Mit einer blutenden Platzwunde am Kopf zieht der Getroffene von dannen, ohne zurückgeschlagen zu haben. Umso stolzer der Schläger, der auch noch darauf hinweist, die patriotische Tat mit seinem »Mensurarm« vollbracht zu haben: »Wir Deutschen haben immer sauber gekämpft. In Rotterdam zum Beispiel haben wir alles kaputt gemacht, aber die Kirchen ließen wir stehen.«

Weihnachten 1967 in Berlin. Stille Nacht, Heilige Nacht. Die Kerzen brennen, die alten Lieder klingen, und die Grenzen der »Aufklärung durch Aktion« werden mit dem Krückstock gezogen.

In den Worten von Rudi Dutschke: »Die Spannung zwischen dem abstrakt-moralischen Protest und der Unmöglichkeit, durch diesen Protest den Krieg gegen das vietnamesische Volk zu beenden, musste von uns ausgehalten werden.« Aber es tat weh. Nicht nur die Platzwunde, sondern auch die schmerzhafte Erkenntnis jenseits aller Bewegungseuphorie, wie schwer es war, ins Bewusstsein der »Massen« vorzudringen, die Wirklichkeit zu verändern, gar revolutionär umzugestalten.

Es war Ulrike Meinhof, die im Mai 1968, wenige Wochen nach dem Attentat auf Dutschke, diese Spannung schon mal semantisch auflöste, bevor sie daran dachte, es auch ganz praktisch zu tun, mit der Waffe in der Hand. »Protest ist«, schrieb sie in ihrer »konkret«-Kolumne, »wenn ich sage, das und das passt mir nicht. Widerstand ist, wenn ich dafür sorge, dass das, was mir nicht passt, nicht länger geschieht.« Zwei Sätze, die, in Versform gesetzt, auch ein Gedicht von Erich Fried hätten sein können in dieser Zeit.

Der Dichter Erich Fried wiederum war es, der kurz nach Rudi Dutschkes Tod an Heiligabend 1979 – tragische Spätfolge des Attentats – im kleinen Kreise über Ulrike Meinhof, die RAF und den Gang der Geschichte spekulierte. »Rudi wäre der Einzige gewesen, der Ulrike davon hätte abhalten können, in den Untergrund zu gehen«, glaubte er.

Ende 1967 aber war Rudi Dutschke selbst davon überzeugt, dass eine Art europäischer Guerillafront aufgebaut werden müsse. Im Fernsehgespräch mit Günter Gaus prophezeite er für den Fall des Falles, »dass wir dann Waffen benutzen werden, wenn bundesrepublikanische Truppen in Vietnam oder in Bolivien oder anderswo kämpfen – dass wir dann im eigenen Land kämpfen werden«.

Immer häufiger war nun von »Illegalität« die Rede, von klandestinen »Focus«-Gruppen, von Sabotage »militärischer Zentren«. Immer mehr galt nun das Gesetz einer »Sukzession der Anlässe«, wie Dutschke-Freund Frank Böckelmann es später nannte. »Sie dienten als Treibsätze und Realitätsbeweise« einer politischen Bewegung, die tatsächlich in Bewegung bleiben musste, um sich ihrer selbst zu vergewissern.

Dazu gehörte auch die Dialektik von Täter und Opfer. Jedes Opfer ungerechter staatlicher Gewalt war ein Argument mehr für die Notwendigkeit aktiven Widerstands. Zugleich war es die Beglaubigung des Kombattantenstatus im Kampf zwischen »Revolution« und »Reaktion«.

Ganz offiziell wurde diese begehrte Auszeichnung schließlich vom Nachrichtenmagazin »Der Spiegel« verliehen. In seiner Ausgabe vom 11. Dezember 1967 hob es zum ersten Mal Rudi Dutschke auf seinen Titel, den sonst Kanzler, Präsidenten und andere Magnifizenzen schmückten. Das Schwarz-Weiß-Porträt füllte das ganze Titelblatt aus. Die dunklen Haare fallen wild über die kräftige Denkerstirn, während der Mund wie beim lauten Rufen einer Parole aufgerissen ist und zwei Reihen blendend weißer Zähne freigibt. Drum herum der Dreitagebart, darüber hellwach blitzende tiefdunkle Augen, über denen sich kräftige Augenbrauen wölben. Ein Bild purer Entschlossenheit, die Ikone einer Bewegung, zum Tigersprung bereit. Darunter nur zwei Worte: »Revolutionär Dutschke«. Später posierte Dutschke auch auf der Titelseite des Wirtschaftsmagazins »Capital«, mit Marxens »Kapital« unterm Arm. Er hatte es geschafft. Immer häufiger trat er nun im Fernsehen auf. Nicht wenige aus dem linksintellektuellen Milieu und dem angeschlossenen Medienestablishment zeigten sich längst gerne mit ihm. Er war prominent geworden, schon jetzt, im Alter von 28 Jahren, eine Figur der Zeitgeschichte. Aber wie weiter?

Zur Jahreswende 1967/68 vermischten sich Imagination und Realität auf merkwürdige Weise. Zuweilen schien die Rhetorik der Wünsche und Hoffnungen schon Teil der erhofften neuen Wirklichkeit. Manchmal aber drohte der psychische Absturz in eine gewisse Erschöpfung und Ratlosigkeit. Dabei setzte man sich selbst immer wieder unter Zeitdruck, historisch, moralisch und politisch.

Während die ehernen Gesetze der revolutionären Bewegung schon physisch einen forcierten Rhythmus forderten, so verlangte die äußere Wirklichkeit gleichermaßen, den Augenblick zu ergreifen.

»Theorie ohne Praxis ist Attentismus«, glaubte nun auch Hans Magnus Enzensberger, der vom Platz des intellektuellen Zaungasts und journalistischen Beobachters mehr und mehr in eine aktive Rolle rückte. Eine Kultur der Unbedingtheit machte sich breit, das Gefühl, nicht mehr abwarten, keine Sekunde zögern zu dürfen.

Ein entscheidendes Fanal war die »Tet-Offensive« des Vietcong am 31. Januar 1968. In ganz Vietnam schlugen Zehntausende prokommunistische Guerillas gleichzeitig los. In der alten kaiserlichen Zitadelle Hue wurde die Fahne mit dem goldenen Stern des Vietcong gehisst, und der amerikanische Botschafter in Saigon floh um 3 Uhr morgens im Bademantel von seiner Residenz in einen Panzerwagen, als Granaten die umgebende Mauer durchschlagen hatten.

Am Ende konnte der Fall von Saigon gerade noch verhindert werden, die Tet-Offensive wurde zurückgeschlagen. Symbolisch und politisch aber war sie ein Etappensieg des Vietcong, denn nun brach sich der weltweite Protest gegen den US-Krieg erst richtig Bahn.

1968 wurde zum Wendejahr nicht nur in Vietnam.

Enzensberger, der im Januar an einem internationalen Kulturkongress in Havanna teilgenommen hatte, brach schon nach drei Monaten einen Aufenthalt als Fellow des renommierten »Center for Advanced Studies« der Wesleyan University in Middletown, Connecticut ab und schrieb in einem offenen Brief an den Präsidenten der Universität: »Der Zustand der Vereinigten Staaten erinnert mich heute ... an die deutsche Situation in den dreißiger Jahren« – ein unverhüllter Vergleich also mit der Epoche des Nationalsozialismus. Und weiter: »Ich halte die Klasse, welche in den Vereinigten Staaten von Amerika an der Herrschaft ist, und die Regierung, welche die Geschäfte dieser Klasse führt, für gemeingefährlich ... Sie liegt mit über einer Milliarde von Menschen in einem Krieg; sie führt diesen Krieg mit allen Mitteln, vom Ausrottungs-Bombardement bis zu den ausgefeiltesten Techniken der Bewusstseins-Manipulation. Ihr Ziel ist die politische, ökonomische und militärische Weltherrschaft. Ihr Todfeind ist die Revolution.«

Deshalb beschließt Enzensberger, im Herbst 1968 nach Kuba zu gehen, wo er, wenige Jahre nach Che Guevaras und Fidel Castros siegreicher Revolution, »den Kubanern von größerem Nutzen sein« könne als den amerikanischen Studenten in Connecticut. Vor allem will er kubanischen Politikern und Diplomaten die rätselhafte Welt des Spätkapitalismus erklären – von »Sozialpartnerschaft« bis »Tarifkampf«, von »Kulturindustrie« bis »Parlament«, damit sie sich besser zurechtfinden können in der globalen Auseinandersetzung.

Es ist eine spektakuläre Einzelaktion des schillernden Revolutionsartisten, der zwischen Moskau, Berlin, Stockholm, New York und Havanna pendelt, Vorträge hält, diskutiert, Essays und Gedichte schreibt, übersetzt und sein »Kursbuch« herausgibt, das zum Zentralorgan der Revolte geworden ist. Aber der Kuba-Kairos war eben auch typisch für das Jahr 1968: Die Revolution fängt ihre Kinder, bevor sie sie frisst.

In Berlin elektrisiert die Nachricht vom – vorübergehenden – Fall der Saigoner US-Botschaft den SDS und treibt die Militanz voran. Der Filmstudent Holger Meins, der sechs Jahre später während eines Hungerstreiks der RAF sterben sollte, zeigt auf einer Veranstaltung zur »Anti-Springer-Kampagne« einen fünfminütigen »Lehrfilm« zur Herstellung von »Molotow-Cocktails« – mit Benzin gefüllte Flaschen, die beim Aufprall explodieren. Die kunstvoll gedrehte Papierlunte im Film ist – Symbol! Symbol! – eine herausgerissene Seite aus Régis Debrays Guerillafibel »Revolution in der Revolution?« Als in der Schlusseinstellung auf das Springer-Hochhaus gezoomt wird, ist die Botschaft dem Letzten klar.

Stunden später klirren Scheiben mehrerer Springer-Dependancen in Berlin. Die Praxis saß der Theorie im Nacken und verfolgte atemlos ihre Spur. Selbst der berühmte Komponist Hans Werner Henze, der sich 1969/70 seinerseits längere Zeit in Kuba aufhielt, beteiligte sich zusammen mit Rudi Dutschke an der spontanen Aktion und warf seinen »ersten Stein«. Allerdings ging die avisierte Scheibe eines »Morgenpost«-Büros erst beim dritten Versuch zu Bruch.

Viele derart Ungeübte schleuderten in diesen Tagen ihren ersten Stein. Es waren Initiationsriten und Befreiungsschläge mit jahrelanger Vorgeschichte.

Der Chronist Peter Mosler berichtet von einem Demonstrationserlebnis dieser Tage durch die Augen und Ohren einer authentischen Figur: »Bernd stand in der Nacht im Strom Hunderter auf dem Ku'damm, sah die Polizisten vor den Demonstranten davonlaufen, hörte Fensterscheiben klirren, Bauwagen standen quer über die Straße gezogen, irgendwo brannte es, zwischen den Reihen rannte immer wieder der kleine drahtige Genosse mit dem Bürstenschnitt wie im Untergrund des Demonstrationszuges. Die anderen kannten ihn um seiner Fertigkeit willen, über dreißig Meter mit einem faustgroßen Stein eine Straßenlaterne zu treffen. Alle hatten das Gefühl: Wir werden siegen, wir werden viele sein, die Straßen gehören uns, die Stadt gehört uns! Nirgends Angst, nirgends Furcht oder Beklemmung, es gab keine Bremse in diesen explosiven Zügen von Gewalttätigkeit und Siegesrausch. Bernd dachte im Vorwärtsstürmen: Das muss so etwas Ähnliches sein wie Befreiung. Chaos. Das war es, was ihm ungeahnte Kraft und Energie verschaffte ... In der Fröhlichkeit und der Selbstironie, zu der sie fähig waren, riefen die Demonstranten auf der Straße: ›Wir sind die Jünger Maos und wir lieben das Chaos!‹«

Die Ironie aber kam nicht richtig an. Nicht nur »Bild« nahm die Botschaft ernst. »Schlafen unsere Richter?«, fragte ein alarmierter Kommentator. »Schlafen unsere Politiker?« Die »Jungroten« seien inzwischen »so rot, dass sie nur noch rotsehen, und das ist gemeingefährlich ... Stoppt ihren Terror jetzt!«

Auf beiden Seiten der Barrikade, die zugleich ein ziemlich durchsichtiger Zerrspiegel war, schien die Demokratie in akuter Gefahr: hier die tobenden roten Horden, die Jünger von Marx und Mao, dort die Reaktionäre und Faschisten, Knechte des US-Imperialismus.

Die einen fürchten sich vor der gnadenlosen Generation von Stalingrad und Auschwitz, die anderen vor dem wüsten Ansturm der Kommunisten, die sich in der mongolischen Steppe zwischen Berlin, Moskau und Peking zum Angriff sammeln.

Zerr- und Wahnbilder allemal, aber sie funktionieren, weil unter ihnen jeweils komplementäre Ängste, Wünsche und Hoffnungen lagern – nicht nur, aber vor allem entlang der Scheidelinie von Kriegs- und Generationserfahrung.

Dass zur selben Zeit die deutsche Komödie »Zur Sache, Schätzchen« mit Werner Enke und der blutjungen Uschi Glas zum »Kultfilm« avancierte, passt zunächst nicht in dieses Bild. Doch in den Charakterzügen seiner Hauptfigur, einer Mischung aus Münchner Bohemien und Edelgammler, der mit pseudophilosophisch-frechen Sprüchen um die Ecken Schwabings zieht, mit hübschen Frauen flirtet und in Konflikt mit der Polizei gerät, artikuliert der achtzigminütige Streifen von May Spils exakt das Lebensgefühl dieser Generation, auch wenn nicht jeder gleich Ho Chi Minh zu Hilfe rufen wollte.

Immerhin hatten die Rolling Stones schon 1965 den Soundtrack zur Epoche geliefert: »I can't get no satisfaction«. Ein geniales Musikstück, das noch in seiner Zeitgebundenheit zeitlos ist – anders als »Street Fightin' Man«, das 1968 zur Hymne des Straßenkampfes wurde und in der Kommune 1 rund um die Uhr lief. Das Motto »Zur Sache, Schätzchen« galt hier eher Rainer Langhans und Uschi Obermaier.

Das Leben ist immer auch ein verrückter Film: Werner Enke und Uschi Glas im Kultfilm der frühen Gammlerära »Zur Sache, Schätzchen«, 1967

Die neoromantische Mischung aus Lebenssattheit, gesellschaftlichem Überdruss und Sehnsucht nach neuen Horizonten erfasste nun Hunderttausende junger Leute, ob in den großen Städten oder, zeitlich etwas verzögert, in der Provinz. Gerade die aufregenden Bilder aus Berlin, die das noch junge Medium Fernsehen bis in die letzten eichenholzgestützten Wohnstuben der Südpfalz oder Oberbayerns trug, übten einen starken Sog aus. Was Wirklichkeit war und was Mythos, das war aus der Ferne meist sowieso nicht zu unterscheiden. Aber es weckte Neugier und den Wunsch, dabei zu sein, mitzumachen. Für die neue Bewegung wirkte das Wunder.

Inzwischen brodelte es längst nicht mehr nur in Berlin, wo die »Kommune 1« am 6. Januar 1968 mit zweihundert Sympathisanten den »Juristenball« aufmischte, die sofortige Verlegung aller Staatsanwälte in die Strafanstalt forderte und im Gerangel mit knüppelnden Ordnungskräften mehrere Dienstmützen der Polizei eroberte. Strafanzeigen folgten auf dem Fuße, neues Futter für die Prozesslawine, die immer größere Ausmaße annahm.

In Bremen eskalieren wochenlange Proteste Tausender junger Menschen gegen Fahrpreiserhöhungen zu einem kleinen »Volksaufstand«. Manch einer träumt schon von Sergej Eisensteins »Panzerkreuzer Potemkin«, von Kanonendonner und Matrosenaufstand. Vielleicht auch von Brechts Seeräuber-Jenny. Abgesandte der Berliner Kommune fordern, frech wie Fritz, die lokale Räterepublik. In Tübingen sitzen SDS-Genossen nachts vorm Radio, um das Neueste aus Vietnam auszuwerten und es sofort per Flugblatt am Morgen vor der Uni-Mensa zu verbreiten.

Selbst in Tettnang und Tuttlingen, seit Menschengedenken tiefste CDU-Provinz, schießen kleine Widerstandszellen aus dem Boden. Überall nehmen die ersten »Reisekader« des SDS ihre revolutionäre Basisarbeit auf. Zur Finanzierung wird der Volkssport »Bücherklau« organisiert. Stapelweise werden dicke Wälzer, darunter Marxens gesammelte Werke, aus »bürgerlichen Läden« entwendet und günstig weiterverkauft. So ist in ganz Tübingen zeitweise kein einziges »Kapital« mehr erhältlich, ein Vorgriff auf die neue sozialistische Verteilungsgerechtigkeit.

In Heidelberg wird das jährliche Tanzfest des Ausländeramts zum Teach-in »umfunktioniert«, und in Frankfurt am Main versuchen am Abend des 5. Februar zweitausend Demonstranten nach einem Teach-in unter dem Motto »Waffen für den Vietcong!«, das nahe gelegene amerikanische Generalkonsulat zu stürmen. Es kommt zu einer regelrechten Straßenschlacht unter Einsatz einer Reiterstaffel der Polizei. Einem Aktivisten gelingt es kurzzeitig und unter großem Beifall des anwesenden Bevölkerungsteils, die rote Fahne auf einem Wasserwerfer zu hissen. Am

späten Abend werden Rudi Dutschke und Gaston Salvatore vor-
übergehend festgenommen.

»Wie ein Karnevalsprinz in ein vom närrischen Volk erobertes
Haus« – so sei Dutschke, begleitet von seiner Frau und ihrem
Baby, zuvor in den großen Hörsaal VI der Frankfurter Goethe-
Universität eingezogen, berichtete ein Reporter damals. »Rudi
Rudi Rallalla!«, schrien die einen, mit »Ho-Ho-Ho-Chi-Minh!«
antworteten die anderen. »Wolle mer'n ereilasse?«, hatten einige
fastnachtsselig und im besten Hessisch
angefragt und von anderen umgehend
die fällige Antwort erhalten: »Rudi in
die Bütt'! Rudi in die Bütt'!«

Diese Art linken Volkshumors, der
Selbstironie auch als Druckausgleichs-
ventil in der revolutionären Dauerspan-
nung nutzte, korrespondierte durchaus
mit gegenseitigem Niederschreien der
unterschiedlichen Fraktionen innerhalb
von SDS und APO. Der Wettkampf um
die einzig wahre Radikalität hatte schon
begonnen.

Am Ende konstatierte der Polizeipräsident seinerseits völlig unironisch, dass
der Sturm auf das Generalkonsulat die
»bisher aggressivste Demonstration« gewesen sei, die es in Frankfurt seit Kriegsende gegeben habe.

Die Revolution war sexy:
Uschi Obermaier vor humorloser
Polizeikette (1970)

In Berlin beginnt der SDS derweil eine Desertionskampagne
für amerikanische GIs in Deutschland, die nicht nach Vietnam
wollen. In einer dunklen Winternacht werden sogar kleine »Rake-
ten« mit einschlägigen Flugblättern über die Mauern einer US-
Kaserne geschossen. Der »Republikanische Club«, ein intellektueller Ort der Debatte innerhalb der Neuen Linken, wird
gegründet, während der Kampf gegen das Verbot der Großde-

monstration zum Abschluss des Internationalen Vietnamkongresses zum zähen Ringen eskaliert.

Erst im letzten Augenblick erlaubt das Verwaltungsgericht den Marsch von 12 000 Vietnamkriegsgegnern, darunter auch prominente Sozialdemokraten. »Ho-Ho-Ho-Chi-Minh!« schallt es über den Kurfürstendamm, man hakt sich ein und fordert den »Sieg im Volkskrieg!«

Kurz vor Beginn des Kongresses mit 5000 Teilnehmern aus aller Welt trifft der italienische Verleger Giangiacomo Feltrinelli mit einem ganz besonderen Gastgeschenk in Berlin ein: Dynamitstangen mit Zündkapsel samt Zündkabel, die im Kofferraum seines schwarzen Citroën liegen. Als er Rudi Dutschke damit buchstäblich auf der Türschwelle überfällt, hält sich die Dankbarkeit in Grenzen.

Die erste Frage war nicht »Warum?« oder »Wofür?«, sondern: »Wohin damit?« Nach kurzem Überlegen packte man den Überraschungs-Sprengstoff, ein Novum in der gesamten bisherigen Geschichte der Rebellion, in den Kinderwagen von Hosea-Che, das gerade geborene Kind von Gretchen und Rudi, und brachte das rollende Waffenlager in eine »konspirative« Wohnung – auch dieser Umstand eine absolute Premiere. Gretchen Dutschke beschreibt die Szene in ihrer Autobiografie »Wir hatten ein barbarisches, schönes Leben« so: »Feltrinelli befahl: ›Tu das Baby darauf, dann wird es nicht verdächtig aussehen.‹ Das war mir nicht geheuer, aber ich legte Hosea auf das Dynamit und schob den Kinderwagen zum Auto. Wir fuhren in irgendeine Villengegend. Ich schob Hosea und das Dynamit im Kinderwagen vom Auto zu der konspirativen Wohnung, in der der Sprengstoff versteckt werden sollte. Hosea schlief die ganze Zeit.«

Eine im Wortsinn verrückte Parallele knapp zehn Jahre später: Auch bei der Schleyer-Entführung der RAF diente ein Kinderwagen als Camouflage.

Als das Dynamit sicher verstaut war, räsonierten Dutschke und Feltrinelli zusammen mit Gaston Salvatore, Christian Semler

Auf der großen Vietnamdemonstration am 18. Februar in Westberlin wurden die Porträts von Ho Chi Minh, Che Guevara, Karl Liebknecht und Rosa Luxemburg wie Heiligenbildchen über den Ku'damm getragen. So lieh man sich das revolutionäre Pathos vergangener Zeiten

und dem Liedermacher Franz Josef Degenhardt (»Spiel nicht mit den Schmuddelkindern!«) darüber, was mit dem Dynamit anzustellen wäre – US-Schiffe in die Luft jagen, Eisenbahngleise sprengen, Truppentransporte nach Vietnam sabotieren?

Bis heute ist der Verbleib des hochexplosiven Gastgeschenks aus Italien ungeklärt. Wirklich angenommen, also benutzt, wurde es nie. Dutschke selbst hat ein Jahr vor seinem Tod gesagt, dass es durchaus »wahnsinnig war«, so etwas »Menschen zu überantworten, die sich bis dahin der Verantwortung bewusst waren und die dann unsicher wurden«.

Ganz sicher waren sich Dutschke und die anderen wieder, als sie die Losung für den großen Vietnamkongress am 17./18. Februar 1968 formulierten, die auf einer überdimensionalen Fahne des Vietcong prangte: »Für den Sieg der vietnamesischen

Der Berliner Vietnamkongress am 18. Februar 1968, als es noch die Pflicht jedes Revolutionärs war, die Revolution zu machen. Was sonst?

Revolution!« Darunter stand, in nur geringfügig kleineren Lettern: »Die Pflicht jedes Revolutionärs ist es die Revolution zu machen«. Eine Tautologie, die durchaus preußische Züge trug. Und ein Heroismus, der gerade durch die Betonung der selbstverständlichen Pflicht unter dem Bann der Weltgeschichte stand, die keinen Aufschub duldete.

Der SDS-Vorsitzende KD Wolff eröffnete die Veranstaltung mit den Worten, deren wichtigstes Ziel sei die »Koordinierung des Widerstands in Europa«. Die Schriftsteller Peter Weiss und Erich Fried sprachen ebenso wie der marxistische Wirtschaftswissenschaftler Ernest Mandel, der in London lebende Tariq Ali, der Exil-Iraner Bahman Nirumand und andere Redner aus den USA, Südafrika, Griechenland und Frankreich. Und natürlich Feltrinelli, der neben den Dynamitstangen auch Geld zur Finanzierung des Kongresses mitgebracht hatte. Hans-Jürgen Krahl wurde seinem Ruf als radikaler Denker gerecht und forderte die »Zerschlagung der Nato«.

Aber schließlich war es wieder einmal Rudi Dutschke, der die Versammelten am revolutionären Portepee packte und das Pathos

136

des historischen Augenblicks beschwor, selbstverständlich in seinem unnachahmlich drängenden, atemlosen Stakkato-Stil: »Genossen, Antiautoritäre, Menschen! Wir haben nicht mehr viel Zeit. In Vietnam werden auch wir tagtäglich zerschlagen, und das ist nicht ein Bild und ist keine Phrase. Wenn in Vietnam der US-Imperialismus überzeugend nachweisen kann, dass er fähig ist, den revolutionären Volkskrieg zu zerschlagen, so beginnt erneut eine lange Periode autoritärer Weltherrschaft von Washington bis Wladiwostok. Wir haben eine historisch offene Möglichkeit. Es hängt primär von unserem Willen ab, wie diese Periode der Geschichte enden wird.«

Nach Zitaten von Frantz Fanon – »Die Verdammten dieser Erde« – und einem Parforceritt durch die ganze Welt kam er zum Schluss: »Die Revolutionierung der Revolutionäre ist so die entscheidende Voraussetzung für die Revolutionierung der Massen. Es lebe die Weltrevolution und die daraus entstehende freie Gesellschaft freier Individuen!«

Der sofort einsetzende frenetische Beifall war nicht zuletzt Teil einer Selbstberauschung, die vierzig Jahre später kaum noch nachzuvollziehen ist. Dutschke-Biograf Jürgen Miermeister sprach später von »hermeneutischer Gnade« und der »Schonung durch historischen Kontext«, die man dieser agitatorischen Raserei angedeihen lassen sollte. Tatsächlich ist die Verzückung des Moments noch heute auf den Fotografien zu sehen, auf den strahlenden und teils wie entrückt wirkenden Gesichtern der Genossen, die sich und ihrer großen weltumspannenden Sache stehend selbst applaudieren.

Man reibt sich die Augen: Derselbe Mann, dem noch vor ein paar Wochen ein alter Nazi im Weihnachtsgottesdienst den Krückstock durchs Gesicht gezogen hatte, rief nun zur Weltrevolution auf.

Eines hatte Dutschke allerdings bereits jetzt erreicht: internationale Publizität. Auch in anderen Ländern Europas schaute man nun auf den zornigen jungen Mann. Aber er war auch gefährdet wie nie.

Am Rande einer großen Gegenkundgebung der »anständigen Berliner« drei Tage später, zu der der neue Regierende Bürgermeister Klaus Schütz (SPD) und DGB-Chef Sickert aufgerufen hatten, kam es zu pogromartigen Szenen. Immer wieder meinte irgendjemand, den verhassten Aufrührer entdeckt zu haben: »Hier ist Dutschke!« Schließlich wurde ein bedauernswerter Angestellter, der Dutschke ein bisschen ähnlich sah, von einer aufgebrachten Meute gehetzt. »Schlagt ihn tot, hängt ihn auf!«, rief die Menge, und im Getümmel trat ihm ein besonders anständiger Berliner ins Gesicht.

Ein Polizist berichtete später: »Der junge Mann lief mir direkt in die Arme, fiel mir um den Hals und stammelte: ›Um Gottes willen, schützen Sie mich, die wollen mich totschlagen.‹ Hinter uns her kamen an die tausend Leute, die uns beide noch vierzig Meter verfolgten. Dann hatten sie uns eingeholt. Die Menge war außer sich … Ich konnte gerade noch die Tür aufreißen und den jungen Mann hineinstoßen.« Aus der Meute, die den schützenden Polizeiwagen umringte, erschallte Volkes Stimme, die sich, wie so oft damals, offenbar im Jahrzehnt geirrt hatte: »Lyncht die Sau! Schlagt ihn tot! Kastriert das Judenschwein! Dutschke ins KZ!«

Immer häufiger wechselte der wirkliche Dutschke nun seine Schlafstatt. Die Drohungen wurden inzwischen sogar mit Kreide auf seine Wohnungstür geschmiert. Seine Frau hatte Angst um ihn und das Baby, und es gab sogar schon Überlegungen, »nach Amerika« zu gehen, wo Gretchens Familie lebte. Doch Dutschke fand »die pogromartigen Ansätze«, typisch für seinen christlich geprägten menschenfreundlichen Optimismus, eigentlich »ganz normal«. Die Menschen gingen tagtäglich einer »wahnsinnig langweiligen« Arbeit nach und würden geradezu »trainiert«, gegen Andersdenkende »anzutreten«. So sei es klar, dass »die mal sauer sind und sich austoben«.

Damit musste man also rechnen. Aber vielleicht bald schon würden diese »manipulierten Massen« mit ihren »ohnmächtigen« Reflexen sich in Subjekte ihrer eigenen Geschichte verwandeln. Um nichts anderes ging es ja.

In dieser unerschütterlichen Zuversicht und theoretisch zwingenden Zukunftsbegeisterung ließ sich Dutschke nicht beirren. Darin glich er, trotz aller sonstigen Unterschiede, Daniel Cohn-Bendit, der wenige Monate später, nach dem Mai 1968 in Paris, weltberühmt werden sollte.

Vier Wochen nach Dutschkes Aufruf zur Weltrevolution tauchten Andreas Baader und Gudrun Ensslin wieder einmal in der Kommune 1 am »Stutti« auf. Ein gewisser Thorwald Proll war auch dabei, bislang eher ein Mitläufer der Szene. »Es war zu spüren, dass sie etwas zusammen vorhatten«, erinnert sich Ulrich Enzensberger. Jedenfalls ging es zu wie im Taubenschlag. Ein Kommen und Gehen, in jedem Zimmer wurde diskutiert. »Neue Demonstrationsformen« sollten ausprobiert werden, womöglich solche, wie sie in den berüchtigten Kaufhausbrand-Flugblättern noch rein ironisch-sarkastisch an- und umgedeutet wurden. Eine Art flammendes Happening.

Schon damals besaß Andreas Baader, obwohl ein kleines Licht unter all den Dutschkes, Teufels und Kunzelmanns, eine starke Anziehungskraft. »Ja, der war der Verführer«, erzählt Thorwald Proll 2003 in dem Gesprächsband »Wir kamen vom anderen Stern«. »Der konnte Leute gut verführen und überreden. Und irgendwie mitreißen.«

Baader, Ensslin und Proll fuhren Ende März mit einem weißen Ford Fairlane nach München, um Horst Söhnlein zu treffen, der mit seiner Frau Ursula das »Action-Theater« leitete. Zu viert wollte man jetzt eine echte »Action« vorbereiten. Brandsätze und Zündervorrichtungen wurden kundig zusammenmontiert, aber weil der Baader'sche Straßenkreuzer auf dem Weg zum Attentat den Geist aufgab, musste man sich mit einem geliehenen VW Käfer behelfen.

Am 1. April nachmittags ging es von München nach Frankfurt am Main. Gudrun Ensslin saß am Steuer. Unterwegs machte das

Quartett kurz Rast bei ihren Eltern im Pfarrhaus von Cannstatt. Noch Jahre später verteidigte Pfarrer Ensslin seine geliebte Tochter vehement gegenüber Staat und Öffentlichkeit, vor allem, was ihre Motive betraf.

Um Mitternacht fuhren die vier weiter und kamen am frühen Morgen des 2. April 1968 in Frankfurt an, wo ihnen eine Cutterin des Hessischen Rundfunks nichts ahnend ihre Wohnung überließ. Sie hatte Thorwald Proll kurz zuvor auf dem Berliner Vietnamkongress kennengelernt – ein Beispiel unter vielen für die funktionierenden Schaltkreise der Revolte in diesen Tagen. Im Laufe des Tages hört sie Andeutungen über ein »großes Ding« und erzählt davon ihrem neuen Freund. Die Konspiration war noch nicht ganz perfekt.

Das Frankfurter Kaufhaus Schneider nach der Brandstiftung durch Baader, Proll und Ensslin am 2. April 1968

Wie ein frisch verliebtes Pärchen sehen sich Baader und Ensslin derweil auf der Einkaufsmeile »Zeil« um. Scheinbar ausgelassen und fröhlich durchstreifen sie unter anderem das Kaufhaus Schneider, das eher eine bieder-kleinbürgerliche Klientel anzieht als die »Upper Class« – das Gegenteil eines glitzernden kapitalistischen Luxuspalasts.

Kurz vor Ladenschluss kehren sie zurück, laufen die schon abgestellten Rolltreppen hoch und platzieren die mit Benzin gefüllten Plastikflaschen mit Zeitzünder im ersten und dritten Stock.

Wenige Stunden später, gegen Mitternacht, brennt es fast gleichzeitig im Kaufhaus Schneider und im nahe gelegenen »Kaufhof«. Es entsteht hoher Sachschaden, doch niemand wird verletzt. Nur einige Wachleute und Putzkräfte sind kurzzeitig eingeschlossen, aber die Löschtrupps treffen schnell am Ort des Geschehens ein.

140

Auch die vier Brandstifter kommen dorthin zurück und betrachten das Spektakel wie unbeteiligte Gaffer.

Danach geht es wieder in den linken »Club Voltaire« in die »Kleine Hochstraße«, wo die Tat gefeiert wird. Auch dabei lassen Diskretion und Konspiration zu wünschen übrig. Die anderen Gäste »haben es uns wahrscheinlich angesehen, dass etwas Besonderes passiert war«, gibt Thorwald Proll zu. Tatsächlich werden alle vier schon am späten Abend des folgenden Tages verhaftet – der Freund der Cutterin hat die Polizei informiert. Noch im Bett hatte sie ihm gestanden, dass ihr Verdacht zur Gewissheit geworden war, zugleich aber seine Verschwiegenheit verlangt. Vergeblich.

Im VW Käfer fand die Polizei Materialreste und andere Indizien. In der Nähe des Unterschlupfs, in einem Papierkorb, lag ein zerknüllter Zettel, eine Art politisches Manifest. Der Autor: Thorwald Proll.

»Wir zünden Kaufhäuser an, bis ihr aufhört zu kaufen. Ihr habt nichts zu verlieren als den Gewinn der Ware. Der Konsumzwang terrorisiert euch, wir terrorisieren die Waren. Wir fangen an ..., damit ihr Schluss macht mit dem Terror, der euch zu Konsumenten ...« Hier bricht der Text ab.

Der SDS, der in Frankfurt gerade eine außerordentliche Delegiertenkonferenz abgehalten hatte, distanzierte sich und nannte den Anschlag einen »unpolitischen Akt« der Verzweiflung. Die Kommune 1 reagierte mit dem üblichen Sarkasmus zwischen Spiel und Ernst: Man habe »Verständnis« für die psychische Situation, die »Einzelne jetzt schon zu diesem Mittel greifen lässt«.

Dieses Mittel aber hieß Terror. Es war der Vorschein einer neuen Phase der Revolte, der Anfang des deutschen Nachkriegs-Terrorismus. Was eben noch »Widerstand« war, die »Pflicht, Revolution zu machen«, aus der »Waffe der Kritik die Kritik der Waffen« – vor allem starke, klangvolle Worte also –, das war nun im Begriff, zur Tat hin zu kippen, ganz praktisch zu werden. Der Kairos wurde zum Zeitzünder, der Brandsatz zur Flaschenpost.

»I have a dream…« Wurde nach seiner Ermordung zu einer der meistverehrten Gestalten der USA: Martin Luther King

Faszination und (Er-)Schrecken hielten sich dabei die Waage – politisch formulierte Kritik und ein emotionales Verständnis für den Anschlag, das aus dem Bauch der Revolte kam.

Aber es konnte auch ganz anders kommen. Vor allem: anders herum. Wenige Stunden, nachdem Baader und Ensslin in Haft gerieten, wurde Martin Luther King, der schwarze Bürgerrechtler und Friedensnobelpreisträger, auf dem Balkon des Lorraine Motel in Memphis, Tennessee, ermordet. Ganz Amerika geriet in Aufruhr, überall gab es schwere Ausschreitungen, von Los Angeles bis Washington D.C. verneigte sich die Elite des Landes vor dem Toten.

In der ganzen Welt wurde getrauert. Auch in Frankfurt gedenken am 9. April fast tausend Bürger mit einem Schweigemarsch vom Opernplatz zur Paulskirche des Kämpfers gegen jeden Rassismus, der seinen Traum von einer freien Gesellschaft aller – »I have a dream…« – mit dem Leben bezahlt hatte.

142

Einen Tag später, am Abend des 10. April 1968, besteigt der 23-jährige Münchner Hilfsarbeiter Josef Erwin Bachmann den Nachtexpress nach Berlin. Im Gepäck steckt ein Colt. Als er am Morgen aus dem Zug steigt, strahlt die Sonne.

Es ist Gründonnerstag vor Ostern.

Bachmann braucht Stunden, um herauszufinden, wo Dutschke sich aufhalten könnte. Gegen 16 Uhr steht er vor dem SDS-Zentrum am Kurfürstendamm 140. Er geht nach oben und fragt noch einmal nach.

In diesem Augenblick kommt Rudi Dutschke, der für seinen drei Monate alten Sohn Hosea Che Nasentropfen besorgen will, auf seinem rostroten Fahrrad angefahren. Er springt kurz hoch ins Büro, um etwas zu erledigen. Dort erfährt er, jemand habe nach ihm gefragt.

»O.k.«, antwortet er, »soll unten warten«. Die Apotheke hat merkwürdigerweise noch geschlossen. Verlängerte Mittagspause.

So wartet auch Dutschke unten auf dem Kurfürstendamm. Plötzlich kommt ein Mann auf ihn zu. Es ist Bachmann. In einem Abstand von etwa zwei Metern fragt er: »Sind Sie Dutschke?« »Ja«, sagt der, und »in einem sekundenhaften, blitzartigen Augenblick riss er seine Pistole aus der Jackentasche und schießt«. So erinnert sich Dutschke später. »Da war keine andere Frage, kein Nachdenken, kein Zögern.«

Er überhörte offenbar, was Bachmann gesagt haben will, bevor er schoss: »Du dreckiges Kommunistenschwein!« Drei Schüsse trafen, zwei in den Kopf, einer in die Schulter. »Zunächst dachte ich, es wären zwei, drei Fehlzündungen von einem Auto, aber dann hörte ich das

Rudi Dutschkes Fahrrad mit Aktentasche am Berliner Kurfürstendamm wenige Minuten nach dem Attentat am Nachmittag des 11. April 1968

Schreien, die klagende Stimme von Rudi«, berichtet der ehemalige SDS-Aktivist Albert Fichter, der sich zufällig in unmittelbarer Nähe des Tatorts befand, im Juli 2004 dem Zeithistoriker Wolfgang Kraushaar. »Ich bin sofort auf die Straße gerannt, und da ist mir Rudi auch schon entgegengekommen – ohne seine Schuhe, auf Strümpfen. Blutüberströmt ist er mir in die Arme gefallen und hat laut geschrien: ›Man hat mich erschossen.‹ Im Gesicht war er ganz schwarz von dem dunklen Blut, und die ganze Kleidung, alles war voll mit Blut. Er hat nur gejammert. Es war furchtbar ... Ich habe ihm dann geholfen, sich auf eine Bank zu setzen und abzuwarten, bis Hilfe gekommen ist ... Es war ein Ereignis, das mich regelrecht traumatisiert hat.«

Nach einer kurzen Schießerei mit der Polizei wird Bachmann gefasst und im März 1969 zu sieben Jahren Zuchthaus verurteilt.

Stundenlang wird der schwer verletzte Dutschke operiert, während der »Sender Freies Berlin« fälschlich schon seinen Tod meldet. Am Karfreitag erwacht er aus der Narkose, unmittelbare Lebensgefahr besteht nicht mehr. Aber er wird viele Monate brauchen, um das Sprechen wieder zu lernen, und auf der Suche nach Ruhe und Gesundung beginnt er eine jahrelange Odyssee durch halb Europa.

Im Dezember 1968 schreibt Dutschke an Bachmann: »Du wolltest mich fertigmachen. Ich mache Dir einen Vorschlag: greife die herrschenden Cliquen an. Warum haben sie Dich zu einem bisher so beschissenen Leben verdammt? Also schieß nicht auf uns, kämpfe für Dich und Deine Klasse. Höre auf mit den Selbstmordversuchen, der antiautoritäre Sozialismus steht auch noch für Dich da.«

Bachmann bedauert, »was ich Ihnen angetan habe« und überlegt, ob er vielleicht eine »ganz verkehrte Auffassung« von seinem Opfer

Schuh Rudi Dutschkes nach dem Attentat am 11. April 1968

gehabt habe. Ein gutes Jahr später, am 24. Februar 1970, nimmt er sich das Leben.

Traumatisiert aber sind nun Tausende, ja Zehntausende, auch wenn sie nicht unmittelbare Zeugen waren. Wie ein Lauffeuer verbreitet sich die Nachricht, erst in Berlin, dann in ganz Deutschland und der Welt. Bundeskanzler Kiesinger schickt Gretchen ein Telegramm mit Genesungswünschen für »Ihren Mann«. Selbst Axel

Szene in einem Frankfurter Café am 12. April 1968

Cäsar Springer bedauert den Vorfall, in der Kommune 1 aber bricht »schallendes Gelächter aus, das ich wohl nie ganz verstehen werde«, wie die Augenzeugin und Kunzelmann-Freundin Inga Buhmann später gesteht.

Es kann sich nur um eine hysterische Reaktion gehandelt haben, womöglich eine Übersprungshandlung. Sie war extrem, aber typisch. Denn an vielen Orten hielt man sich nicht lange mit Trauer und Mitgefühl auf. Nun kam in einem Schwall alles wieder hoch, Zorn und Wut auf den Senat, die Polizei, die Springer-Presse und ihre Hetze.

Es war ein Schock, aber man wusste gleich, wohin damit. Auf ins Audimax der Technischen Universität! Auf zu Springer! Tausende versammelten sich dort und hörten die Worte des Dutschke-Freundes Bernd Rabehl: »Und ich spreche es ganz deutlich aus: Die wirklichen Schuldigen heißen Springer, und die Mörder heißen Neubauer und Schütz« – der Innensenator und der Regierende Bürgermeister Berlins, beide Sozialdemokraten.

Alle wissen, was nun passieren wird. An die fünftausend Menschen sind es inzwischen, die nun in Richtung Kochstraße ziehen, unweit des »Checkpoint Charlie«. Zum Springer-Hochhaus. Es ist gegen 22 Uhr.

»Bei dieser Demonstration ist bei mir mein ganzes Leben, alles noch mal abgelaufen«, schreibt später Bommi Baumann in seiner Autobiografie »Wie alles anfing«. »Alle Schläge, die ich gekriegt habe, was du so alles erlebst, was du als Ungerechtigkeit empfindest.« Selbst die Ordnungsmacht hatte das Attentat nicht kaltgelassen. »Da waren Polizeioffiziere, die haben gesagt, Kinder, wir können euch doch verstehen, aber macht's nicht zu doll!«

Doch schon am Amerikahaus in der Hardenbergstraße Nähe Bahnhof Zoo klirren die ersten Scheiben. »Mörder, Mörder! Axel, wir kommen!«, hallt es durch die stockdunkle Nacht. »Als wir dort eintrafen«, erinnert sich Albert Fichter, »sind wir von so jungen Polizeiaspiranten empfangen worden, die auf ihren Lastwagen gesessen haben. Die Steine sind dort kreuz und quer durch die Gegend geflogen ... Und auf dem Parkplatz entdeckten wir die kleineren Liefer-wagen, mit denen die Springer-Zeitungen ausgeliefert werden sollten. In diesem Moment ist der Urbach plötzlich mit einem Körbchen erschienen, einem Spankörbchen, in dem er eine Reihe von Molotow-Cocktails vorbereitet hatte.«

Wut auf »Bild«: Umgestürzte Wagen des Axel-Springer-Verlags am Morgen nach dem Dutschke-Attentat Ostern 1968

Peter Urbach alias »S-Bahn-Peter« ging schon länger in der Kommune 1 ein und aus, war aber, was damals nur dieser oder jener ahnen mochte, ein Spitzel des Verfassungsschutzes. »Er hat uns dann genau instruiert, wie man die Wagen am einfachsten umkippen könne ... Das ist damals also ganz unter Urbachs Regie abgelaufen.«

Und das war mehr als eine skurrile Fußnote dieser Nacht, eine obskure, nie ganz aufgeklärte Rolle der Geheimdienste beim Kra-wall.

146

Die Genossen jedenfalls brauchen an diesem Abend keine Extra-Aufstachelung. Dankbar bedienen sie sich der mitgebrachten »Mollies«.

Auch Bommi Baumann.

Kurz nach Mitternacht gehen die ersten Wagen mit der Aufschrift »Morgenpost« und »B.Z.« in Flammen auf. Andere werden nur umgestoßen und demoliert. Zur gleichen Zeit prasselt ein Steinhagel auf das Verlagshaus, vermischt mit brennenden Fackeln, Holzlatten und Fahnenstangen. Einige Demonstranten, unter ihnen Dieter Kunzelmann, Karl Heinz Pawla und Dutschke-Anwalt Horst Mahler, versuchen, das Springerhaus zu stürmen. Der Versuch scheitert jedoch, wenig heroisch, schon in der Eingangshalle und im Treppenhaus, nicht zuletzt am entschlossenen Widerstand schwer bewaffneter Werkschutzleute.

»Unter Aufbietung letzter physischer Kräfte und unter Schlagstockeinsatz gelang es, ein Eindringen der Störer in das Verlagsgebäude abzuwehren«, heißt es später in einem internen Polizeibericht. Draußen klettert ein Demonstrant auf einen Wasserwerfer und richtet die Spritzkanone auf die Polizeikette.

Ein einziges Tohuwabohu.

»An dem Abend ist irrsinnig viel passiert«, resümiert Bommi Baumann. »Das hat dir auch wirklich 'ne Kraft gegeben ... Die allgemeine Hetze hat einfach ein Klima geschaffen, wo du mit Späßchen nichts mehr erreichen kannst. Wo sie dich so oder so liquidieren, ganz egal, was du machst. Bevor ich nun wieder nach Auschwitz transportiert werde, denn schieß' ich lieber vorher.«

Am nächsten Abend fuhren Urbach und Baumann mit einer Kiste übrig gebliebener »Mollies« im VW Käfer durch Berlin, um zu »kieken«, was man sonst noch damit machen könnte: »Wir wollten noch rausfahren nach Schwanenwerder, wo der Springer so ne Villa hat, die wollten wir auch noch anstecken, aber dann wusste wieder keiner genau, wo die ist.«

Von Auschwitz bis Schwanenwerder – da waren sie wieder, diese merkwürdig verqueren, völlig übersteigerten Opferfantasien und

Vernichtungsprojektionen. Der Mordanschlag hatte sie aufs Neue mobilisiert und verstärkt. So nachvollziehbar Angst, Wut und Protest auch waren – diese Nacht lenkte einen Teil der Rebellen in ein verhängnisvolles, falsches Fahrwasser. Nicht nur Bommi Baumann, sondern auch viele Intellektuelle sahen nun den Moment gekommen, den ultimativen Zwang, eine Art Endkampf aufzunehmen.

»Nun, da die Fesseln von Sitte & Anstand gesprengt worden sind, kann und muss neu und von vorne über Gewalt und Gegengewalt diskutiert werden«, schrieb Ulrike Meinhof. Und selbst ein so besonnener Mann wie der Marburger Politologe und Professor Wolfgang Abendroth, alles andere als ein Sponti-Aktionist, forderte auf einem »Teach-in« am Ostermontag die Zuhörer mehrmals auf, den Springer-Konzern »in die Luft zu sprengen«.

In dieser aufgeheizten Stimmung war es immer wieder die Allgegenwart der Naziparallelen, so schief sie auch sein mochten, die allzu oft das gute, nachdenkliche Argument ersetzten.

»Gestern Dutschke, morgen wir!«, riefen Demonstranten in Hannover, Frankfurt, München, Essen, Köln, Stuttgart, Esslingen und Hamburg. Das allgemeine Gefühl war klar: Die Schüsse galten allen, die protestierten. Der Schoß des alten deutschen Ungeheuers schien fruchtbar noch.

Ohne jede Verabredung oder irgendeine ausgeklügelte Koordination wurden nun an vielen Orten Gebäude und Druckereien des Axel-Springer-Verlags belagert und blockiert. Bei den schwersten Straßenschlachten seit der Weimarer Republik kommen in München zwei Personen ums Leben, ein Fotograf und ein Student. Auch in Frankfurt »kam es zu unvorstellbaren Prügelszenen«, wie ein Zeitungsreporter beobachtete. »Kameraleute filmten, wie mehrere Polizeibeamte minutenlang auf einen Demonstranten mit Gummiknüppeln einhieben.« Unter denen, auf die eingeprügelt wurde, war auch ein gewisser Joschka Fischer, damals gerade zwanzig Jahre alt. Es war der Beginn einer erstaunlichen politischen Karriere.

Über die gesamten Osterfeiertage beteiligen sich mehr als 50000 Menschen, darunter auffallend viele Schüler, Lehrlinge,

Arbeiter, Angestellte und andere Nichtstudenten, an den unterschiedlichsten Aktionen. 21 000 Polizeibeamte sind bundesweit im Einsatz. Es gibt über 400 Verletzte, 1000 Demonstranten werden festgenommen, insgesamt 827 Ermittlungsverfahren eingeleitet.

Trotz aller Blockaden und Straßenkämpfe – die Springerzeitungen wurden weiter ausgeliefert, hier und da etwas verspätet. Und bereits am Karsamstag war für »Bild« die Welt wieder in Ordnung: »Der fanatische Linksradikale wurde das Opfer eines halbirren Rechtsradikalen ... Eine der größten Industrienationen der Welt darf kein Hottentottenland werden, in dem jeder, der sich ungerecht behandelt fühlt, Steine wirft, Feuer legt oder zur Pistole greift.«

Wir erinnern uns: Bisher hatten nur der Polizeibeamte Kurras und der Attentäter Bachmann zur Pistole gegriffen.

Der in der DDR verbotene Liedermacher Wolf Biermann machte sich derweil zu Hause in der Ostberliner Chausseestraße 131 seinen Reim darauf: »Drei Kugeln auf Rudi Dutschke/Ein blutiges Attentat/ Wir haben genau gesehen/*Wer* da geschossen hat/Ach Deutschland, deine Mörder/Es ist das alte Lied ... Die Kugel Nummer eins kam/Aus Springers Zeitungswald/ Ihr habt dem Mann den Groschen/Auch noch dafür bezahlt...«

Als »Osterunruhen von 1968« ging das Ereignis in die Geschichte ein. Das vorläufige Ergebnis war äußerst zwiespältig: Die Revolte hatte sich tatsächlich ausgebreitet, intensiviert und radikalisiert, aber zugleich hatte sie auch ihren bisherigen Kern verloren. Nicht nur den unersetzbaren Charismatiker Dutschke, sondern auch den SDS als intellektuelles und politisches Zentrum. Denn dem waren Protestbewegung und allgemeine Rebellion nun buchstäblich über den Kopf gewachsen.

»Der SDS hat sich wesentlich in die antiautoritäre Bewegung aufgelöst, deren nominelle Spitze er darstellt«, hieß es Monate später im Rechenschaftsbericht des Bundesvorstandes.

Auf der einen Seite galt nun mehr denn je, dass »das eigene Leben bei uns allen in einem tollen Durcheinander war«, wie Bernd Rabehl sich erinnert. Andererseits deutete sich schon an, dass sich hier und da die Wege trennen würden. »Ein trügerisches Wir-Gefühl vereinte noch einmal die angeschwollene Westberliner Linke, bevor sie auseinanderplatzte«, bilanziert Ulrich Enzensberger.

Aber noch schien alles offen. Und der Sommer stand erst vor der Tür.

SDS-Theoretiker Bernd Rabehl und Kommunarde Fritz Teufel am Tag nach dem Attentat auf Rudi Dutschke

IV. High sein, frei sein, Terror muss dabei sein
oder
Die Revolution frisst ihre Kinder

Der Mai 1968 war der Wonnemonat der Revolution in ganz Europa. Selbst die Beatles sangen in ihrem »White Album« vom großen Umsturz: »Revolution – We all want to change the world!«

Überall und in wechselnder Besetzung tobten sich jetzt Frank Zappa und die «Mothers of Invention« aus. Es war ein Frühling des Aufbruchs. Straßenschlachten und Flower Power, Blütenträume vom anderen Leben. So, als hätte sich die Wirklichkeit tatsächlich verflüssigt und in einen anderen Aggregatzustand verwandelt, als wäre die Normalität des Immergleichen aufgehoben, der eingefrorene Alltag aufgetaut. »Sein überhaupt ist nichts als Freisein – Schweben«, hatte der deutsche Romantiker Novalis schon Ende des 18. Jahrhunderts bemerkt. »Aus diesem Lichtpunkt des Schwebens strömt alle Realität aus.« Es war ein kongenialer Gedanke der Fichte'schen Ich-Philosophie, der noch das Lebensgefühl der rebellischen Neoromantiker von 1968 traf. Zwischenzeitlich hatten sie fast schon vergessen, wie sich Glück anfühlt. Nun wussten sie es wieder.

Auch in weiten Teilen der übrigen Welt, in Amerika und Japan, selbst in Brasilien, Uruguay und Mexiko, war der Funke übergesprungen. Es schien, als loderte tatsächlich das Feuer eines weltweiten Aufstands, so unterschiedlich im Einzelnen die konkreten Bedingungen, Anlässe und Ziele waren.

151

Für einige Wochen stand Frankreich im Zentrum des Geschehens, und viele deutsche »Genossen« – so nannte man sich jetzt immer häufiger – blickten gebannt und auch ein bisschen neidisch nach Paris. Dort kam es nach jener sagenumwobenen »Barrikadennacht« vom 10. auf den 11. Mai, als bei der brutalen Räumung der Universität Sorbonne und des Quartier Latin durch 10 000 Polizisten ganze Straßenzüge verwüstet worden waren, zum eintägigen Generalstreik.

Eine Million Menschen marschierten am 13. Mai in zwei großen Zügen durch die Straßen der französischen Hauptstadt, die schon viele Revolutionen gesehen hatte. Die eine Marschsäule wurde von den Studenten Daniel Cohn-Bendit, Alain Geismar und Jacques Sauvageot angeführt, die andere von den prominenten Parteiführern der Linken, Pierre Mendès-France, François Mitterrand, Guy Mollet und Waldeck-Rochet, dem Chef der Kommunisten. Studenten und Arbeiter, Angestellte und Gewerkschafter gingen Schulter an Schulter, »Krankenhauspersonal in Weiß,

Straßenschlacht im Pariser Quartier Latin am 15. Mai 1968

Setzer, Drucker, Kraftfahrer, Hotelpersonal, Lehrer, alle Gruppen mit eigenen Liedern, alle Altersklassen, oft Arm in Arm, dazwischen unglaublich viele Frauen und Mädchen, alles, was sonst auf den Bürgersteigen von Paris herumspaziert, eine glückliche Menge, die schließlich wie ein Fluss in sich selbst aufgeht«. So schilderte der Schriftsteller Cees Nooteboom die Szene wenig später. »Die Spitze ist längst schon aus dem Blickfeld verschwunden, doch als ich mich auf eine Bank stelle, sehe ich den Fluss weiterströmen, die größte Menschenmenge, die mir je zu Gesicht gekommen ist.«

So einzigartig dieses Bündnis war – es war von recht kurzer Dauer.

Doch an diesem Tag stand Frankreich im Protest vereint still. Ein erhabener Moment. 1789, 1830, 1848, 1871 – die revolutionäre Tradition forderte ihren Tribut. Tags darauf brachen an vielen Orten weitere Streiks aus, in fast allen Industriebranchen gab es spontane Fabrikbesetzungen und »wilde« Arbeiterversammlungen. Zeitweise wurde sogar der staatliche Rundfunk- und Fernsehsender ORTF besetzt, das Odéon-Theater und die Renault-Werke in Flins. Der berühmte Philosoph des Existenzialismus, Jean-Paul Sartre, sprach vor Tausenden Studenten in der Sorbonne, auch er nun »Genosse Sartre«, und einen Tag später, am 21. Mai, trat Dany Cohn-Bendit, Sohn deutsch-französisch-jüdischer Eltern, in Berlin auf.

»Wie ein Märchenerzähler aus Tausendundeiner Nacht«, berichtete ein Reporter, beinah wie ein »neuer Danton«, so schilderte »Dany le Rouge« den Bau der etwa sechzig Barrikaden im Quartier Latin, geografisch-taktisch begünstigt durch die vielen kleinen Sträßchen und Gassen des berühmten Universitätsviertels.

Bereits in diesem Augenblick des Triumphs wusste er jedoch, dass ihn die französische Regierung zur »unerwünschten Person« erklärt und ein Einreiseverbot verhängt hatte.

Am nächsten Tag ziehen 4000 Studenten mit dem Ruf »Nous sommes tous des juifs allemands« – »Wir alle sind deutsche

Juden« – durch Paris. An der deutsch-französischen Grenze versucht Cohn-Bendit derweil trotz Unterstützung zahlreicher Sympathisanten vergeblich, zurück nach Frankreich zu gelangen. Auf der anderen Seite warten Polizisten mit Karabinern, Reiterstaffeln, Wasserwerfer. Der Präfekt in Metz teilt Cohn-Bendit offiziell mit, dass er wegen »Gefährdung der öffentlichen Ordnung« Frankreichs ausgewiesen werde.

Zur gleichen Zeit entwickeln sich in Paris neue gewaltsame Auseinandersetzungen. »Adieu de Gaulle!«, heißt die Parole. »La Chienlit c'est lui!« – er, der Staatspräsident sei der »Abschaum«. Mit diesem abwertenden Wort hatte Charles de Gaulle zuvor die Studenten belegt.

»Der Abschaum ist er«: Spottplakat gegen Staatspräsident Charles de Gaulle im Mai 1968

Wieder werden Barrikaden gebaut, wieder werden Gebäude gestürmt, und plötzlich brennt die Börse. Von einer Tränengasgranate getroffen stirbt ein Demonstrant Stunden später im Krankenhaus.

Vier Tage später, am 28. Mai, taucht Cohn-Bendit wieder in Paris auf. Auf Schleichwegen durch »deutsche und französische Wälder« war er illegal eingereist. Triumphierend schwenkt er in der Sorbonne seinen Ausweisungsbeschluss und ruft: »Die Revolution geht weiter!«

Am 29. Mai erreicht Premierminister Georges Pompidou die Nachricht, dass de Gaulle sich heimlich abgesetzt habe – nach Deutschland, genauer: in die Residenz des Kommandanten der 5. Französischen Armee, General Jacques Massu, in der Nähe von Baden-Baden.

De Gaulle, der ruhmreiche Anführer des »Freien Frankreich« gegen die deutsche Besetzung von 1941 bis 1944, war vor seinen eigenen Bürgern in das Land Hitlers geflohen. Eine Schmach ohnegleichen, und ein Zeichen akuter Schwäche, ja Panik. Der stolze Charles de Gaulle, der am 25. August 1944 als »Befreier Frankreichs« in Paris einmarschiert war, hatte einfach die Nerven verloren. Resigniert wollte er zurücktreten.

Ironie der Geschichte: Cohn-Bendits Vater Erich war 1933 in umgekehrter Richtung – aus Hitler-Deutschland nach Frankreich – geflohen.

Doch der alte Kampfgefährte Massu appellierte an de Gaulles Soldatenehre, offenbar nicht ganz ohne Erfolg. Noch am selben Abend fliegt de Gaulle per Hubschrauber auf seinen Landsitz in Colombeyles-deux-Églises. Am nächsten Tag hält er eine Rede an die Nation, die nur im Rundfunk, nicht aber im Fernsehen übertragen wird. Unbekannte haben den Strom im TV-Studio abgestellt. Zentrale Botschaft: Nein, er werde keinesfalls zurücktreten. Aber die Nationalversammlung wird aufgelöst – Neuwahlen am 23. Juni.

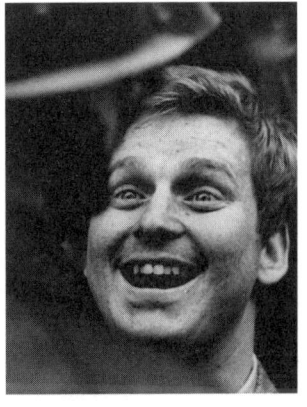

Daniel Cohn-Bendit lacht die Autorität des Staates aus, 1968

Die Rede war kurz, aber wirkungsvoll. Unmittelbar nachdem er wie stets mit den pathetischen Worten »Vive la République! Vive la France!« geendet hatte, strömten an die 400 000 Menschen auf die Champs-Élysées, um ihre Unterstützung zu zeigen.

»Frankreich den Franzosen!«, riefen sie, aber auch »Mitterrand ins Gefängnis!«, »Nieder mit dem Marxismus!« und »Cohn-Bendit nach Dachau!«

Nur drei Wochen später erringen die nationalkonservativen Gaullisten einen überwältigenden Wahlsieg.

Das war das Ende der Revolte. Die Arbeiter kehrten in ihre Fabriken zurück, und am Wochenende fuhren sie ins Grüne statt zur Demonstration. »Die Sprüche auf den Wänden sind entfernt, die Besetzer verschwunden, die Zeitungen, Flugblätter und Bewegungen verboten«, notierte Cees Nooteboom. Der »Monolog« des Nationalhelden de Gaulle, der »zwei Monate lang unterbrochen war, wird fortgesetzt. Nur die Stimme ist etwas weniger fest, der Saal etwas weniger grandios, und ein Teil der Zuhörerschaft ist nach wie vor unruhig.«

Als es Spitz auf Knopf stand, entschied sich die Mehrheit der Franzosen doch wieder für die alte Ordnung der Dinge, leicht gestrafft und mit etwas aufgefrischtem Rouge. Die heftige Eruption des gefühlten Volksaufstandes war nach wenigen Wochen in sich zusammengebrochen.

Dennoch hat sie Geschichte gemacht. Nicht nur untergründig, als kollektive Erinnerung, wirkte sie weiter. Eine neue Ära hatte begonnen, auch wenn die Veränderungen erst mit einiger Verzögerung spürbar wurden. Doch es blieb vor allem dieses »seltsame, unerklärliche Prickeln in der Luft, die fast greifbare Erwartung, die totale, rührende Offenheit aller gegen alle, die Mischung aus Hoffnung, Naivität, Taktik und Ehrlichkeit, all das, was jetzt, da die Welt wieder aussieht wie die Welt, unsichtbar geworden ist«, so Nooteboom.

Nun flog der revolutionäre Ball mit grenzüberschreitendem Steilpass wieder Richtung »outre-Rhin«, aufs deutsche Spielfeld. Wie schnell die rebellischen Gezeiten wechseln konnten, hatten die deutschen Genossen ja gerade »live« miterleben können. Man war vorgewarnt. Der Revolutionstourismus zwischen Paris und Berlin nahm zu, doch das änderte vorerst nichts daran, dass die Aufstands- und Streikwilligkeit der deutschen Arbeiter und Angestellten weit unter dem französischen Normalniveau lag – was sich bis heute nicht geändert hat.

Die trotzig-ironisch gemeinte Parole »Wir sind eine kleine, radikale Minderheit!«, die den staunenden Bürgern am Straßenrand entgegengeschleudert wurde, hatte durchaus ihren Wahrheitsgehalt. So kam die bevorstehende Verabschiedung der Notstandsgesetze in dritter Lesung gerade recht, um nach dem

Schock des Dutschke-Attentats einen neuen, halbwegs geordneten Anlauf auf die Zitadellen der Macht zu unternehmen.

Schon Mitte Mai war an der Frankfurter Universität zu einem mehrtägigen Streik aufgerufen worden, der auch auf Schulen und einzelne Unternehmen übergriff – in dreißig Betrieben kam es zu Warnstreiks. Durch die Aktivitäten der Gewerkschaften entwickelten sich hier am ehesten noch Verbindungen zwischen universitärer und gesellschaftlicher Sphäre, zwischen Minderheit und Mehrheit.

Das Extrablatt der renommierten Studentenzeitung »diskus« firmierte schon unter »Arbeiter-, Schüler, Studentenzeitung« und warb mit der klaren Ansage: »Kapitalismus führt zum Faschismus! Organisiert den Widerstand: Politischer Streik!«

Wie so oft hilft die »Repression« beim Widerstand: Als der Frankfurter Uni-Rektor die Hochschule, die noch von Kaiser Wilhelm II. im Kriegsjahr 1914 höchstpersönlich eröffnet wurde, für eine ganze Woche komplett schließt, geht es erst richtig zur Sache. Das Rek-

Revolutionäre Umbenennung der Frankfurter Johann-Wolfgang-Goethe-Universität im Mai 1968

torat wird besetzt, Scheiben klirren, Tausende Studenten strömen auf den Campus, und zum Abschluss mehrerer Demonstrationszüge versammeln sich 15 000 Menschen auf dem Römerberg, wo SDS-Matador Krahl schon den Generalstreik ins Visier nimmt.

Die Johann-Wolfgang-Goethe-Universität heißt nun »Karl-Marx-Universität« – und im Rektorat streitet ein improvisierter Wohlfahrtsausschuss darüber, ob es angemessen und auch im Sinne der Volksmassen rechtens sei, die Alkohol- und Zigarrenvorräte des vertriebenen Rektors zu plündern. Am 29. Mai kommt der hessische Wirtschafts- und Verkehrsminister Rudi

Arndt auf den Campus und erklärt dem Streikkomitee: »Wir lassen uns diesen Staat nicht von euch zerstören.«

So weit sind wir noch lange nicht, mag da manch einer der Besetzer gedacht haben, unter ihnen auch Joschka Fischer, aber verzerrte Wahrnehmungen sind auch eine Macht der Wirklichkeit.

Am nächsten Tag stürmen zwei Polizeihundertschaften das Universitätsgelände. Unmittelbarer Anlass ist die Information, dass Aktenschränke der Hochschulleitung aufgebrochen worden seien. Dazu hätten die Besetzer dreißig Feuerlöscher in ihre Gewalt gebracht. »Herr Krahl und andere riefen zu diesen Gewalttaten auf, um die nunmehr fällige Revolution durchzusetzen«, teilt der empörte Rektor mit und erstattet Strafanzeige.

Als Reaktion auf diese neuerliche Repression, die nun gar nichts mehr von der guten alten »repressiven Toleranz« hat, werden Verkehrsblockaden in der Stadt errichtet. Am Abend besetzen die Studenten spontan das Schauspielhaus. Kurzfristig wird es zur Außenstelle der »Karl-Marx-Universität« umfunktioniert. Die Universität bleibt derweil von der Staatsmacht okkupiert. Erst nach einigen Tagen räumt die Polizei ihre Stacheldrahtrollen wieder zusammen.

Ähnliche Vorgänge spielen sich in Heidelberg und anderen Zentren der Studentenbewegung ab. Auch an der Freien Universität in Berlin endet der Aufstand der Germanisten mit einer taktischen Niederlage und einer symptomatischen Einsicht: »So wirkungslos die vom Rektorat verhängten Sanktionen waren, den studentischen Versuch, die Verfügungsgewalt über die Produktionsmittel zu erlangen, kurzerhand zu liquidieren, so offen muss doch eingestanden werden, dass wir nicht wussten, was in der Germanistik eigentlich Produktionsmittel sein kann.«

Zurück blieben immerhin Wandparolen zwischen Klopstock und Kommunistischem Manifest, Genie und Wahnsinn: »Wie fatal, wo gestern Göte stand, schläft heute Dieter Kunzelmann« stand da oder auch »Schlagt die Germanistik tot, macht die blaue Blume rot!«

Trotz aller Proteste, Streiks, Demonstrationen im ganzen Land, trotz des großen »Sternmarschs« auf Bonn mit über 60 000 Teilnehmern – die Notstandsgesetze werden am 30. Mai im Bundestag mit den Stimmen von CDU/CSU und SPD verabschiedet, 384 gegen 100 – eine satte Zweidrittelmehrheit. In ihrer »konkret«-Kolumne kritisiert Ulrike Meinhof umgehend den zu »defensiv« geführten Kampf – auf diese Weise seien »die Diktatoren in Staat und Gesellschaft« nicht zu »entmachten«.

Der »Spiegel« schien da geschichtsphilosophisch weiter zu sein, jedenfalls in seiner Ausgabe vom 1. Juni 1968: »SDS – Revolution in Deutschland?«, fragte er ganz unverblümt auf seinem Titelblatt, auf dem sich alles tummelte, was Rang und Namen hatte: Wladimir Iljitsch Lenin und Ho Tchi Minh, Marx und Mao, Rosa Luxemburg und Karl Liebknecht.

Der Kampf wogte hin und her, vor allem jener um die Hoheit der Interpretation dessen, was gerade geschah: Wo stand man eigentlich?

Genau ein Jahrzehnt zuvor hatte Golo Mann, Schriftsteller und Sohn Thomas Manns, im Blick auf die gescheiterte deutsche Revolution von 1848 bemerkt: »Die Idealpolitik war danebengeraten; jetzt würde man es mit Realpolitik versuchen. Freilich ist das nicht bloß die Folge von 1848. Eine Revolution *macht* ja viel weniger, als man oft glaubt. Sie ist nur ein Ausdruck, eine plötzliche explosive Zusammenfassung gewisser Tendenzen der Zeit.« Dieses Urteil traf auf die »Revolution« von 1968 durchaus zu.

Die Rebellen selbst hatten ein ambivalentes Gefühl. Einerseits glaubten sie, die Revolution stehe vor der Tür – »uns muss nur der richtige nächste Schritt einfallen«, wie Zeitgenosse Klaus Hartung sich erinnert. Andererseits war man sich bewusst: »Der Faden darf nicht abreißen.«

Auch wenn das Wort von der Revolution eine romantische Imagination war, eine enthusiastische Hochrechnung all dessen, was unter »Protest«, »Rebellion« und »Revolte« subsumiert wurde – in ein Wellental durfte die antiautoritäre Bewegung auf

Professor Jürgen Habermas auf dem Schüler- und Studentenkongress am
1. Juni 1968 in Frankfurt, wo er seine harsche Kritik an den »Harlekins der
Scheinrevolution« äußerte

keinen Fall geraten. Schon gar nicht in eine längere Flaute. Still-
stand hieße Rückschritt.

Das wäre Jürgen Habermas, dem sympathisierenden Kritiker
der Revolte, gar nicht unlieb gewesen. Auf dem »Schüler- und
Studentenkongress« Anfang Juni in Frankfurt knüpfte er noch
einmal an seine These vom »linken Faschismus« an, ohne sie zu
wiederholen. Vehement beklagte er den Realitätsverlust der
Rebellen. Der sprechende Titel seines Vortrags lautete »Die
Scheinrevolution und ihre Kinder«. Er war Resümee und Abrechnung in einem: »Eine so gravierende Verwechslung von Symbol
und Wirklichkeit erfüllt im klinischen Bereich den Tatbestand der
Wahnvorstellung«, schimpfte der Philosoph des herrschaftsfreien
Diskurses. »Die »Taktik der Scheinrevolution« beruhe auf einem
elementaren Missverständnis.

In Wahrheit existiere weder eine revolutionäre Situation noch sei
sie durch einen weltweiten antikapitalistischen Kampf gleichsam zu
importieren – auch nicht auf dem Wege waghalsiger Theorien und
eines begriffserfinderischen Potemkinschen Brückenbaus.

Dann knöpfte er sich noch drei prototypische Figuren dieser imaginierten Revolutionsbewegung persönlich vor, den »Agitator«, den »Mentor« und den »Darsteller« des »zugereisten Harlekins am Hof der Scheinrevolutionäre«. Weil dieser Harlekin »so lange unglaubwürdige Metaphern aus dem Sprachgebrauch der zwanziger Jahre für seinerzeit folgenlose Poeme entlehnen musste«, schwinge er sich nun »flugs zum Dichter der Revolution« auf – »aber immer noch in der Attitüde des Unverantwortlichen, der sich um die praktischen Folgen seiner auslösenden Reize nicht kümmert«.

Obwohl kein Name genannt wurde, schien klar: Von Hans Magnus Enzensberger war hier die Rede, dem Sänger der Revolte, Kritiker und Poeten, stets als teilnehmender Beobachter unterwegs, anwesend und doch immer auch ganz woanders, allein durch die Brillanz seiner bestechenden Formulierungen allgegenwärtig.

Zudem war er allen anderen jeweils mindestens einen Schritt, nicht zuletzt: eine Irrtumslänge voraus.

Als Habermas ihn zum Buffo der bundesdeutschen Revolutionsoperette erklärte, packte Enzensberger geistig schon die Koffer, um für eine Weile nach Kuba zu gehen – ins Land einer wirklichen Revolution mit allem Drum und Dran.

Auch in anderen Teilen der Welt gab es im Sommer 1968 reale Dramen, die durch keine Inszenierung überbietbar waren. In Vietnam ging der Bombenkrieg trotz beginnender »Friedensgespräche« weiter, im westafrikanischen Biafra tobte ein Bürgerkrieg, der zum Völkermord eskalierte, und in China wütete die sogenannte »Kulturrevolution«, deren ultralinke Säuberungsaktionen durch Maos »Rote Garden« Millionen Menschen das Leben kosteten.

Am 21. August schließlich besetzten Truppen des Warschauer Pakts, allen voran sowjetische Panzerdivisionen, die Tschechoslowakei – der »Prager Frühling« eines »Sozialismus mit menschlichem Antlitz« wurde brutal niedergewalzt. Entgegen späterer Legendenbildung reagierte der überwiegende Teil der Neuen

Einmarsch der Truppen des Warschauer Paktes in die Tschechoslowakei:
Demonstranten beschimpfen sowjetische Soldaten

Linken mit Empörung und scharfer Kritik auf die Machtdemonstration des sowjetischen Eiszeit-Sozialismus, der keinerlei Abweichungen von der herrschenden Betonblock-Ideologie zuließ. Nur die Ende September 1968 gegründete »Deutsche Kommunistische Partei« (DKP), ein Ziehkind der DDR-Staatspartei SED, begrüßte ausdrücklich den Truppeneinmarsch.

Allein 5000 Demonstranten protestierten spontan in Frankfurt. Auf einem »Teach-in« des SDS analysierten mehrere Redner den akuten »Rückfall in den Stalinismus« und die Folgerungen, die daraus für die eigene Konzeption von »Sozialismus« zu ziehen seien. Angesichts solcher Offenheit staunte selbst die »Frankfurter Allgemeine Zeitung«: »Der SDS gab sich, wie viele ihn gerne hätten: bescheiden in einem Hörsaal die eigene Theorie überdenkend, konstruktiv und informativ.«

Und tatsächlich: Die Zeit des Sommers, in dem selbst Berufsrevolutionäre mal Urlaub machen durften, war auch eine Zeit zum Nachdenken, womöglich zum Innehalten. Hier und da genoss man einen Moment der Ruhe in all den Wirren der letzten

Monate, in denen die unterschiedlichsten Ereignisse und Eindrücke wie im Gewitterblitz zusammengeschossen waren: Die Osteraktionen nach dem Dutschke-Attentat und der Pariser Mai, die militanten Universitätsbesetzungen und die Offensive des Vietcong im Mekong-Delta, Studentenunruhen im kalifornischen Berkeley und die »Black-Panther-Bewegung« in New York.

Auch privat war Einiges in Unordnung geraten. All die Besetzungsaktionen, Vollversammlungen und Straßenkämpfe waren zugleich ein ideales Terrain für intensive Begegnungen der Geschlechter, für die Irrungen und Wirrungen zwischen Mann und Frau. Solidarisch war man gern auch im kleinsten Kreis, und die gemeinsame Flucht vor einer Hundertschaft Polizei – das weiß jeder, der es auch nur einmal erlebt hat – ist ein intimes Abenteuer ersten Ranges. Viele »Beziehungskisten« nahmen ihren Anfang in der tränengasgeschwängerten Luft des Straßenkampfs.

Immerhin wurden 1968 daneben noch genau 444 150 Ehen geschlossen, davon erstaunliche 78,2 Prozent vor dem christlichen Traualtar. Im Jahr 1962 hatte diese Zahl allerdings noch bei über 530 000 gelegen. Doch ab 1968 setzte jener lange Sinkflug der bürgerlichen Familie ein, der wohl nicht zuletzt deshalb bis heute pauschal »den 68ern« angelastet wird.

Und es ist ja wahr: Die Haare, eben noch recht brav gescheitelt über der spilligen Intellektuellenbrille, wurden länger und fielen plötzlich über die Ohren. Jeans ersetzten die Bundfaltenhosen, Lederjacken die Fischgräten-Jackets, die sowieso schon kurzen Miniröcke wurden noch kürzer, und die Joints kreisten in aufgeräumter Runde, während »Nights in White Satin« von »Moody Blues« lief, »A Whiter Shade of Pale« von Procol Harum, »Riders on the Storm«, »Light my Fire« und »Moonlight Drive« von den »Doors« mit ihrem legendären Leadsänger Jim Morrison. Aus allen Radiostationen, Stereoboxen und Partykellern der Welt strömte nun jener unverwechselbare Sound der späten sechziger Jahre, der für immer mit den Namen von Bob Dylan, Crosby,

Stills, Nash & Young, Jethro Tull, The Band, Jefferson Airplane, The Doors, Carlos Santana, Led Zepplin, The Beach Boys, Pink Floyd, Janis Joplin, Eric Burdon, Lou Reed, Cat Stevens, der Steve Miller Band, Status Quo, Deep Purple, Velvet Underground und vielen anderen verbunden sein wird.

Wenn die Rock-Senioren der Rolling Stones heute, vierzig Jahre später, »Let's spend the Night together!« ins Stadionrund schmettern, breitet sich noch immer flächendeckend Gänsehaut auch bei jenen aus, die sich eigentlich längst im gefühlten Vorruhestand befinden und nachts nur noch mit ihren Ohrstöpseln ins Bett gehen.

Als die »Stones« mit »Time is on my Side« im Oktober 1964 ihren ersten öffentlichen Auftritt in der »Ed-Sullivan-Show« absolvierten, war die vorherrschende Reaktion allerdings nicht Gänsehaut gewesen, sondern Kreischen, lautes, sehr lautes und nicht enden wollendes Kreischen vorwiegend junger Mädchen aus gutem Elternhaus.

Dieselbe Wirkung entfaltete sich auch bei fast allen Auftritten der Beatles: Hysterie am Rande des Nervenzusammenbruchs, Ohnmachtsanfälle, Ekstase und Weinkrampf gleichzeitig. Vom unkoordinierten Werfen mit weiblicher Unterwäsche zu schweigen.

Die Rockmusik der sechziger Jahre öffnete bislang verschlossene Türen. Die »Doors« hatten das schon bei der Namensfindung berücksichtigt. Die ersten Kellertüren zur unterjochten Seele und zum unterdrückten Hüftschwung mit seinen weitreichenden Folgen hatte schon Elvis Presley aufgestoßen, und dann gab es kein Halten mehr auf dem Weg zum universellen Schlachtruf: »Sex' n Drugs 'n Rock 'n' Roll«.

Roll over, Beethoven!

Es war eine Musik, wie es sie nie zuvor gegeben hatte. Mehr als Rhythmus, Takt und Töne, eher ein vibrierendes Gesamtkunstwerk, das auch jenseits revolutionärer Strategiedebatten Bewegung in die Verhältnisse brachte, auch in die privatesten. Sie war in jeder Hinsicht das pure Gegenteil jener »repressiven Sublimierung«, die Herbert Marcuse im technokratischen Spätkapitalismus am Werke sah.

Umherliegende Haschrebellen mit dicker Tüte in Hamburg, 1970

Die neue Rockmusik war Ausdruck der puren Lebenstriebe selbst dort, wo sie melancholisch und düster klang. Sie stiftete eine neue Art von Gemeinschaft, in der zugleich jeder Einzelne ganz für sich sein konnte – einen ganz eigenen Imaginationsraum. So entstand ein dreidimensionales Lebensgefühl, das sich schon in einer anderen Welt wähnen durfte – auch ohne »fette Tüte« Marke Häuptling Rauchender Grashalm oder farbintensive psychedelische Fantasien, ohne jene »bewusstseinserweiternden« Drogen also, die nun offen propagiert wurden.

Die ersten machten ihre Erfahrungen mit Heroin, LSD und Opiaten aller Art, manche bereuten es, andere blieben hängen. »Ich habe 1968/69 wohl über 230 Trips eingeworfen«, bekennt etwa Altgenosse Albert Fichter. Eine rekordverdächtige Zahl. »Immer öfter schwängerten am Stuttgarter Platz Haschischschwaden die Luft, wobei aber von täglichem Gebrauch noch keine Rede sein konnte«, erinnert sich Ulrich Enzensberger an die Klimaveränderung in der Kommune 1.

Das Zeug kam aus Amsterdam oder sonst woher, und es dauerte nicht lange, bis sich die ersten ihren »Schwarzen Afghan«

direkt beim Erzeuger abholten – nach wochenlanger Anreise mit dem VW »Bulli« von Hamburg-Altona quer durch den Balkan und die Türkei nach Kabul und Kandahar. Nebenbei zeichnete sich hier schon ein neuer lukrativer Geschäftszweig der Zukunft ab: Alternatives Reisen. Noch ein langer Marsch, vom »Easy Rider« zu »Easy Jet«.

Währenddessen formulierte Jimi Hendrix seine ganz persönliche Vorstellung von einem glücklichen Leben: »Eigentlich nichts Besonderes. Eine Frau lieben, einen guten alten Blues spielen, ab und zu einen Joint rauchen, gut essen, gut trinken. Ganz normale Sachen. Aber das kannst du nicht, solange die pigs regieren. Da muss noch viel passieren, bis alle ganz normale Sachen machen können. Es ist noch viel Kampf nötig.«

Jimi Hendrix in concert

Beim SDS rannte Jimi Hendrix damit offene Türen ein, auch wenn das Programm von Krahl & Co. etwas ambitionierter klang, komplizierter sowieso. Auf seiner Delegiertenkonferenz Mitte September 1968 in Frankfurt ging es eigentlich nur darum, wie dieser Kampf neue Impulse erfahren könnte, jetzt, da sich die Revolte von ihren ursprünglichen Ausgangspunkten in die Gesellschaft hinein ausgebreitet hatte.

Nun gab es zwar überall neue Gruppen, Initiativen und Aktionen und immer neue Anlässe für Protest & Tumult, aber eben auch gewaltige Streuverluste. Es gab die Anti-Springer-Kampagne, die Justizkampagne, den Kampf gegen die »technokratische Hochschulreform« – aber wo war er bloß, der rote Faden, die Perspektive, der entscheidende nächste Schritt?

Der spontane Umzug von Uschi Obermaier, Oben-Ohne-Modell und begabte Rumba-Rasslerin bei »Amon Düül«, in die unheiligen Hallen der Kommune 1 war es jedenfalls nicht, auch wenn sich der schwer verliebte Rainer Langhans darüber mächtig freute. Auch die vom SDS-Vorsitzenden KD Wolff vorgeschlagene Kampagne gegen die autoritären Strukturen der Bundeswehr würde es wohl kaum sein, obwohl es interessant gewesen wäre, sich eine antiautoritär gestimmte Panzerbrigade in Aktion vorzustellen. Das blieb Szene-Cartoonisten wie Gerhard Seyfried vorbehalten, der Jahre später die Zeichnung eines sauber zerlegten »Leopard«-Panzers mit der Sprechblase eines brüllenden Offiziers versah: »Wer war das??!!«

Nicht genug damit. Inzwischen hatten sich auch schon mindestens drei unterschiedliche Strömungen innerhalb der großen Rebellion herausgebildet. Die einen sahen in der reinen Theorie ihr Heil und wollten noch die »toten Kosten des Kapitalverwertungsprozesses« mit den Orgasmusschwierigkeiten der aufstrebenden Jugend zu einer Handlungsanleitung verknüpfen. Die anderen hatten die Nase voll von all den Endlosdebatten und gaben »jede theoretische Legitimation von Organisation und Praxis« auf, wie ihre Kritiker monierten. Sie wollten jetzt einfach drauflosstürmen in Richtung Zukunft. Die dritte Strömung bestand vor allem aus jenen »Antiautoritären« der Frankfurter Schule, die die Spannung zwischen theoretischer Analyse und praktischer Erfahrung »immer wieder neu aushalten« wollten, »produktiv« natürlich. Gern auch ein bisschen fröhlich. Für sie kam weder »falsche Unmittelbarkeit« als Praxisfetisch ohne Sinn und Verstand noch »schlechte Abstraktion« ohne Augen für die Wirklichkeit infrage.

Dazwischen hatte sich auch noch eine stramm kommunistische Fraktion breitgemacht, die ihr Mekka schon gefunden hatte. Es hieß Moskau. Stellvertretend Ostberlin. »Revisionisten«, kurz »Revis« wurden sie später genannt. Ihre einzig wahre Revolution hatte schon stattgefunden, im Oktober 1917, beim Sturm aufs Winterpalais in St. Petersburg, dem späteren Petrograd.

Schließlich kulminierte alles in der »Organisationsfrage«. Mit ihrer Beantwortung wollte man die »Krise der revolutionären

Bewegung« lösen. So wechselte sich organisatorische Selbstkritik mit einem kühnen, geschichtsphilosophisch bestens begründeten Optimismus ab.

Denn es blieb ja dabei: Die Welt wartete auf die Revolution.

Doch dann kam etwas dazwischen. Eine Frau. Eine Frau, die auch noch das Wort ergriff. Es war eine kleine Sensation. Helke Sander vom »Aktionsrat zur Befreiung der Frauen« trat ans Mikrofon und sagte: »Die Trennung zwischen Privatleben und gesellschaftlichem Leben wirft die Frau immer zurück in den individuell auszutragenden Konflikt ihrer Isolation. Wir können die gesellschaftliche Unterdrückung der Frauen nicht individuell lösen. Wir können damit nicht auf Zeiten nach der Revolution warten. Wir streben Lebensbedingungen an, die das Konkurrenzverhältnis zwischen Mann und Frau aufheben.«

Ein mächtiges Augenrollen ging durch die männlich dominierten Reihen. Das war ja was ganz Neues. Aber es kam noch schlimmer. Helke Sander, die später mit dem Film »Redupers: die allseits reduzierte Persönlichkeit« als feministische Filmemacherin reüssierte, wurde nun auch noch persönlich: »Genossen, eure Veranstaltungen sind unerträglich. Ihr seid voll von Hemmungen, die ihr als Aggressionen gegen die Genossen auslassen müsst, die etwas Dummes sagen oder etwas, was ihr schon wisst. Warum sagt ihr nicht endlich, dass ihr kaputt seid vom letzten Jahr, dass ihr nicht wisst, wie ihr den Stress länger ertragen könnt ... Warum sprecht ihr denn hier vom Klassenkampf und zu Hause von Orgasmusschwierigkeiten? Ist das kein Thema für den SDS? Genossen, wenn ihr zu dieser Diskussion nicht bereit seid, dann müssen wir allerdings feststellen, dass der SDS nichts ist als ein aufgeblasener konterrevolutionärer Hefeteig!«

Gejohle, Getrampel, Pfiffe, unschöne Zwischenrufe. Doch keine ernsthafte Antwort der Männer. Als sich der Genosse Krahl dann doch zum Mikrofon bequemt, bewirft ihn die hochschwangere Romanistikstudentin Sigrid Rüger mit Tomaten. »Genosse Krahl, du bist objektiv ein Konterrevolutionär und ein Agent des

Klassenfeindes dazu!«, schleudert sie hinterher. Ein historischer Augenblick. Der »Tomatenwurf« gilt bis heute als symbolischer Beginn der westdeutschen Frauenbewegung.

Der Provokation folgte die Irritation. Die Genossen schwankten zwischen Wut, Belustigung und Beleidigtsein. Urplötzlich hatte die »Frauenfrage« die »Organisationsfrage« verdrängt. Ratlosigkeit brach aus. Am letzten Tag wurden noch fünf Delegierte aus dem SDS ausgeschlossen, weil sie bei den »Weltjugendfestspielen« im bulgarischen Sofia ganz offen – und sogar handgreiflich bei der Attacke gegen ihren eigenen Vorsitzenden KD Wolff – die Partei des Sowjetkommunismus und seiner Geheimdienste ergriffen hatten. Dann vertagte man sich und sang noch schnell die »Internationale«. Es sollte die letzte Delegiertenkonferenz des SDS sein.

»Die deutsche Revolte entlässt ihr liebstes Kind, den SDS«, kommentierte die »Zeit«. »Die Avantgarde von gestern droht zu den Fußkranken des Protests von morgen zu werden.«

Von wegen fußkrank. Am Ende der abgebrochenen Frankfurter SDS-Versammlung kam es noch zu einem denkwürdigen Ereignis, das wie die Farce auf die Tragödie wirkte: Die berühmte Tortenschlacht im Café Laumer. Dort, wo Adorno, Habermas und Siegfried Unseld gern und oft verkehrten, empfing der Geschäftsführer nun ein paar Einlass begehrende Langhaarige mit den Worten: »In diesem Aufzug werden Sie hier nicht bedient!« Dann rief er die Polizei, die die hungrigen Hippiemäuler gleich mit aufs Revier nahm.

Klarer Fall für ein »Go-in«. Ein SDS-Trupp rückte an, Fritz Teufel schwang sich auf den Glastresen, der heute noch eine märchenhafte Auswahl der wunderbarsten Torten birgt und forderte eine offene Diskussion mit dem Konditor, denn der sei »nicht schlecht, sondern nur verblendet«. Der Verblendungszusammenhang wirkte eben bis in die letzte Ecke der Vitrine zwischen Baumkuchen, Käsesahne und fünfschichtiger Schokoladennussnougatcreme. Angesichts der durch die Luft fliegenden Schwarzwälderkirschtorten reagierte der Konditormeister wenig einsichtig: »Bitte lassen Sie das Werfen, Herr Teufel!«, presste er heraus. Wieder musste die Polizei eingreifen.

Ganz andere Gegenstände wurden drei Wochen später in Berlin geworfen – und es war gar nicht lustig. Mit großen, aus dem Boden gerissenen Pflastersteinen, später auch mit Ziegelbrocken, die man sich von einem gestoppten Lastwagen herunterholte, schlugen gut tausend Demonstranten, darunter viele Arbeiterjugendliche und sogenannte »Rocker«, ganze Polizeieinheiten in die Flucht – trotz Knüppeleinsatz, Wasserwerfern und Tränengasgranaten. Erst der Einsatz berittener Polizei entschied den Straßenkampf. Als »Schlacht vom Tegeler Weg« ging der Gewaltausbruch in die Annalen ein. Anlass war der Protest gegen ein »Ehrengerichtsverfahren«, bei dem Rechtsanwalt Horst Mahler für seine Beteiligung an den Anti-Springer-Krawallen an Ostern 1968 mit Berufsverbot belegt werden sollte. Damals konnte noch niemand ahnen, dass Mahler Jahrzehnte später tatsächlich seine Anwaltslizenz verlieren würde – wegen seiner antisemitischen und neonazistischen Hetztiraden, in denen er den Holocaust leugnete und Hitler als »Erlöser« feierte.

130 Polizeibeamte mussten sich in ärztliche Behandlung begeben, doch nur etwa 20 Demonstranten: Die Umkehrung der üblichen Zahlenverhältnisse zeigt die Zäsur an, den Eintritt in eine neue Phase der »Militanz«, der direkten und bewusst geplanten physischen Konfrontation mit der Staatsgewalt.

Die rüstete nun ihrerseits auf. Das locker sitzende Tschako hatte ausgedient. Nun kam der Polizeihelm. Und vieles andere mehr.

So geriet die »Militanzfrage« wie von selbst auf die Tagesordnung der in Hannover fortgesetzten SDS-Delegiertenkonferenz, die eigentlich im Zeichen der »Justizkampagne« stehen sollte. Das Sein bestimmte aber auch hier das Bewusstsein. Heftig stritt man über die Eskalation der Gewalt und wohin sie führen könnte. Zugleich kam die »Arbeiterklasse« neu in den Blick, diesmal ganz praktisch.

Straßenschlacht vom 4. November 1968 am Tegeler Weg in Berlin

Nur ein Drittel der Demonstranten vom Tegeler Weg waren noch Studenten gewesen. »Junge Proletarier« hatten besonders kräftig mitgemischt bei der Randale. Wie aber sollte dieses Phänomen nun politisch integriert und theoretisch eingeordnet werden? Begriffe wie »Arbeiterkontrolle« und »sozialistische Betriebszellen« machten die Runde. Nach den Erfahrungen mit dem »gesunden Volksempfinden« der arbeitenden Bevölkerung, die die »Langhaarigen« und »Gammler« nicht gerade mit Wohlwollen betrachtete, schwebte die Frage im Raum, die ein Berliner Genosse stellte: »Wenn es tatsächlich in erster Linie notwendig ist, Arbeiter zu organisieren, indem man ansetzt an ihren täglichen Interessenkonflikten, gibt es dann eine strategische Perspektive, aus der heraus sich bereits die sozialistische Perspektive entwickeln lässt?«

Dies war nun wirklich die Gretchenfrage. Weil niemand eine Antwort wusste, diskutierte man lieber fünf Stunden lang über eine Kampagne gegen die »Klassenjustiz«. Doch die Debatte wirkte zerfahren, ja chaotisch, und immer häufiger wurde harsche Selbstkritik geäußert. »Überall sehen wir Destruktionserscheinungen, Zersetzungserscheinungen, die Gruppen fliegen auseinander«, beklagte ein Genosse aus Münster.

Zugleich schien die Revolte ihre Artikulationskraft zu verlieren. Und ihren diskreten Charme.

Frank Wolff, der zweite SDS-Vorsitzende und Bruder von »KD«, wies auf die veränderte Sprache der Rebellen hin, die ja immer auch Teil des Befreiungsprozesses gewesen war. Freilich selbst noch im Slang der Zeit befangen kritisierte er die fatale Aufspaltung in »ne blinde Sprache, ne agitatorische Sprache einerseits und ne Happening-Sprache andererseits«. In beiden Fällen ging es weniger um Kommunikation und Reflexion als um schiere Propaganda.

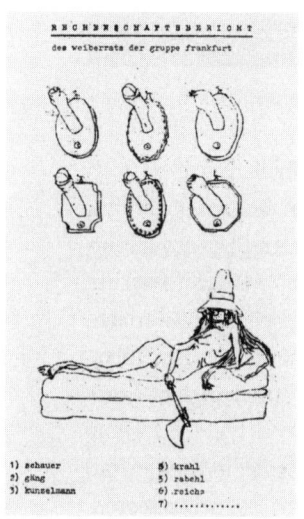

»Befreit die sozialistischen Eminenzen von ihren bürgerlichen Schwänzen!«
Anschauliches Originaltableau des Flugblatts vom »Frankfurter Weiberrat« im Herbst 1968

Aber darauf kam es jetzt auch schon nicht mehr an.

Inmitten der teils happeningartigen Konferenzatmosphäre voller Ratlosigkeit und Durcheinander plädierten immer mehr Redner für eine »straffere Organisation«, eine Art »Zentrale«, zu der auch »ein System von Kritik und Selbstkritik« nach dem Vorbild Mao Tse-tungs gehöre, wie Genosse Christian Semler vorschlug. Genosse Joscha Schmierer pflichtete bei und betonte, die »objektiven Notwendigkeiten« seien dabei stets mit den »partikularen Interessen« zu vermitteln. Das musste auch mal gesagt werden.

Plötzlich entstand neue Unruhe im Saal. Flugblätter wurden verteilt, auf denen sechs gezeichnete Penisse wie Jagdtrophäen an einer Wand hingen, genauer: sich reckten. Darunter räkelte sich eine nackte Frau auf dem Sofa, die als Kopfbedeckung eine Art Scharfrichter-Hut trug und in der rechten Hand eine Axt. Die korrekt durchnummerierten Trophäen wurden namentlich den Genossen 1) Schauer, 2) Gäng, 3) Kunzelmann, 4) Krahl, 5) Rabehl und 6) Reiche zugeordnet. Bei den weniger wichtigen Genossen Nummer 7 bis 49 war auf eine Illustration verzichtet worden.

172

Die Ikonografie war die Botschaft: »Befreit die sozialistischen Eminenzen von ihren bürgerlichen Schwänzen!«, lautete die Parole des Frankfurter »Weiberrats«, der in seinem »Rechenschaftsbericht« auf der Rückseite des Flugblatts weiter ins Detail ging: »Wir machen das Maul nicht auf! Wenn wir es doch aufmachen, kommt nichts raus! Wenn wir es auflassen, wird es uns gestopft: mit kleinbürgerlichen Schwänzen, sozialistischem Bumszwang, sozialistischen Kindern, Liebe, sozialistischer Geworfenheit, Schwulst, sozialistischer potenter Geilheit, sozialistischem intellektuellen Pathos, revolutionärem Gefummel, sexualrevolutionären Argumenten, gesamtgesellschaftlichem Orgasmus, sozialistischem Emanzipationsgeseich, Gelaber!

Wenn's uns mal hochkommt, folgt: sozialistisches Schulterklopfen, väterliche Betulichkeit, dann werden wir ernst genommen, dann dürfen wir an den Stammtisch, dann tippen wir, verteilen Flugblätter, malen Wandzeitungen, lecken Briefmarken. Kotzen wir's aus: Wir sind penisneidisch, frustriert, hysterisch, verklemmt, asexuell, lesbisch, frigid, zu kurz gekommen..., irrational, zickig, penisneidisch, penisneidisch, penisneidisch, Frauen sind *anders*.«

Als Erster fand der Genosse Semler seine Sprache wieder und sagte: »Ich würde den Genossen, die da namentlich genannt sind, raten, sich ne Leibwache zuzulegen. Das wäre sehr gut, denn das scheint ja noch gefährlich zu werden.« Der Genosse Geulen, später ein brillanter Anwalt für Umwelt- und Haftungsrecht, fügte hinzu: »Ja, Genossinnen, es sollte doch das eine oder andere noch geklärt werden, warum von den Nummern 7 bis 49 die Abbildungen fehlen. Liegt das daran, dass das empirische Material fehlt?« Ins brüllende Männergelächter, das Psychologen unschwer als geballtes Abwehrfeuer dechiffrieren würden, setzte Mona Steffen die ersten Worte ihrer vorbereiteten Rede: »Genossen, ihr habt die Chance verpasst zu hören, was wir an phänomenologischer Kritik an eurem Geschlecht und den von euch produzierten repressiven Kommunikationsstrukturen vorzubringen hatten.« Offenbar seien auch die Tomatenwürfe von Frankfurt von den Genossen nicht als Signal für den nötigen Bewusstseinswandel verstanden worden. »Das Flugblatt, das ihr hier seht, sollte ursprünglich dazu dienen, mit Ironie eine Diskussion über die wirklichen Unterdrückungserfahrungen der Genossinnen einzuleiten. Es war als Selbstironisierung wirklicher kollektiver Erfahrungen gemeint.«

Bei den Männern verstand man nun aber keinen Spaß mehr.

Einfach nur »schlimm« fand es der Genosse Schmierer, »dass die Frauen jetzt genau die Vorwürfe, die sie uns vorwerfen, reproduzieren, derart, dass sie also zunächst uns zum Objekt machen..., dass sie uns tatsächlich zum Schweigen bringen...«

Danach sah es allerdings nicht wirklich aus. Ein Genosse nach dem anderen ergriff das Wort. Man warnte vor einer »linksbürgerlichen Emanzipationsbewegung« mit »kleinbürgerlichen Elementen« und einem »kleinbürgerlichen feministischen Aktionswahn«, so der Genosse Semler, und stellte die rhetorische Frage, ob sich Industriearbeiterinnen »in erster Linie als Frauen fühlen oder als Arbeiter«. Man beschwor den Kapitalismus, dessen revolutionäre Überwindung Männern wie Frauen ja gleichermaßen zugutekäme und vermisste beim Weiberrat die klare »Klassenperspektive«.

»Über die Emanzipation der Frau zu reden, das können wir bürgerlichen Soziologen überlassen«, meinte der Genosse Geulen, während Genosse Oberlercher die Sache noch mal ganz persönlich nahm: »Also, Genossen, mein Schwanz soll auch abgehackt werden. Und ich finde das also 'ne ziemliche Schweinerei von den Frauen«. Hier ist auf dem Tonbandmitschnitt Gelächter zu hören.

Doch der Genosse hatte ein ernstes Anliegen. »Augenblick! Statt meinen Schwanz abhacken zu lassen, möchte ich ihn natürlich lieber in die Scheiden der Genossinnen stecken, das ist 'nen ganz natürliches Bedürfnis. Aber das selbst ist eine Frage der Produktion und wir haben das materialistisch zu analysieren.« Die »sexuelle Reproduktion der Genossen« müsse jenseits der »bürgerlichen Kastrationsdrohung« diskutiert werden. Es ging hoch her, das Wort »Scheiße!« flog durch die Luft, »blöd!«, manchmal auch nur »ba-ba-ba-ba-ba-ba-ba!«, und am Ende beantragte der Genosse Schmierer Schluss der Debatte. Die Mehrheit war dafür.

Schlagartig drängte sich nun eine Beobachtung auf, die unschwer auf den Begriff zu bringen ist: das Phänomen des Dogmatismus. Kaum je zuvor hatte sich derart geballt wie auf dieser Versammlung jene Versteinerung des Denkens gezeigt, die der Verflüssigung der Verhältnisse eher entgegenwirkt als sie zu befördern, die sie eher abschließt als aufschließt. Auch vorher schon hatte es jene Verabsolutierung vermeintlich unumstößlicher Wahrheiten gegeben, steile Theorien und absurd übersteigerte Appelle, die Revolution zu machen, eine Art »Stadtguerilla« aufzubauen und den »neuen Menschen« zu schaffen. Doch sie hatten immer noch, exemplarisch bei Rudi Dutschke, den mitreißenden Gestus einer leidenschaftlichen Sehnsucht nach dem ganz Anderen, ganz Neuen, noch nie Dagewesenen; zumal im Fluss der unablässigen Aktionen waren sie für viele Rebellen oft nicht mehr gewesen als Stichworte und Orientierungsmarken, klangvolle Metaphern des Kampfes im befreienden Augenblick. Nicht alles musste man todernst und wortwörtlich nehmen.

Nun aber wurde Theorie zum starren Fetisch statt zum Mittel der Erkenntnis – eine Flucht in den Zeittunnel der Geschichte. Die Begriffe dienten immer mehr dem ideologischen Schlagabtausch der Besserwisser als der offenen, selbstkritischen Diskussion. Agitation & Propaganda, kurz »Agitprop«, ersetzten die mühsame Selbstaufklärung mit eingebautem Irrtumsvorbehalt.

Jener überwiegend marxistisch-leninistisch geprägte Dogmatismus, der sich auf der letzten Delegiertenkonferenz des SDS Bahn brach, ließ aber schon das Prinzip einer papstähnlichen Unfehlbarkeit ahnen.

Hier war nun tatsächlich ein begriffsbesessener Pseudo-Objektivismus dabei, das zu emanzipierende Subjekt, egal, ob Mann oder Frau, mit der Axt des historischen Materialismus zu erschlagen.

Die Gründung der marxistisch-leninistischen Kaderparteien, der späteren »K-Gruppen«, zeichnete sich schon ab. Das »K« stand natürlich für Kommunismus. Es hätte aber auch für »Kirche« stehen können, für eine neue Glaubenskongregation mit Sitz in Peking oder Pjöngjang.

Noch aber war es nicht so weit. Noch regierte eine schon damals nicht mehr ganz »neue Unübersichtlichkeit« (Habermas) die Szene. Dafür sorgte allein schon Dany Cohn-Bendit, der sich nach seiner Ausweisung aus Frankreich diesseits des Rheins offensichtlich gut eingelebt hatte. Am 22. September 1968 hechtete er während des Protests von 2000 Demonstranten gegen die Verleihung des Friedenspreises des deutschen Buchhandels an Senegals Präsidenten Léopold Sédar Senghor über die Absperrgitter an der Frankfurter Paulskirche. Mehrere Polizisten packten ihn, schlugen zu und schleppten ihn per Würgegriff an allen Vieren weg. Auch Hans-Jürgen Krahl und Joschka Fischer traf der Knüppel mehrfach. Ein Hagel von Flaschen und Steinen prallte an den Mauern der Paulskirche ab, in der die Zeremonie dennoch ihren geplanten Verlauf nahm.

Draußen wurden derweil fleißig Barrikaden gebaut. Eine entschlossene Gruppe versuchte, zwei Übertragungswagen des Hessischen Rundfunks umzukippen. Doch die praktische Kritik an der medialen Massenmanipulation scheiterte am schieren Gewicht der mit Technik vollgepackten Schwerlaster. Fünf Tage später verurteilt ein Schöffengericht den 23-jährigen Cohn-Bendit wegen Landfriedensbruchs, Aufruhrs, Beamtennötigung und schweren Hausfriedensbruchs zu einer Gefängnisstrafe von acht Monaten auf Bewährung.

Wesentlich mehr – drei Jahre ohne Bewährung wegen »menschengefährdender Brandstiftung« – erhielten einen Monat darauf, am 31. Oktober, die Kaufhausbrandstifter Baader, Ensslin, Söhnlein und Proll. Erst nach lautstarken Tumulten, Saalräumung und Polizeieinsatz – Daniel Cohn-Bendit kassierte gleich wieder eine dreitägige Ordnungsstrafe – konnte die Urteilsbe-

Die Kaufhausbrandstifter Andreas Baader und Gudrun Ensslin auf der
Frankfurter Anklagebank am 14. Oktober 1968 – das Paar der linken Stadtguerilla

gründung verlesen werden. »Gewisse ideelle Motive« mochte
auch der Vorsitzende Richter den Angeklagten nicht absprechen,
bezweifelte aber, ob es sich bei ihnen wirklich um »Überzeu-
gungstäter« handle.

Die wichtigere Frage aber war: Um welche Überzeugung handelte es sich denn überhaupt? Im ganzen Land ging nun der große Streit über Bedeutung und Zukunft der Revolte weiter. An der
pausenlosen Metadiskussion beteiligten sich die klügsten Köpfe
der Republik, ob in Zeitungen, Rundfunk- oder Fernsehgesprä-
chen, auf Podiumsdiskussionen, Tagungen oder Kongressen,
nicht zuletzt auch in privaten Korrespondenzen, oft kreuz und
quer über den Atlantik. Auf einen Brief von Günter Grass, in dem
er Theodor W. Adorno fragte, warum er sich vor seinen Studenten, allen voran Hans-Jürgen Krahl, geradezu »fürchte«, andererseits aber kein »hilfreiches Wort« für die deutsche Sozialdemokratie finde, antwortete der tiefste Denker der »Frankfurter
Schule«: »So genau ich weiß, dass die Studenten eine Scheinre-
volte betreiben und das eigene Bewusstsein ihres Treibens durch

ihre Aktionen übertäuben, so genau weiß ich auch, dass sie, und die Intellektuellen überhaupt, auf der Plattform der deutschen Reaktion die Rolle der Juden übernommen haben.«

Ein starkes Wort und eine Gleichsetzung, die durchaus fragwürdig war. Zur SPD dagegen, damals noch in der Regierungskoalition mit CDU und CSU, fiel ihm nur ein, »dass die Sozialdemokratie auf ihrer großen Linie sich seit 1914 treu geblieben ist«. Das Godesberger Programm, in dem sich die SPD von ihren marxistischen Wurzeln trennte, sei wohl das »einzigartige Beispiel eines Dokuments...«, »in dem eine Partei allen, aber auch wirklich allen theoretischen Gedanken abschwört, die sie einmal inspiriert hatten«. Adorno blieb ein radikaler Kritiker der Gesellschaft.

Wenig später aber sah er sich, als Direktor des Soziologischen Seminars, bereits selbst wieder einer ungemütlichen Konfrontation mit seinen Studenten ausgesetzt, die ihn in Sachen Radikalität stets mühelos überboten. Die monatelangen Auseinandersetzungen wurden zum Lehrstück über den Stand und Frontverlauf der Revolte.

Auf einer Vollversammlung der Frankfurter Soziologen am 6. Dezember kommt es zunächst zur offenen Auseinandersetzung zwischen Jürgen Habermas und der »Basisgruppe Soziologie« über die Neuorganisation eines »selbstbestimmten Studiums«. Mit einer neuen Satzung soll eine weitgehende Selbstorganisierung der Studenten ermöglicht werden. Der Clou: Nicht mehr Ordinarien und Professoren oder gar die Universitätsleitung, sondern ein paritätisch besetzter »Seminarrat« und die Vollversammlung sollten die wichtigen Entscheidungen treffen.

Doch Habermas reagierte entschieden: »Eine solche Satzung, meine Damen und Herren, muss scheitern.« »Aktiver Streik!«, antwortete die Mehrheit der Studenten. In einem Flugblatt hieß es: »Wir haben es satt, mit den kritischen Ordinarien über Hochschulreform zu diskutieren, ohne dass den Studenten eine Kontrolle über die Produktivkraft Wissenschaft zugestanden wird ... Wir haben keine Lust, die linken Idioten des autoritären Staates zu spielen ... Wir nehmen den Anspruch Horkheimers ernst: ›Die revolutionäre Karriere führt nicht über Bankette und Ehrentitel, über interessante Forschungen und Professorengehälter, sondern über Elend, Schande, Undankbarkeit, Zuchthaus ins Ungewisse, das nur ein fast übermenschlicher Glaube erhellt. Von bloß begabten Leuten wird sie daher selten eingeschlagen.‹«

So lieh man sich das passende Pathos aus den dreißiger Jahren. Anschließend ging es aber weder in die Schützengräben des spanischen Bürgerkriegs, ins Exil nach Paris und Pacific Palisades oder in ein Konzentrationslager, sondern ins »Soziologische Seminar« in der Myliusstraße im ruhigen Frankfurter Westend.

Es ist der 8. Dezember 1968, Sonntagnachmittag. Ein Assistent hat den Schlüssel besorgt, und nach längerer Diskussion beschließt das Streikkomitee, gleich über Nacht zu bleiben. Am nächsten Morgen findet die Taufe statt: »SPARTAKUS-SEMINAR« wird in großen Lettern auf die Sandsteinfront gepinselt. Von einer anderen Wand prangt in frischer Farbe ein weiteres Zitat von Max Horkheimer: »Bürgerliche Kritik am proletarischen Kampf ist eine logische Unmöglichkeit.« Ein eherner Satz aus den Zeiten revolutionärer Umbrüche im ersten Drittel des zwanzigsten Jahrhunderts.

Wie dieser »proletarische Kampf« im Spartakus-Seminar aussah, beschreibt ein Soziologiestudent: »Statt der kahlen Wände hingen überall Transparente oder glänzten Malereien. Alle Räume, auch die der Professoren, wurden benutzt. Gleich beim Hauseingang wurde der Hereinkommende vom Streikkomitee begrüßt. Von früh bis nachts war das Haus brechend voll ...«.

Auf einer weiteren Vollversammlung schlägt der SDS-Bundesvorsitzende Reimut Reiche allen Professoren, die sich der neuen, antiautoritär organisierten Wissenschaft verweigern, die Emigration ins »Zonenrandgebiet« oder nach »Konstanz am Bodensee« vor. Wortlos verlassen Adorno und Habermas den Hörsaal VI. Dennoch veröffentlichen sie tags darauf zusammen mit ihrem Kollegen Ludwig von Friedeburg eine Erklärung, die mit dem Satz beginnt: »Wir unterstützen den Protest unserer Studenten gegen Gefahren einer technokratischen Hochschulreform, vor denen wir seit Jahren warnen.« Die »Taktik einer Konfrontation um jeden Preis« lehnen sie allerdings ab, darunter jene Forderungen der Streikenden, welche die Ordinarien, Dekane und Professoren zu einer universitären Randerscheinung hätten schrumpfen lassen. Das hektografierte Papier beeindruckt die Studenten allerdings wenig.

Zu Beginn seiner Vorlesung über Sprachphilosophie gibt Habermas eine Erklärung ab, in der er davor warnt, den »Wissenschaftsbetrieb als solchen« zerstören zu wollen. Wie so oft wird er schnell grundsätzlich: »Wer aber die Basis der Aufklärung angreift, macht aufgeklärtes politisches Handeln unmöglich. Die Basis der Aufklärung ist eine an das Prinzip herrschaftsfreier Diskussion ... gebundene Wissenschaft.« Wer die »Bedingungen vernünftiger Rede und damit die Grundlagen von Humanität« abschaffen wolle, unterscheide sich »prinzipiell nicht mehr von dem intellektuellen Prototyp, sei es des Faschisten, sei es des Stalinisten.«

Die Worte kamen vielen bekannt vor, und die Fronten schienen klar. Aber sie waren zugleich absurd ineinander verhakt, denn Adorno, Habermas und von Friedeburg waren alles andere als verstockte Reaktionäre mit dem »Muff von 1000 Jahren«. Ganz im Gegenteil.

Auch hier ging es nicht zuletzt um einen politisch verbrämten, ideologisch überhöhten Autoritäts- und Generationenkonflikt. Der pikante Unterschied zu den leiblichen Eltern bestand allerdings darin, dass die »Alten« eben keine Nazis waren, sondern jüdische Intellektuelle, die 1933 aus Hitlerdeutschland fliehen mussten.

Doch die streikenden Rebellen wollten ihren philosophischen Übervätern, die sich scheinbar im Elfenbeinturm ihrer gesellschaftskritischen Theorie verschanzt hatten, mal richtig zeigen, was eine Praxis-Harke ist.

Am 16. Dezember wurde ein letzter Versuch unternommen, den Konflikt intern, gleichsam untereinander, zu lösen. In einem überfüllten Raum des Walter-Kolb-Studentenwohnheims begann Jürgen Habermas, ständig von Zwischenrufen, Zischen und Lachen unterbrochen, mit den Worten: »Meine Damen und Herren! Zu Ihrer Information: Wir sind auf die Bitten des Genossen Krahl hier…« Schon an dieser Stelle hätte Günter Grass wieder gestöhnt: »Genosse Krahl… geht's noch intimer, Herr Professor?«

Wie auch immer – es half alles nichts, obwohl Habermas sogar versprach, den »offiziellen Lehrbetrieb« in Kooperation mit den Studenten »flexibel und elastisch« zu gestalten und das Prinzip einer »Drittelparität« zu erwägen. Die Fronten blieben verhärtet. Gegenseitig warf man sich »Vulgärmarxismus« und »Autoritätsfixierung« vor, sodass sich Alexander Mitscherlich, Koautor des legendären Buches »Die Unfähigkeit zu trauern«, augenblicklich gezwungen sah, vor einer »Vulgärpsychoanalyse« zu warnen: »Lassen Sie doch das Wort Fixierung! Sie wissen ja gar nicht, was das ist.« Es folgten Buhrufe, Pfiffe, Empörung. In die brodelnde Unruhe hinein rief ein Witzbold: »Es muss unbedingt ein Psychoanalytiker her!«

Das überlieferte Wortprotokoll der Debatte in der charakteristischen Mischung aus tiefer Ernsthaftigkeit und absurder, teils infantiler Überhitzung macht die theatralische Qualität dieser denkwürdigen Versammlung deutlich. Seltsam fern wirkt heute das Bewusstsein der Akteure, die glaubten, durch den leidenschaftlichen Streit der Worte unterm Banner revolutionärer Hoffnungen erscheine bereits eine neue Welt am Horizont.

Humanität hin, Revolution her – am nächsten Tag erging ganz profan Räumungsklage: »Wir fordern ein letztes Mal unsere Studenten auf, das Haus Myliusstraße 30 unverzüglich zu räumen«, teilten Theodor W. Adorno, Jürgen Habermas, Ludwig von Friedeburg und Alexander Mitscherlich ihren Studenten mit. Die Besetzung sei »politisch nicht gerechtfertigt«. Illegal war sie sowieso.

Am selben Tag schreiben Adorno und Horkheimer einen gemeinsamen Brief an Herbert Marcuse ins kalifornische San Diego, der zeigt, wie sehr die Ereignisse der vergangenen Tage die beiden in Mitleidenschaft gezogen haben: »Lieber Herbert, ... hier geht es im Augenblick drunter und drüber ... Höchst berechtigte studentische Forderungen und fragwürdige Aktionen gehen so durcheinander, dass von produktiver Arbeit oder auch nur einem vernünftigen Denken kaum mehr die Rede sein kann.« Dennoch hoffen sie, ihren Freund und Kollegen im Sommerurlaub 1969 im schweizerischen Graubünden wiederzusehen.

Dann ist es so weit. Im Morgengrauen des 18. Dezember fahren drei Mannschaftswagen in die Myliusstraße. Dreißig Polizeibeamte räumen das »Spartakus-Seminar«, das zu dieser Zeit fast menschenleer ist. Umgehend werden Adorno, Habermas und Friedeburg in einem Protestflugblatt als »Büttel des autoritären Staates« beschimpft.

Aber trotz aller Empörung, all der Presseerklärungen, Aktionen, Teach-ins – der Protest bleibt vergleichsweise schwach. Bald verläuft er sich in den Untiefen der Weihnachtspause.

So endete das laute und dramatische Jahr 1968 recht still und leise.

Zu Beginn des neuen Jahres 1969 aber jagen sich schon wieder Aktionen und Streikversammlungen. Allerdings verlaufen sie immer chaotischer. Beim Besuch des hessischen Kultusministers in der Frankfurter Universität kommt es zu bedrohlichen Tumulten. Gleichzeitig erhöht die Universitätsspitze den Druck, den die Streikenden nur als »politische Disziplinierung« verstehen. Das will man nicht auf sich beruhen lassen. Am 31. Januar zieht ein studentisches »Strategieplenum« ins »Institut für Sozialforschung« statt ins Soziologische Seminar, das immer noch – oder schon wieder – von Polizeibeamten besetzt ist. Doch diesmal macht Adorno kurzen Prozess. Als Krahl & Co. keine Anstalten erkennen lassen, das Haus zu verlassen, erstattet er Anzeige wegen Hausfriedensbruchs und holt die Polizei. Ohne Widerstand werden 76 Studenten abgeführt, einige erheben die rechte Faust. »Scheißkritische Theoretiker!«, ruft Krahl noch schnell beim heldenhaften Abgang. Er ist auch der Einzige, der in Haft bleibt, weil er keinen »festen Wohnsitz« hat.

Nach einer Woche voller Protestaktionen – »Ho-ho-ho-holt den Krahl raus!« – kommt er wieder frei, mit erhobener Faust und die »Internationale« singend.

Ein Bild aber blieb im Gedächtnis. Es war das Foto, das Adorno neben einem behelmten, grimmig dreinblickenden Polizisten zeigte. Für viele war es der endgültige Beleg: Die Kritische Theorie lässt sich von der bewaffneten Macht des kapitalistischen Staates schützen, kurz: Sie knickt ein, wenn sie sich von der – »revolutionären« – Praxis herausgefordert sieht. Es war ein Zerrbild, aber die Legende hielt sich zäh. Sie wurde noch bestärkt durch ein Zitat Adornos, das es bis in die Spalten der Illustrierten »Stern« schaffte: »Ich habe ein theoretisches Denkmodell aufgestellt. Wie konnte ich ahnen, dass Leute es mit Molotow-Cocktails verwirklichen wollen.« Das klang, jedenfalls in den Ohren der studentischen Rebellen, nach einem feigen Deserteur, der sich von den politischen Konsequenzen seiner eigenen Gesellschaftskritik distanziert. Aber da hatte man wohl wirklich etwas missverstanden.

Am 14. Februar 1969 schreibt Adorno an Marcuse: »Lieber Herbert, ... hier ging es wieder grässlich zu ... Wir mussten die Polizei rufen ... Die Situation ist an sich scheußlich, aber Friedeburg, Habermas und ich waren bei dem Akt dabei und konnten darüber wachen, dass keine physische Gewalt angewandt wurde. Nun herrscht großes Lamento, obwohl Krahl die ganze Aktion nur organisiert hatte, um in Untersuchungshaft zu kommen und dadurch die zerfallende Frankfurter SDS-Gruppe nochmals zusammenzuhalten – was ihm einstweilen auch gelungen ist. In der Propaganda werden die Dinge völlig auf den Kopf gestellt ... Dies nur zu Deiner Orientierung für den Fall, dass Gerüchte und gefärbte Darstellungen zu Dir dringen sollten.«

Bereits im Brief an Grass hatte Adorno seine allgemeine Gemütslage geschildert, eine »steigende Aversion gegen jegliche Art von Praxis, in der mein Naturell und die objektive Aussichtslosigkeit von Praxis in diesem geschichtlichen Augenblick sich zusammenfinden mögen«.

Am 22. April 1969 jedoch rückten die düpierten Rebellen dem 65-jährigen Revolutionsdeserteur Adorno ganz unmittelbar auf die Pelle. Kurz nach Beginn seiner Vorlesung »Einführung in dialektisches Denken« forderte ihn ein Student lautstark zur »öffentlichen Selbstkritik« auf. Währenddessen ging ein anderer nach vorn und schrieb mit Kreide fein säuberlich an die Wandtafel: »Wer nur den lieben Adorno lässt walten, der wird den Kapitalismus sein Leben lang behalten.« Kurz darauf sprangen drei Studentinnen auf das Podium und umringten ihn, während sie Rosen- und Tulpenblüten auf den Boden streuten. Dann entblößten sie ihre Brüste und versuchten, ihn zu küssen. Adorno wehrte sich ziemlich hilflos mit seiner Aktentasche gegen die Zudringlichkeiten, die ihm, aus einer ganz anderen Generation stammend, äußerst unangenehm und extrem peinlich gewesen sein müssen. In aller Hast nach Hut und Mantel greifend verließ er fluchtartig den Hörsaal. Die Vorlesung wurde auf unbestimmte Zeit abgesagt.

Der Sündenfall des linken Gesellschaftstheoretikers: Am 31. Januar 1969 holt Theodor W. Adorno die Polizei, um das von seinen Studenten besetzte Institut für Sozialforschung räumen zu lassen

Als »Busenaktion« ging das Ereignis in die Geschichte ein. Auf dem Boden verstreut blieben Flugblätter der Basisgruppe Soziologie zurück, in denen der Satz stand: »Adorno als Institution ist tot.«

Was nicht einmal die Basisgruppe Soziologie wissen konnte: Zehn Wochen später, am 6. August 1969, starb Adorno wirklich.

Nachdem er, trotz dringender Ermahnung seines Hausarztes, im schweizerischen Kanton Wallis per Seilbahn auf einen 3000 Meter hohen Gipfel gestiegen war und anschließend wieder ins Tal zurückkehrte, erlitt er in einem Schuhladen des kleinen Städtchens Visp einen Herzinfarkt.

Unmittelbar vor seinem Tod hatte er noch einen Brief an Herbert Marcuse verfasst, der den revolutionär gesinnten Studenten viel näher stand – freilich aus der sonnendurchfluteten kalifornischen Ferne betrachtet. »Die Studentenbewegung ist heute der stärkste, vielleicht der einzige Catalysator für den inneren Verfall des Herrschaftssystems«, glaubte er. »Das System ist global. Diese Demokratie, als kapitalistische, treibt ihrer inhärenten Dynamik nach zum Regime der Gewalt.« Adorno war da deutlich anderer Meinung: »Die Meriten der Studentenbewegung bin ich der letzte zu unterschätzen«, ließ er aus der Schweiz wissen. »Sie hat den glatten Übergang zur total verwalteten Welt unterbrochen. Aber es ist ihr ein Quentchen Wahn beigemischt, dem das Totalitäre teleologisch innewohnt ... Dass ich neulich wieder, bei einer Klausur, Tränengas abbekam, nur nebenbei ... Von dem Maß an Hass, das sich auf Friedeburg, Habermas und mich konzentriert, machst Du Dir offenbar keine Vorstellung.« Ein paar Sätze weiter heißt es: »Herbert, nach Zürich oder Pontresina kann ich wirklich nicht kommen. Du musst ... wirklich mit einem schwer ramponierten Teddie rechnen, Max wird es Dir bestätigen.«

Dem Gruß »Herzlichst, Dein Teddie« folgt eine eigenartige Bemerkung über Daniel Cohn-Bendit, der sich gerade auf einer Podiumsdiskussion in Rom einen heftigen Wortstreit mit Marcuse geliefert hatte: »Von Danny-le-Rouge hätte ich Dir einiges zu berichten: nur grotesk Komisches. Was muss das für eine Schönheit der Straßenschlachten gewesen sein, mit ihm. Und in Frankfurt zählt er noch zu den Humaneren. Quel monde!«

Letzte Worte und ein Zerwürfnis zweier alter Gelehrter, das durch kein Gespräch mehr geheilt werden konnte.

Bis heute gibt es nicht wenige, darunter auch ehemalige Rebellen, die den frühen Tod Adornos auch auf den Dauerkonflikt mit dem politisch radikalen Teil seiner Studenten zurückführen. Ein letzter zweifelhafter Höhepunkt war die Gerichtsverhandlung am 18. Juli gewesen, bei der Adorno als Zeuge geladen und vom Angeklagten Krahl höchstpersönlich ins strenge »Kreuzverhör« genommen wurde.

Zu seiner Beerdigung am 13. August 1969 versammelte sich die linksorientierte intellektuelle Welt der Bundesrepublik beinah komplett auf dem Frankfurter Hauptfriedhof. Als der Sarg hinuntergelassen wurde, setzte ein heftiger Regenschauer ein, und in den Tränen einiger Studentinnen aus den Reihen des SDS, so ein Beobachter, drückte sich »die Erschütterung aus, die der Tod Adornos unter den protestierenden Studenten ausgelöst hat«. Nun spürten sie den Verlust. Krahl hatte Genossen aus der aktionistischen »Lederjackenfraktion« persönlich Prügel angedroht, falls sie es wagen würden, die Trauerzeremonie mit ihren angekündigten Eierwürfen zu stören.

Noch im Gespräch mit dem »Spiegel« im Mai 1969 hatte sich Adorno selbst als »theoretischen Menschen« beschrieben, der das »theoretische Denken als außerordentlich nah an seinen künstlerischen Intentionen empfindet«: »Es hat vielleicht praktische Wirkungen dadurch gehabt, dass manche Motive in das Bewusstsein übergegangen sind, aber ich habe niemals irgendetwas gesagt, was unmittelbar auf praktische Aktionen abgezielt hätte.«

In der »Süddeutschen Zeitung« hatte Adorno betont: »Kritische Theorie schließt eben notwendig jene Analyse ein, die sich der Aktionismus erspart, um nicht der eigenen Hinfälligkeit inne werden zu müssen«. Auch in einem Vortrag für den »Sender Freies Berlin« unter dem bezeichnenden Titel »Resignation« war Adorno nicht müde geworden, das kritische Denken gegen den Druck einer »emphatisch akklamierten Einheit von Theorie und Praxis« zu verteidigen: Aktionismus als »Pseudo-Aktivität« sei »generell der Versuch, inmitten einer durch und durch vermittelten und verhärteten Gesellschaft sich Enklaven der Unmittelbarkeit zu retten«.

Als hätte er schon die Alternativ-, Landkommunen- und Öko-szene der siebziger Jahre vorausgeahnt, beharrte er »gegen eine derartig reduzierte Form von Praxis« auf der »Autonomie des Denkens«.

Und genau hier verlief die Bruchlinie zwischen studentischer Revolte und »Kritischer Theorie«. Im Grunde wussten beide nicht wirklich weiter, und so zogen sie sich jeweils auf ihr vertrautes Terrain zurück – die Theoretiker auf die Autonomie des Denkens und die Rebellen auf eine vermeintlich revolutionäre Praxis, die sich jedoch nur zu rasch verselbstständigte, auch wenn sie mit Bergen von Büchern legitimiert wurde.

Aber auch im Lager der Rebellen begannen nun die zentrifugalen Kräfte zu wirken. Schon an Silvester 1968, genau fünfzig Jahre nach dem Gründungsparteitag der »Kommunistischen Partei Deutschlands« (KPD) am 31. 12. 1918, wurde die »KPD/ML« (»Marxisten-Leninisten«) aus der Taufe gehoben – nicht zuletzt als Reaktion auf die Moskau-hörige DKP. Am 12. Januar gründeten die fünf ausgeschlossenen SDS-Mitglieder eine marxistische Assoziation, aus der später der »Marxistische Studentenbund Spartakus« hervorging, der linientreue Hochschulableger der DKP. Am 1. April 1969 erschien die Gründungserklärung des »Sozialistischen Büros«, einer eher losen Vereinigung intellektueller Linker, die vor allem riesige Mengen kluger Essays produzierten. Aber auch in ihrem kleinen Offenbacher Vereinslokal blickte Che Guevara von der Wand, die brennende Zigarre cool in der rechten Hand haltend. Nicht weniger radikal gerierte sich die trotzkistische »Gruppe Internationaler Marxisten/Vierte Internationale« (GIM).

In den Monaten darauf erlebte die forcierte Beantwortung der »Organisationsfrage« immer neue Höhepunkte origineller Namensfindung. 1970 erblickte die KPD/AO (»Aufbauorganisation«), später nur noch »KPD«, das fahle Licht der Welt. Führender Kopf: der Ex-SDSler Christian Semler. Auch die Gruppierung »Proletarische Linke/Parteiinitiative« mit der klingenden Abkürzung »PL/PI« konzentrierte sich auf die Agitation der Arbeiterklasse und der »Volksmassen«.

Der Endkampf um den wahren Kommunismus hatte begonnen. Ob »Kommunistischer Bund« (KB), »Kommunistischer Arbeiterbund Deutschlands« (KABD), »Arbeiterbund für den Wiederaufbau der KPD« oder »Kommunistischer Bund Westdeutschland« (KBW) – zu Beginn der siebziger Jahre musste man mit allen ideologischen Feinheiten vertraut sein, um die neu entstandenen Parteien und Gruppen überhaupt auseinanderhalten zu können.

Was sich im Laufe des Jahres 1968 schon angekündigt hatte, wurde nun mehr und mehr Wirklichkeit: »Der Dogmatismus räumte die Realität beiseite und baute die Bühne der Klassengesellschaft auf«, wie ein Zeitgenosse selbstkritisch urteilte. »Nicht nur die marxistisch-leninistischen Gruppen, sondern praktisch alle relevanten politischen Haltungen beteiligten sich an diesem Unternehmen. Die soziale Realität wurde aufgelöst in ein Feld von Haupt- und Nebenwidersprüchen. Die politische Realität erstarrte zunächst in unserem Kopf und dann erstarrten wir.«

Doch die ideologische Schockfrostung fand bei voller Fahrt statt, im kühlen Fahrtwind der Bewegung, die man nun nicht mehr umstandslos »antiautoritär« nennen konnte. Der Zauberbegriff aus den frühen Tagen der Rebellion wurde nun immer öfter zum Schimpfwort, als »kleinbürgerlich« und »elitär« denunziert. Zu sehr sehnten sich viele Genossen nach Wahrheit und Klarheit, Ziel und Richtung, auch nach neuen linken Autoritäten und letzten theoretischen Gewissheiten.

In der Kommune 1, die inzwischen in eine alte, leer stehende Fabriketage in der Moabiter Stephanstraße 60 gezogen ist, geht der Zug der Zeit seinen eigenen Weg. Während die Haare der kommunistischen Parteikader teils wieder auf die alte Streichholzlänge zurückgeschnitten und den Genossen »feste Verhältnisse«, am besten Heirat und Kleinfamilie, empfohlen werden, um dem Proletariat auch optisch und alltagskulturell näherzurücken, wachsen rund ums Matratzenlager in Moabit Bart und Haare munter weiter. Hier heißt die Droge nicht Parteiaufbau, sondern LSD, STP-Speed, Koks und Heroin. »Die letzte Periode der Kommune 1 war kaum noch politisch oder aktivistisch«, erinnert sich Albert Fichter, »vielmehr inhaltslos und parasitär. Die Leute lagen apathisch auf dem Matratzenlager herum, wenn sie nicht gerade in einem Supermarkt oder in einer Modeboutique klauten ... Wir standen mehr oder weniger ständig unter Drogen ... In gewisser Weise waren wir überhaupt nicht präsent.« Kanisterweise wurde Speed herangeschafft und auf Würfelzucker geträufelt, aus denen dann doppelte oder gar vierfache Trips wurden: »Diese Überdosis wurde bedenkenlos konsumiert.«

Der Spaßguerillero Fritz Teufel, der meist tapfer zwischen Knast und Kommune gependelt war, hatte sich da schon aus dem Staub gemacht. Fichter aber blieb. Sein Bruder, der SDS-Aktivist Tilman Fichter, hatte ihn wegen seines exorbitanten Drogenkonsums allerdings schon »aufgegeben«.

»Ich wohnte also in der Kommune 1 zusammen mit Rainer Langhans und Uschi Obermaier. Rainer hatte die Schnauze voll von der Revolution. Er war gerade freigesprochen von der Anklage, eine Brandbombe in der halbfertigen Dusche der Kommune 1 versteckt zu haben (die der Verfassungsschutzspitzel Urbach deponiert hatte, R.M.) ... Eines Tages ist dann auch Jimi Hendrix nach einem Konzert in der Kommune aufgekreuzt und hat die Uschi abgeholt. Da war Langhans unheimlich unglücklich.« Nicht genug damit, Kunzelmann verspottete seine Eifersucht in bewährter Manier auch noch als »kleinbürgerlich«. Doch die Rache ließ nicht lange auf sich warten. Der »Giftzwerg« wurde rausgeworfen: »Rainer Langhans ... und Holger Meins, der damals auf dem Hippie-Trip war, haben ihn einfach rausgetragen.«

Langhans hatte derweil ganz andere Ideen im Kopf. Er wollte »aus der K1 eine rein kommerzielle Edel-Hippiekommune«

machen. Ein Projekt, das zur Lebensaufgabe des wuschelköpfigen Frauenverstehers wurde, aber doch eher ins schicke München passte als ins raue Berlin.

Dort wehte nun sowieso ein anderer Wind. Protestbewegung und Revolte waren dabei, zur »Szene« zu werden, zum sozialen und politischen Tableau einer wachsenden, immer unübersichtlicher werdenden Zahl von Menschen, die sich aus der bürgerlichen Gesellschaft mehr oder weniger radikal verabschiedeten.

Während die Kommune 1 ihrem Ende entgegendämmerte, entstanden nun Dutzende neuer Kommunen in den billigen Altbauwohnungen Westberlins, ein wahres »Biotop« der Revolution im Wartestand, eine Mischung aus Subkultur und militantem Underground.

Zur Gruppe der rebellischen Studenten und Intellektuellen stießen immer mehr Lehrlinge und junge Gelegenheitsarbeiter, »drop-outs«, Trebegänger und Schulschwänzer, entlaufene Heimzöglinge, Abenteurer und Studienabbrecher, die sich jetzt ganz der großen Sache widmen konnten. Beim »roten Libanesen« im »Zodiac« hörte man stundenlang »Canned Heat«, »hing ab« oder las Carlos Marighela, Eldreadge Cleaver und Régis Debray. Zu Hause prangten Poster von Bakunin, Mao, Che Guevara und Stalin in trauter Harmonie nebeneinander an der Raufasertapete. Revolutionärer Eklektizismus, Motto: Hauptsache radikal.

Die ersten Globetrotter kamen schon wieder aus Indien und Marokko zurück, während andere ihren »Blues« beim »Smoke-in« in Schöneberger Eck- und Kellerkneipen kultivierten. Die ersten Häuser wurden besetzt, autonome Jugendzentren und Kinderläden gegründet. Es gab sogar einen »Zentralrat der sozialistischen Kinderläden«, der unter anderem aus der »Kommune 2« hervorging. Schon in deren Selbstfindungsprotokoll »Versuch der Revolutionierung des bürgerlichen Individuums« war »die Fixierung der Kinder an ihre jeweiligen Eltern« als Teil der repressiven Strukturen in der »autoritären Kleinfamilie« angeprangert worden. Auf dem Weg zum neuen, befreiten Menschen sollten nun auf breiter Front kollektive Lebensformen gefunden und von Kindesbeinen an »eingeübt« werden – den freien Umgang mit der frühkindlichen Sexualität eingeschlossen.

Auch Betriebs-, Basis und Stadtteilgruppen aller Art versuchten jetzt, an der »konkreten Wirklichkeit« anzusetzen. Gleichzeitig hatten sich Tausende Ermittlungs- und Strafverfahren gegen APO-Aktivisten angesammelt, die immer neue Anlässe für mehr oder weniger »fantasievolle« Aktionen boten – vom »Go-in« bis zum Brandanschlag. Neue Slogans wie »Macht kaputt, was euch kaputt macht!« und »High sein, frei sein, Terror muss dabei sein!« zeigten die Richtung an. »Genossen, die Lage ist ernst, wir befinden uns in einer Kampfphase, in der nicht mehr wir bestimmen, was gespielt wird, sondern UNS wird der Rhythmus vorgeschrieben ... Man will uns kaputt machen! Nun ist es an uns, die Situation wieder in den Griff zu bekommen ... Unsere Devise: Terror ohne Maß macht maßlos Spaß.« Also sprach der »Zentralrat der umherschweifenden Haschrebellen«, der sogar eine eigene Zeitung mit einer wöchentlichen Auflage von über 10 000 Exemplaren herausgab: »Agit 883«.

Klar, dass auch hier wieder Bommi Baumann mit von der Partie war: »War ja ne gute Zeit, der ganze Sommer 69 bis Anfang 70, fast ein Jahr sind wir denn durch Berlin gezogen. Natürlich sind denn wieder Aktionen gelaufen, da hat sich dann die ›883‹, diese Undergroundzeitung gebildet und wir sind denn sofort mit eingestiegen. Die theoretische Grundlage war Mao *Über die Mentalität umherschweifender Rebellenhaufen*, aus den sogenannten Räuberbanden hatte er zusammen mit Tschu-Te die ersten Kader der Roten Armee gebaut, und wir haben die Tendenz davon aufgegriffen.«

Dabei war aus Maos Texten auch »bei noch so angestrengtem Studium für unsere Verhältnisse nichts zu lernen«, meint Gerd Koenen, der in den siebziger Jahren führendes Mitglied des KBW war. Doch mit Mao-Buttons, Sprüchen des Großen Vorsitzenden, der »lyrisch-revolutionären Hausapotheke«, und Riesenporträts

*Revolutionäre Tafelbilder
aus der Berliner
Szenezeitung »Agit883«*

der »Mona Lisa der Weltrevolution« konnte man eben die radikale Ablehnung der bürgerlichen Welt wie einer bloß »reformistischen Linken« am besten artikulieren: »Der eigentliche Appeal des Maoismus dürfte allerdings in seiner Idolisierung der Jugend als einer Welt verändernden Kraft schlechthin gelegen haben.« All die »zeremoniellen Umzüge« mit den Ikonen von Marx, Engels, Ho Chi Minh, Trotzki, Mao, Fidel und Che waren nicht zuletzt Zitate eines Heroen- und Führerkults vergangener Zeiten. Sie wurden, so Koenen, »weniger als reale Autoritäten denn als imaginäre Antiautoritäten« gegen die eigene Gesellschaft ins Feld geführt. »Rebellion ist gerechtfertigt«, hatte Mao postuliert.

Das war schön gesagt und passte immer.

So war es auch kein Zufall, dass im Layout der ›883‹ immer häufiger stilisierte Kalaschnikows, Bomben und Handgranaten auftauchten, ein revolutionärer Comicstrip, der rasch vom Spiel

192

zum Ernst wechseln konnte. »Wir haben denn auch Charming-Aktionen für die Bevölkerung gemacht, also sind rausgegangen und haben immer die Radarwagen umgekippt, die die Autos geblitzt haben«, erzählt Bommi Baumann nicht ohne Stolz. »Da sind sie uns mit der Knarre hinterhergerannt, die Bullen.«

Deutlich weniger »charming« war die Attacke auf einen »Quick«-Reporter, der angeblich »bösartige Bombengeschichten« über die umherschweifenden Haschrebellen verbreitet hatte, die sich zu dieser Zeit schon »Tupamaros Westberlin« nannten, manchmal mit dem Zusatz »Schwarze Ratten«. Die Feierabend-Guerillas überfielen ihn zu Hause, rückten kurz »die Möbel gerade« und hauten ihm »ein paar vor den Kopf«. Danach machte Bommi Baumann zum ersten Mal mit dem Knast Bekanntschaft. Eine gutes Jahr später, Ende 1971, bildete sich aus den umherschweifenden Restrebellen die »Bewegung 2. Juni«, die zweite große Guerillagruppe neben der RAF.

Bommi Baumann nach dem Überfall auf den Berliner Korrespondenten der Zeitschrift »Quick« am 6. Februar 1970

Deren frühestes »Gründungsdatum« könnte man auf den 13. Juni 1969 legen. An diesem Tag kamen die Frankfurter Kaufhausbrandstifter Andreas Baader, Gudrun Ensslin und ihre beiden Mittäter nach 14 Monaten Untersuchungshaft vorläufig auf freien Fuß, weil der Bundesgerichtshof immer noch nicht über die Revision entschieden hatte. Das Urteil war deshalb noch nicht rechtskräftig. Da bei Anwendung der üblichen Zwei-Drittel-Regelung nur noch zehn Monate Reststrafe offenstanden, schien die Fluchtgefahr gering.

Auch dieses Kalkül war nicht gerade typisch für das Verhalten eines faschistoiden Polizeistaats.

Dennoch stürzten sich vor allem Andreas Baader und Gudrun Ensslin sofort in den nächsten Kampf gegen den bösen Leviathan. Fürs Erste wohnen sie bei einer Frankfurter Rechtsanwältin, einer Bekannten Horst Mahlers. Eine Tür der Wohngemeinschaft ist fast immer verschlossen. Nur manchmal steckt der stille Mitbewohner den Kopf heraus: Es ist Matthias Beltz, später einer der bekanntesten Kabarettisten Deutschlands. Er will nicht gestört werden, weil er sich gerade aufs erste juristische Staatsexamen vorbereitet.

Ganz anders Baader und Ensslin. Sie sind als »die Brandstifter« zu Berühmtheit in der linken Szene gelangt und werfen sich mit Leidenschaft auf die gerade entstandene Bewegung zur Befreiung von jugendlichen Fürsorgezöglingen, die unter einer ganz unchristlichen Repression leiden. Sie scheint direkt aus dem Mittelalter zu kommen. Oder aus der Nazizeit. »Schläge im Namen des Herrn« heißt das Buch über »die verdrängte Geschichte der Heimkinder in der Bundesrepublik«, das der »Spiegel«-Redakteur Peter Wensierski 2006 veröffentlichte. Eine Skandalchronik ohnegleichen. Mithilfe eines gnadenlos autoritären Regiments, körperlicher Züchtigung, systematischer Demütigung und zermürbender Zwangsarbeit wurde in den geschlossenen Anstalten versucht, den individuellen Willen der »Schwererziehbaren« zu brechen. Nicht wenige der »Erzieher« hatten ihr Handwerk noch im »Dritten Reich« gelernt.

Von »Heimterror« mit Prügeln, Karzerhaft und anderen Schikanen sprach damals schon die »Basisgruppe Sachsenhausen«, die in einem Flugblatt zur »massenhaften Aktion« vor dem »Staffelberg«-Heim in der Nähe des nordhessischen Ortes Biedenkopf aufrief. Am 28. Juni 1969 fuhr ein buntscheckiger Autokonvoi mit etwa 200 Personen, darunter der weiße Mercedes 220 SE von Andreas Baader, nach Staffelberg und erzwang eine große »Heimversammlung« auf der grünen Wiese. Aufruhr, Aufstand, Widerstand. So etwas hatte es hier noch nie gegeben. Der Heimleiter musste sich per Megafon verteidigen, während im Hintergrund achtzig Polizisten auf den Einsatz warteten.

»Rausschmiss aller Erzieher, die prügeln!« und »sofortiger Abbruch des Karzers!« – das waren nur zwei von insgesamt vierzehn Forderungen. Es gab erregte Wortwechsel und Androhungen der Demonstranten, gleich selbst Hand anzulegen. Der Heimleiter wiegelte ab. Zweimal noch kehren die Frankfurter Aktivisten zurück, ein Mal wird das Heim gestürmt, doch die Polizeikräfte prügeln die Eindringlinge zurück auf die Straße. Daraufhin fordert eine »Kampfgruppe ehemaliger Fürsorgezöglinge« die Heimbewohner zum Streik auf.

Doch viele von ihnen hatten sich da schon längst selbstständig gemacht. Etwa 70 Jugendliche, die ersten 40 schon am Abend des 28. Juni, waren ins 80 Kilometer entfernte Frankfurt geflohen, wo sie von der linken Szene als leibhaftige Bestätigung der »Randgruppentheorie« enthusiastisch begrüßt wurden. Rasch verteilte man sie auf Wohngemeinschaften. Es wurde Geld gesammelt, und nach mehrfacher Intervention beim sozialdemokratisch geführten Jugendamt, Andreas Baader immer vorne dran, sagte auch der Staat Hilfe zu.

Die »Heimkampagne« für die »Staffelberger« wurde zum allerneuesten Projekt des revolutionären Aktionismus. Ins Zentrum des Tumults rückten rasch Baader und Ensslin, die inzwischen eine großbürgerliche Villa im Frankfurter Westend bezogen hatten.

»Das Paar wirkte wie ein Kernmodul«, schreibt Gerd Koenen, damals Augenzeuge. Und Peter-Jürgen Boock, späteres RAF-Mitglied und zu lebenslanger Haft verurteilter Haupttäter bei der Entführung von Arbeitgeberpräsident Hanns-Martin Schleyer, erinnert sich: »Wie diese beiden sich stillschweigend verständigen konnten, indem sie sich nur einen Blick zuwarfen, wie sie mit Gesten kommunizierten, wie sie gegenseitig Sätze ergänzten ... Sie waren eins.«

Damals war Boock siebzehn. Gerade vom Staffelberg-Heim ausgebrochen durfte er sich sogar zu Gudrun Ensslin in die Badewanne setzen – auch eine Urszene des deutschen Terrorismus.

Andreas Baader, der schnell zur Vaterfigur wurde, schenkte ihm seine abgewetzte Lederjacke. Bessere Ersatzeltern waren kaum denkbar.

Die meisten der anderen entflohenen Jugendlichen – bis zum Herbst 1969 wurden es mehrere Hundert – musste sich dagegen mit roten Mao-Bibeln zufriedengeben, die großzügig verteilt wurden. Dafür gab es ständig aufregende Aktionen, Demos, »Go-ins«, wilde Partys.

Viele sind begeistert von Baaders radikaler Aura. Er ist ein Tat-mensch, der andere mitreißt. Nicht wie Rudi Dutschke mit rasan-ten Wortkaskaden und theoretischer Welterklärung, sondern mit der wilden Entschlossenheit zum Handeln. »Er war ein Arsch-loch«, erinnert sich Dany Cohn-Bendit, ein Macho, Angeber und Nichtstuer, jedenfalls im protestantisch-bürgerlichen Sinn. Aber er hatte keine Angst. Auch nicht vor »großen Tieren«, schon gar nicht vor den Grenzen zur Illegalität. Er war eben kein Sozialar-beiter mit Pferdeschwanz, eher eine Mischung aus Dandy und Gang-Boss mit Ambition zur Weltveränderung.

Das machte großen Eindruck auf die Jugendlichen. Einer von ihnen, der Heimzögling Peter Brosch, bemerkte schon 1971: »Die Jugendlichen fallen auf die Baader-Gruppe deshalb herein, weil sie sich ›nicht-studentisch‹ gibt ... Bei Baaders ist immer was los..., macht die Politik Spaß ...« Mal wurde eine Darmstädter Disko gestürmt, mal ging es in ein Nobelrestaurant zum Nulltarif: »Alle bestellten vom Feinsten, und wenn es ans Bezahlen ging, sagten wir einfach: Nö!«, erzählt Peter-Jürgen Boock. Es gab Affä-ren zwischen Studentinnen und Heimausbrechern, aber auch Eifersuchtsdramen bis hin zu Selbstmorden. Hier und da wurden Wohnungen verwüstet, Einrichtungen zertrümmert. Es wurde geklaut und gedealt. Ein *Clash of Civilizations* mitten im revolutio-nären Kampf.

Über Gudrun Ensslin jedoch gab es noch ein ganz anderes, positives Urteil: »Die kam aus dem Gefängnis und wollte ernsthaft eine sinnvolle politische Arbeit machen«, stellte Jugendamtsleiter

Herbert Faller fast erstaunt fest. Um ein Haar wäre ihr sogar ein diakonisches Jugendprojekt der Kirche angeboten worden. Derweil versank ein Großteil der ehemaligen Heimzöglinge immer mehr im Kreislauf von Drogen und Kleinkriminalität. Baader selbst bediente sich nach Gutdünken aus der revolutionären Gemeinschaftskasse, was ihm von den marxistisch-leninistisch bekehrten Mitgliedern der »Lederjackenfraktion« den bösen proletarischen Ordnungsruf »Baader ans Band!« einbrachte.

Am Ende aber scheiterte die revolutionäre Sozialarbeit an schlichter Überforderung – an der praktischen Aufgabe, Hunderten von einst »schwer erziehbaren« Jugendlichen eine konkrete Arbeits- und Lebensperspektive zu vermitteln.

Viel wichtiger war Baader & Co. sowieso eine ganz andere Perspektive – die der Revolution: »Politisches Ziel müssen militante Angriffe gegen die Bourgeoisie, gegen Regierung, Kapitalisten und Imperialisten sein«, tönte er im Kreise seiner Mitverschworenen.

Die Stadtguerilla war schon in Sichtweite.

Und wieder einmal halfen Staat und Justiz dabei, ohne es zu wollen. Am 10. November 1969 erhielten die Anwälte der vier Kaufhausbrandstifter Post vom Bundesgerichtshof in der Sache 2 StR 155/69: Die Revision wurde als »unbegründet« verworfen, somit war die dreijährige Zuchthausstrafe rechtskräftig. Das galt sozusagen unverzüglich, sofort. Eigentlich gleich. Als die BGH-Entscheidung zwei Tage später bekannt wurde, sah man Baader, Ensslin und Thorwald Proll zum letzten Mal in der Öffentlichkeit – bei einer Pressekonferenz des Frankfurter Jugendamts zum Thema kommunale Wohnkollektive: »Gudrun Ensslin und Andreas Baader standen noch lange auf dem Bürgersteig vor dem Frankfurter Jugendamt in der Berliner Straße und sprachen intensiv mit einer Frau: Es war Ulrike Meinhof« – so beschreibt Peter Wensierski die Szene. Die beiden wollten Meinhof kurz vor dem Absprung noch überzeugen, an ihrer Stelle die »Heimkampagne« fortzuführen.

Sie tat es nicht. Sie war viel zu sehr bürgerliche Intellektuelle, mochte sie auch noch so radikal klingende Kolumnen schreiben und mit Begeisterung provokante Sprüche von Fritz Teufel zitieren wie: »Es ist immer noch besser, ein Warenhaus anzuzünden als ein Warenhaus zu betreiben.«

Gerade war auch ihre einstündige Radiosendung über ein Mädchenheim in Guxhagen ausgestrahlt worden, die großes Aufsehen erregte. Daneben steckte sie immer noch in der Arbeit an ihrem Fernsehfilm »Bambule«, der sie bis ins Frühjahr 1970 hinein okkupierte. Am 21. März schrieb sie entnervt an den Regisseur Eberhard Itzenplitz, endlich sei ihr klar geworden, »dass ein Aufstand im Heim, die Organisierung der Jugendlichen selbst, tausendmal mehr wert sind als zig Filme«. Aus dieser Erkenntnis wolle sie nun »praktische Konsequenzen ziehen«. So ließ sie den Regisseur im Stich. Am Ende bittet sie: »Versuch mal, jetzt nicht bitterböse zu sein, sondern die Geschichte ein bisschen zu verstehen. Sie ist nicht einfach verrückt. Im Grunde ist sie nur konsequent und ich zum Glück noch nicht so korrupt, dass ich es nicht noch ticken konnte. Tschüss für heute, Ulrike.«

Es war ein historisches Tschüss auf Nimmerwiedersehen.

Der fertiggestellte Film wurde nicht wie vorgesehen am 24. Mai gesendet, sondern verschwand im Giftschrank: Inzwischen wurde Ulrike Meinhof, die Autorin, wegen ihrer Beteiligung an der Baader-Befreiung am 14. Mai in Berlin-Dahlem steckbrieflich gesucht – als Terroristin. Erst 24 Jahre später, im Frühling 1994, durfte der Film auf die Fernsehbildschirme der wiedervereinten Nation.

Nach dem Gespräch mit Ulrike Meinhof vor dem Frankfurter Jugendamt, das durchaus heftig verlief, wie eine Augenzeugin berichtet, dauerte es noch etwa zwei Tage, bis Andreas Baader, Gudrun Ensslin und Thorwald Proll die gemeinsame Flucht antreten konnten. Zuvor musste noch der Fluchtwagen repariert werden. Dann ging es von einer Tiefgarage in der Innenstadt aus ohne Umweg auf die Autobahn. Doch selbst in diesem Augenblick wich Baader nicht vom Macho-Dandy-Schema ab: In einer Drogerie besorgte er sich schnell noch sein Lieblingsrasierwasser der Marke »Pitralon«.

So viel Zeit musste sein. Das hätte Jean-Paul Belmondo auch getan. Über Hanau, wo das Auto gewechselt wurde, fuhr man an die grüne Grenze nach Frankreich. Zu Fuß marschierten die drei – Horst Söhnlein hatte sich schon lange vorher von der Gruppe getrennt, um sich später den Behörden zu stellen – weiter Richtung Westen. Am verabredeten Punkt holte sie ein Wagen mit französischem Kennzeichen ab und brachte sie nach Paris. Nach einigen Wohnungswechseln landeten sie in der leer stehenden Wohnung von Régis Debray, der sich zu dieser Zeit in bolivianischer Haft befand, weil er 1967/68 Kontakt mit Che Guevara aufgenommen hatte.

So schlossen sich die Kreise. Wunderschön auf der Île de la Cité und in Sichtweite von »Nôtre-Dame« gelegen, bot das Appartment einen herrlichen Blick über die Stadt.

Gudrun Ensslin und ihr Verteidiger Otto Schily beim Prozessauftakt am 14.10. 1968 in Sachen Frankfurter Kaufhausbrandstiftung

Am 17. November ersuchte Otto Schily im Namen seiner Mandantin beim hessischen Justizminister um die Erlassung ihrer Reststrafe im Wege eines »besonderen Gnadenerweises«. Gudrun Ensslin sei »eine Überzeugungs-, ja Gewissenstäterin«, argumentierte Schily. Ihre Tat, deren Sinnlosigkeit sie erkannt habe, sei »Ausdruck einer Ausweglosigkeit« gewesen: »Es ist mit Sicherheit zu erwarten, dass sie keine Straftaten mehr begehen wird.«

Während ihre Anwälte in Deutschland versuchen, die Folgen der BGH-Entscheidung zu mildern, und die Behörden die Flucht der Kaufhausbrandstifter weder bemerken noch überhaupt nach ihnen fahnden, genießen die drei Revolutionäre auf Reisen die

Freuden von Paris. Astrid Proll hat noch den schönen weißen Mercedes-Schlitten nachgeholt, dazu falsche Pässe, Bücher und Geld.

»Wir erfanden uns die Illegalität«, sagt Thorwald Proll. Durch veränderte Haarlänge und Haarfarbe völlig unerkannt flanieren sie durch die riesige Stadt an der Seine, die ihren schweren Kater vom verlorenen Mai 68 noch nicht wirklich verdaut hat. Sie gehen in Bistros, probieren Absinth und weißen Rum und durchstöbern den Flohmarkt an der Porte de Clignancourt: »Grandiose Szenerie. Da haben wir uns Lederjacken gekauft«, erzählt Proll. »Haben da geschossen in den Schießbuden. U-Bahn sind wir gefahren. Ins Kino sind wir gegangen.«

In einem der vielen Cafés macht seine Schwester Astrid jene Fotos, die später zu Ikonen der radikalen Linken wurden: Baader und Ensslin als lächelndes Liebespaar in Lederjacken, das »Ricard«-Schildchen frankophil und Pastis-selig auf dem Tisch drapiert, weiße Tassen und Zigaretten, womöglich Gauloises, zwischen den Fingern.

Sie schauen sich in die Augen. Eigentlich sind es Urlaubsfotos, aber sie verströmen einen Hauch von Bonnie & Clyde und – trotz aller beginnenden Ausgebufftheit des Lebens in der Illegalität – eine Zärtlichkeit, die man später zur Solidarität der revolutionären Kämpfer verklärt. Sie schwingt noch beim »schwülen, priapeischen Andreas-Kult« (Koenen) der siebziger Jahre mit, als Ulrike Meinhof eher dichtete denn schrieb: »So ist Andreas der Guerilla, von dem Che sagt, dass er die Gruppe ist.« Praktisch schon der neue Mensch.

Sanfte Rebellen, gut aussehend, hedonistisch, merkwürdig unschlüssig und getrieben zugleich – so schienen sie im November 1969. Eine Augenblicksaufnahme. Ruhe vor dem Sturm.

Noch könnten sie zurück. Aber sie wollen weiter. Als eine Abordnung Frankfurter Heimzöglinge nach Paris kommt und sie anfleht, zurückzukehren – »Wir brauchen euch!« –, lehnen sie ab. Sie sind jetzt auf einem ganz anderen Trip. Sie lassen sogar Thorwald Proll, der es »irgendwie nicht brachte«, in der Wohnung zurück – »Ich kann das jetzt auch nur als imaginäre Situation empfinden«, sagt er heute – und fahren nach Italien.

Ein deutscher Sehnsuchtsort für Romantiker aller Klassen und Epochen. Anstelle von Thorwald sitzt Schwester Astrid im weißen Mercedes, der am 13. Dezember 1969 in Mailand eintrifft. Dort wimmelt es von Polizei, weil an der Piazza Fontana gerade eine Bombe neofaschistischer Terroristen explodiert ist, durch die sechzehn Menschen starben. Auch der linke Verleger Giangiacomo Feltrinelli, der geheimnisvolle Dynamitstangenlieferant von Berlin, wird verdächtigt. Blitzschnell taucht er unter.

So geht es rasch weiter nach Rom, wo die drei allerlei Freunde und Bekannte besuchen, darunter den Komponisten Hans Werner Henze, den Schriftsteller Peter O. Chotjewitz und die Autorin Luise Rinser.

Die 58-jährige Dame, die später auch einmal den nordkoreanischen Despoten Kim Il-sung anhimmeln wird, ist so begeistert, dass sie umgehend an Pfarrer Helmut Ensslin schreibt: »Gudrun hat in mir eine Freundin fürs Leben gefunden.«

Doch nach ein paar Tagen mit Diskussionen und geselligen Abendessen im Hause Henze setzen sie ihre Selbstfindungsreise in Richtung Süden fort, über Sorrent und Neapel bis an den südlichsten Punkt von Sizilien, direkt gegenüber Afrika. »Andreas bastelte an unserem Auto, Gudrun beobachtete den Sonnenaufgang, ich ging einkaufen«, erinnert sich Astrid Proll. »Wir langweilten uns zu Tode und erfanden die RAF.« Aber: »Wir wussten alle, dass die Sache für uns mit Gefängnis oder mit dem Tod enden konnte ... Wir suchten eine große Herausforderung.«

Allerlei Mythen und Erzählungen ranken sich um diese merkwürdigen Tage. Wie ein Demosthenes der künftigen Metropolen-Guerilla an den gischtumspülten Gestaden des Mittelmeers hielt Baader angeblich Reden über das Kommende, »das Große, das Militante«.

Sicher ist: Noch einmal ging es zurück nach Rom. Dort tauchte, vermutlich im Januar 1970, auch Horst Mahler auf, Baaders Verteidiger, der Anwalt der APO schlechthin. Inzwischen ist er längst selbst auf dem revolutionären Trip. Schon sucht er Rekruten für die neue Stadtguerilla. Beim allmählich genesenden Rudi Dutschke, der sich gerade in London aufhielt, war er bereits gewesen.

Nun also Baader und Ensslin in Rom. Er bringt ein paar Bündel Geldscheine mit, Spenden von linken Kulturschaffenden und Promis, die selber nicht an die Guerillafront wollen, es aber gut finden, wenn andere etwas unternehmen. Ein linker Ablasshandel, der noch zur boomenden Branche werden sollte.

»Horst, du wirst auch einmal die Robe ausziehen und mit der Maschinenpistole argumentieren«, hatte Gudrun Ensslin ihrem Verteidiger während des Kaufhausbrandstifterprozesses vorhergesagt. Nun sitzt sie ihm gegenüber und grinst. Ab sofort spielt sich Horst Mahler als Spiritus Rector auf, als Oberhäuptling und Guerilla-General.

Beinahe ultimativ fordert er die drei Revolutionstouristen im mediterranen Wartestand auf, ins kalte, doch stets kampfbereite Berlin zurückzukehren. Ausgerechnet Baader zögert. Astrid Proll aber reicht es jetzt mit Bella Italia. Eigenhändig klaut sie einen Alfa Romeo mit allen Fahrzeugpapieren und fährt nach Frankfurt zurück.

RAF-Anwälte Hans-Christian Ströbele, Horst Mahler und Otto Schily. Hier, am 30. Oktober 1972, verteidigen die beiden Kollegen ausnahmsweise Horst Mahler in einer APO-Strafsache

Als Horst Mahler am 5. Februar 1970 die offizielle Ablehnung des Gnadengesuchs für Gudrun Ensslin erhält und über Peter O. Chotjewitz nach Italien durchreicht, ist die Entscheidung gefallen. Nun geht es zurück nach Deutschland. Weg vom sizilianischen Sonnenaufgang, auf in den deutschen Kampf.

Kaum zu glauben, dass inmitten dieser Irrungen und Wirrungen die erste Mondlandung in der

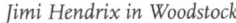

Jimi Hendrix in Woodstock   *»Woodstock«-Festival westlich von New York im August 1969*

Geschichte der Menschheit am 20. Juli 1969 mit der Raumkapsel »Apollo 11« nahezu perfekt geklappt hat. Vier Wochen später strömte eine halbe Million Menschen zum Festival von Woodstock, wo Joan Baez, Arlo Guthrie, Ravi Shankar, Jimi Hendrix, Joe Cocker, The Who, Greatful Dead, The Band, Santana, Janis Joplin, Blood, Sweat & Tears und viele andere dafür sorgten, dass der »Summer of Sixtynine« zum Mythos einer Zeit wurde, die niemals wiederkehrte. In ihr lag schon, trotz aller Hippieseligkeit, ein Hauch von Wehmut und Abschied. Eine Art süßer Überreife, die nur noch die Musik einfangen und zum Ausdruck bringen konnte. Für die Trauerarbeit war vor allem der Blues zuständig. Doch die Rockmusik hatte ihre große Zeit noch vor sich. Vielleicht auch deshalb, weil Gefühle langsamer sind als Gedanken, weil das Nachschwingen der gemeinsam erlebten Rebellion länger dauerte als der tatsächliche Zerfall in ihre Einzelteile.

Während Apollo 11 um den Mond kreiste, versammelten sich ganz weit unten, im fränkischen Örtchen Ebrach, rund 200 Restrebellen zum »Knastcamp« auf einer Wiese am Waldesrand. Wie gewohnt halb im Spaß, halb im Ernst bezichtigten sie sich selbst als »Landfriedensbrecher, Aufrührer und Rädelsführer«. Das Motto des Zentralrats der umherschweifenden Haschrebellen lautete: »Mit dem Joint in der Hand Revolution auf dem Land – stürmt das Gefängnis!« Äußerer Anlass war der Umstand, dass im Ebracher Jugendgefängnis ein junger Genosse einsaß, der flugs zum »politischen Gefangenen« erklärt wurde. Da vielen anderen inzwischen ebenfalls teils empfindliche Gefängnisstrafen drohten, geriet das ganze Unternehmen zu einer revolutionären Landpartie mit ausgeprägter Eigenmotivation.

Nach Aktionen in Ebrach, Bamberg und Umgebung gab es zwischenzeitlich 39 Festnahmen und jede Menge Tumult. Franz-Josef Strauß, der CSU-Vorsitzende und bayerische Weltstaatsmann, als bekennender Altphilologe für klare Worte berühmt, beobachtete das wilde Treiben ganz genau: »In Bamberg haben APO-Revoluzzer öffentlich uriniert und geschissen, eine Studentin hat nacheinander mit zwei Partnern vor den Augen der Öffentlichkeit und in Beisein von drei- bis sechsjährigen Kindern den Geschlechtsverkehr vollzogen.«

Politisch skandalös war aber etwas ganz anderes. Dafür hätte man freilich die Gabe haben müssen, in die Zukunft schauen zu können. Denn unter den hochsommerlichen Camp-Aktivisten war ein Dutzend späterer Terroristen, die sich bald darauf den Tupamaros Westberlin, der Bewegung 2. Juni und der RAF anschlossen: Irmgard Möller, Brigitte Mohnhaupt und Ina Siepmann, Tommy Weißbecker, Georg von Rauch, Rolf Heißler und Rolf Pohle, natürlich auch Dieter Kunzelmann und Fritz Teufel. Für ein paar Stunden schauten sogar die »Staffelberg«-Helden aus Frankfurt, Andreas Baader und Gudrun Ensslin, vorbei. Auf alten Fotografien sieht man den attraktiven Georg von Rauch mit nacktem Oberkörper neben der hübschen Ina Siepmann am grünen Waldesrand stehen und den gewohnt wuschelig-wachen Fritz Teufel im Gespräch mit der bildschönen Irmgard Möller. Eine fast bukolische Szenerie. Und eine Innigkeit, die ihrer selbst gewiss schien.

Nur wenige Jahre später waren fast alle im Gefängnis – oder tot.

Sowenig Bedeutung das »Knastcamp« für die Befreiung der fränkischen Provinz hatte, so wichtig war es als Ausgangspunkt einer großen politischen Irrfahrt. Auch sie führte zunächst nach Italien, über Mailand und Rom, dann aber nach Sofia und Istanbul, über Syrien und den Libanon bis nach Palästina und von dort in ein Ausbildungscamp von Yassir Arafats »Al-Fatah« in Jordanien. Es waren insgesamt rund 15 Leute, an ihrer Spitze Dieter Kunzelmann, die nun erst einmal Mailand und Rom unsicher machten. Von Prominenten wie den Filmregisseuren Sergio Corbucci (»Leichen pflastern seinen Weg«), Marco Ferreri und Carlo Levi, dem anarchistischen Balletttänzer Valpreda und abermals Feltrinelli erhielten sie Geld, Adressen und praktische Hilfe. Durch ihren Kontakt mit den »Ucelli«, radikalen Studenten, die sich auf den Spuren Garibaldis wähnten, hatten sie sich eigentlich entschlossen, zu den Erdbebenopfern von Gibellina auf Sizilien zu fahren, dorthin, wo ein knappes Jahr später auch Ulrike Meinhof auftauchen sollte – auf *ihrem* Weg nach Palästina. Auch die Obdachlosen Süditaliens waren ja mögliche Subjekte eines revolutionären Aufstands. Doch nach einer nächtlichen Diskussion entschloss man sich, lieber gleich zur »Fatah« nach Palä-

Ina Siepmann, Mitglied der »Tupamaros Westberlin« und der »Bewegung 2. Juni« (1970). Vermutlich starb sie 1982 im Kampf aufseiten der PLO im Libanon

stina zu reisen. Dort erhoffte man sich nicht nur einen neuen weltrevolutionären Schub, sondern auch das ersehnte Guerilla-Training mit »richtigen« Waffen. Pudding-Attentat, Provo-Happenings und politisch garstige Kinderreime – das war gestern.

Am 22. September 1969 ging es zu fünft mit dem Ford Transit los auf die Riesenstrecke über Jugoslawien und Bulgarien. An der Grenze zur Türkei wurden sie zurückgewiesen: Sie mussten sich erst die schönen langen Haare abschneiden. Georg von Rauch soll geweint haben.

»In Beirut haben wir Kontakt mit den Palästinensern aufgenommen«, erzählt Albert Fichter, Mitglied dieser seltsamen Fahrgemeinschaft. »Die Al-Fatah-Leute haben uns dann weitervermittelt. So sind wir nach Amman gelangt.« In den Bergen ging es schließlich in eine der vielen Tuffsteinhöhlen. »Auf einmal ist dann Yassir Arafat erschienen und hat uns die Hand geschüttelt. Kunzelmann war so angetan davon, dass er sich am liebsten die Hände nicht mehr gewaschen hätte. Der Georg hat mit einer ähnlichen Ehrfurcht reagiert.«

Die deutschen Revolutionstouristen durchlaufen eine einwöchige militärische Schnellausbildung. Sie bauen Kalaschnikows zusammen und wieder auseinander, absolvieren Schießübungen und lernen, einfache Sprengsätze zu basteln: »Ganz primitive Sachen, mit Isolierband und so, alles Sachen, die dann in Berlin auch zur Anwendung gekommen sind.« Die Fatah-Leute dachten dabei durchaus nicht uneigennützig: »Wir sind ja ausgebildet worden, um propalästinensische Aktionen, in den Metropolen, in Berlin und anderswo, durchzuführen«, sagt Ex-Guerillero Richter.

Von Jordanien aus schickt Oberkommandeur Kunzelmann, der damit zugleich seine Flucht in den Untergrund öffentlich macht, Briefe an die »Agit 883« nach Berlin, die schon den neuen Ton anschlagen. Die folgenden Zeilen aber muss er Wochen nach seiner Rückkehr nach Berlin geschrieben haben: »Hier ist alles sehr einfach. Der Feind ist deutlich ... Unsere Aufgabe ist, den Feind wieder sichtbar zu machen ... Dass die Politmasken vom Palästina-Komitee die Bombenchance nicht genutzt haben, um eine Kampagne zu starten, zeigt nur ... die Vorherrschaft des Judenkomplexes.« An anderer Stelle sprach er auch vom »Judenknax«. Die verfehlte »Bombenchance« war nichts anderes als ein versuchter Anschlag auf das Jüdische Gemeindezentrum in der Charlottenburger Fasanenstraße – ausgerechnet am 9. November 1969, dem 29. Jahrestag der Pogrome während der sogenannten

»Reichskristallnacht«, in der unzählige Synagogen brannten und Hunderte Juden getötet wurden.

Die Bombe hatte nicht funktioniert und wurde später entdeckt. Daneben fand man ein Flugblatt mit der Zeile »Schalom + Napalm«. Unterzeichnet hatten »Schwarze Ratten TW« – »Tupamaros Westberlin.« Die Täter wurden nie ermittelt.

Es war die erste Bombe aus den Reihen der militanten linken Szene überhaupt. Sie sollte »der Beginn der Guerilla in Deutschland sein«, wie Bommi Baumann sagt. Es war eine antisemitische Bombe, eine Bombe gegen Juden. Sie richtete sich nicht gegen den deutschen Staat, nicht gegen »Polizeiterror« oder den »US-Imperialismus« – sondern gegen jenen Ort, an dessen Stelle bis zum 9. November 1938 die zweitgrößte Synagoge Berlins gestanden hatte. Bis heute ist kaum erklärbar, dass dieser Skandal in der deutschen Linken insgesamt nur ein vergleichsweise verhaltenes Echo fand und wenig diskutiert wurde, obwohl es tatsächlich die verrückte Tat einer kleinen radikalen Minderheit war.

Mag es daran gelegen haben, dass damals viele Linke nach dem siegreichen Sechstage-Krieg Israels gegen die arabischen Nachbarstaaten auch glaubten, dass »aus den vom Faschismus vertriebenen Juden« inzwischen »selbst Faschisten« geworden seien, die »das palästinensische Volk ausradieren« wollten, wie es in dem Flugblatt hieß? Charakteristisch für die neue »revolutionäre Kampffront« gegen den »imperialistisch-zionistischen« Feind war jedenfalls der Hinweis auf das »deutsche Schuldbewusstsein«, auf jenen »Judenknax«, der angeblich zu »theoretischer Lähmung« führe. Der neue, echte und eben nicht mehr »hilflose« Antifaschismus müsse, so stand es in dem abstrusen Bekennerschreiben, die »neurotisch-historizistische« Aufarbeitung der Geschichte überwinden: »Der wahre Antifaschismus ist die klare und einfache Solidarisierung mit den kämpfenden Fedayin.« Wörtlich heißt es in Kunzelmanns »Brief aus Amman«, der am 27. November 1969 in der »Agit 883« abgedruckt wurde: »Palästina ist für die BRD und Europa das, was für die Amis Vietnam ist ..., und wir werden nicht mehr zögern, unseren simplen Philosemitismus zu ersetzen durch eindeutige Solidarität mit Al Fatah, die im Nahen Osten den Kampf gegen das Dritte Reich von gestern und heute und seine Folgen aufgenommen hat.« Der postume Widerstand gegen die Nazis kulminierte also im Kampf gegen den Staat der Juden. Eine abgründige Dialektik.

Erst 2005, 36 Jahre später, bekannte sich der Bombenleger öffentlich. Gegenüber dem Historiker Wolfgang Kraushaar legte er ein rückhaltloses Geständnis ab. Es war Albert Fichter, der Bruder von Tilman Fichter, der für den Ausschluss der Kommune 1 aus dem SDS im Frühjahr 1967 mit verantwortlich gewesen war. Sollte hier etwa auch späte Rache am SDS eine Rolle gespielt haben?

Das Ganze sei jedenfalls eine Idee von Altkommunarde Kunzelmann gewesen, sagt Fichter. Der habe immer schon von »Sauju-den« geredet und »ständig gehetzt«: »Er ist damals wie ein klassischer Antisemit aufgetreten.« Georg von Rauch und Bommi Baumann hätten es nachgeplappert. Peter Urbach, der Spitzel des Verfassungsschutzes, der den Berliner »Blues« schon häufiger mit Brandsätzen versorgt hatte, habe die Bombe geliefert, und er, der ideologisch unsichere »Tupamaro«-Kantonist, sollte einen harten Praxistest bestehen: »Dieter wollte mich durch eine antisemitische Aktion auf die Probe stellen«, sagt Fichter. Doch dann habe er festgestellt, dass der Zünder kaputt gewesen sei, die Bombe also nicht hochgehen könnte. Das behielt er allerdings für sich. Was er angeblich nicht wusste, auch wenn es kaum zu glauben ist: dass der 9. November ein schreckliches, symbolisch aufgeladenes Datum war.

Kunzelmann hatte offenbar nur etwas von einer Zusammenkunft des »Weltzionismus« gefaselt. Dass ausgerechnet an diesem Tag der »Stern« mit einer Titelgeschichte über Uschi Obermaier und die Kommune 1 an den Kiosken hing, war Zufall und schwarze Ironie zugleich. Es war der letzte große Bericht aus der Kommune, die von den Medien inzwischen 1000 Mark Tagesgage verlangte, und zum vorläufig letzten Mal durfte die halbnackte Sexbombe gestehen, dass sie bei Marx und Mao nie über ein paar

Seiten hinausgekommen sei: »Buchstaben sind mir zu unattraktiv«, bekannte sie. Sagenhafte 45 000 Mark soll der »Stern« für seine Tage mit der Kommune gezahlt haben.

Am Morgen des 9. November also verließ Albert Fichter die Wohnung am Nollendorfplatz. »Zur Tarnung habe ich mir einen Anzug angezogen.« Über der Schulter hing ein Trenchcoat, der von Tommy Weisbecker stammte. »Aus einem Ärmel hatten wir oben das Futter herausgetrennt und es unten einfach zusammengeknotet. In diesen Ärmel ist dann die Bombe reingesteckt worden. Als die Gäste zur Garderobe gegangen sind und ihre Sachen aufgehängt haben, da bin ich einfach mit hingegangen und habe den Mantel mit der Bombe dort abgelegt.« Der Zeitzünder ist auf 11.30 Uhr eingestellt.

Umgehend verlässt Fichter das Jüdische Gemeindehaus. Nach dem Scheitern des Anschlags herrscht »niedergeschlagene Stimmung« unter den Genossen. Kunzelmann ist sauer, obwohl er zugibt, dass die politische Wirkung auch ohne Explosion eingetreten sei. Als »Psychobombe« hatte sie für ausreichend Aufsehen und Empörung gesorgt. Nun wollte er noch einen draufsetzen: Ein Denkmal für ermordete Juden sollte mit PLO-Parolen beschmiert werden. An diesem Punkt kam es, so erzählt es zumindest Albert Fichter, zum Streit, ja zum Zerwürfnis. »Ich hab gesagt, du bist verrückt, das kannst du nicht noch mal bringen, das ist wahnsinnig ... du bist ein Judenhasser ... Da ist er durchgedreht und hat aus seinem Hosenbund eine Waffe gezogen und sie mir an den Kopf gehalten.«

Zwei Frauen, darunter die Jordanienreisende Lena Conradt, gingen dazwischen. Albert Fichter stürmte aus der Wohnung. In dieser Sekunde begann für ihn eine jahrelange Flucht – vor den staatlichen Verfolgungsbehörden wie vor den eigenen Genossen.

Sie führte ihn bis nach Venezuela, Kolumbien, Ecuador, Peru und Chile. Am Ende seines außergewöhnlichen Geständnisses bittet Albert Fichter, der heute noch im Ausland lebt, bei der Jüdischen Gemeinde Berlins »für diese üble Tat um Vergebung«.

Dies alles sind schier unglaubliche Geschichten am Scheidepunkt der Revolte 1969/70. Auch wenn an ihnen nur eine Minderheit der 68er beteiligt war – sie sind durchaus repräsentativ für einen Zweig der Revolte, vor allem für den militanten Berliner »Blues« im diffusen Dunstkreis zwischen umherschweifenden Haschrebellen und der sich formierenden Stadtguerilla mit ihren verschiedenen Ablegern.

Bewusst und gezielt wurden nun bislang noch gültige Grenzlinien überschritten und alte Tabus gebrochen. Aus der Gewalt gegen Sachen wurde die Gewalt gegen Personen, es trennten sich die Wege. So irrlichternd Dieter Kunzelmann von heute aus erscheint – er war eine der zentralen Figuren der 68er-Bewegung, von den ersten Flugblättern der »Subversiven Aktion« in den frühen Sechzigern über die Kommune 1 und den SDS bis zu den Anschlägen der »Tupamaros Westberlin« zu Beginn der siebziger Jahre. Bei ihm wie vielen anderen gab es einen Prozess der rasanten Radikalisierung, eine militant-idealistische Selbstanmaßung, die nun, am imaginären Rubikon einer weltgeschichtlichen Auseinandersetzung, wirklich alle Grenzen sprengte.

Aber es war zugleich eine Flucht nach vorn. Einerseits war die politische Ratlosigkeit im Laufe des Jahres 1969 weiter gewachsen, andererseits drohten vielen teils mehrjährige Haftstrafen. Dazu kommt die eigentümliche Binnendynamik weitgehend abgeschotteter Gruppen mit ihren Revolutionshelden und Che-Guevara-lookalike-Gurus, die Logik von Konkurrenz und Mutproben, gegenseitigen Vorwürfen von Opportunismus, Feigheit und Verrat.

Spieglein, Spieglein an der Wand, wer ist der Radikalste im ganzen Land? An diesem Punkt waren die Parallelen zu den kommunistischen Parteisekten, dem anderen großen Zweig- und Zwergwuchs der lautstark verkümmernden Revolte, offenkundig. Dass sich das Ganze in Schwaden von Cannabis und beim Verzehr jeder Menge harter Drogen abspielte – Kunzelmann spritzte sich regelmäßig Heroin – machte eine vernünftige Diskussion auch nicht unbedingt leichter. Die einst angestrebte Bewusstseinserweiterung jedenfalls verwandelte sich unter diesen Umständen immer mehr in einen ideologischen Tunnelblick auf die Wirklichkeit, während die Selbstüberschätzung teils kosmische Ausmaße annahm.

»Am Beginn des bewaffneten Kampfes stand eben die leere, existenzielle Tat des Übergangs in die Illegalität, in den Untergrund«, resümiert Gerd Koenen. »Alle Forderungen, Theorien, Programme wurden erst nachgeliefert.«

Wenn überhaupt. Meist waren es nur immer unverständlicher werdende, pseudotheoretisch radebrechende »Kommandoerklärungen«.

Kaum zu glauben, dass zur gleichen Zeit Willy Brandt zum Bundeskanzler der sozialliberalen Koalition gewählt worden war – der junge Emigrant aus Hitler-Deutschland, Antifaschist der ersten Stunde und sozialdemokratische Weltbürger. Doch das legendäre Motto seiner Regierungserklärung – »Mehr Demokratie wagen« – fand kein Echo im Tunnel der linken Selbstradikalisierung – auch nicht die begrenzte Amnestie für »Demonstra-

Kommunarde Kunzelmann im trauten Kreise seiner Haschrebellen. Hier lauscht er gerade Jimi Hendrix beim Konzert im Berliner Sportpalast am 24. Januar 1969

tionsstraftäter« im Mai 1970. Sie betraf allerdings auch nicht die »schweren Fälle« ab neun Monaten Haft.

Die Wirtschaft brummte, es gab kaum Arbeitslosigkeit, die Gesellschaft öffnete sich. Doch längst lebten Tausende Rebellen der linksradikalen Szenen Berlins, Frankfurts und anderer großer Städte in einer anderen, ziemlich geschlossenen Welt. Und in einer anderen Zeitrechnung.

Fritz Teufel etwa meldete sich per Interview mit der Münchner »Abendzeitung« Anfang Februar gleichsam offiziell in den Untergrund ab: »Der Clown Teufel ist tot«, verkündete er. »Jetzt muss es krachen, diese Gesellschaft muss zerbrechen.«

Das fanden viele andere auch.

Ende Februar 1970 besuchen Andreas Baader und Gudrun Ensslin, endgültig aus Italien zurückgekehrt, Ulrike Meinhof in ihrer neuen Berliner Wohnung in der Kufsteiner Straße 12 und quartieren sich fürs Erste ein. Sie nennen sich jetzt »Hans« und »Grete«, ihre Kampfnamen für den Untergrund. »Grete schnitt sich in unserem Badezimmer die Haare und färbte sie«, erinnert sich Bettina Röhl. »Hans benahm sich bald, als sei er der Hausherr. Dass er Kinder extrem lästig fand, daraus machte er keinen Hehl.« Bald stießen Horst Mahler und Astrid Proll dazu, auch Georg von Rauch, Dieter Kunzelmann und andere. Es waren klandestine Zusammenkünfte, bei denen es vor allem darum ging, wer das Sagen haben sollte – Mahler, Baader, Ensslin & Co. oder die Tupamaros Westberlin, die immerhin schon eine Guerilla-Ausbildung bei der Fatah absolviert hatten. Auch hier kam es wieder zum Fingerhakeln unter den Alphamännchen.

Wichtiger aber noch war es, Waffen zu beschaffen. Und wieder war Spitzel Urbach alias S-Bahn-Peter zur Stelle. Er erzählte von einem geheimen Versteck auf dem Friedhof in Buckow-Rudow, wo Pistolen aus alten Wehrmachtsbeständen vergraben seien. Zweimal grub man nächtens, doch vergebens. Es war eine Falle. Auf dem Rückweg geriet Baader nicht zufällig in eine Verkehrskontrolle. Er hatte die Daten seiner gefälschten Ausweispapiere, die von Peter O. Chotjewitz stammten, nicht exakt im Kopf. So wusste er leider nicht die Namen »seiner« beiden Kinder auswendig und wurde aufs Polizeirevier mitgenommen.

Am nächsten Morgen, 4. April 1970, meldete sich dort Horst Mahler – als sein Anwalt: Er wolle »Herrn Baader« sprechen. Die Polizei bedankte sich für die unfreiwillige Hilfe bei der Identifizierung des gesuchten Kaufhausbrandstifters und verlegte ihn in die Justizvollzugsanstalt Tegel.

Mahler, der ausgefuchste APO-Anwalt und Möchtegernguerillachef, hatte wenig Coolness und Raffinesse bei seinen ersten Schritten in der Illegalität bewiesen. Auch Ulrike Meinhof wäre beinah in die Falle getappt. Noch am Abend versuchte sie, Baaders sichergestellten Wagen, der auf Astrid Proll zugelassen war, bei der Polizei abzuholen. Dabei erregte sie das Misstrauen eines Beamten – woher bloß konnte sie von der Verhaftung wissen?

RAF-Mitglied Astrid Proll auf dem Weg zu ihrem Prozess in Frankfurt am 28.9. 1973

Doch Meinhof, die in den Wochen zuvor ziemlich überlastet und bedrückt wirkte und noch mehr Roth-Händle rauchte als sonst, lebte gerade jetzt auf: »Plötzlich wussten alle, was zu tun war«, schreibt Bettina Röhl. »Für meine Mutter und Gudrun Ensslin, die dieses Ereignis zusammenwachsen ließ, stand fest, dass Baader aus dem Gefängnis befreit werden musste.«

Nach intensiver Vorbereitung und unter dem Vorwand, Baader müsse im »Deutschen Zentralinstitut für soziale Fragen« in Dahlem gemeinsam mit Ulrike Meinhof Material für ein Buch über »randständige Jugendliche« sichten, kam es am 14. Mai 1970 zum Showdown.

Um viertel vor zehn wird Baader in Handschellen in den Lesesaal geführt, wo Ulrike Meinhof schon auf ihn wartet. Ihre Töchter hat sie bei Freunden in Bremen untergebracht. Baaders Handschellen werden abgenommen. Man schleppt Bücher herbei und liest. Vor allem aber wird geflüstert. Und geraucht. So viel, dass ein Fenster geöffnet werden muss. Ulrike Meinhof versucht, die beiden Justizbeamten durch Smalltalk abzulenken. Dann treffen, wie verabredet, Irene Goergens, ein 19-jähriges ehemaliges Heimmädchen, und Ingrid Schubert ein. Beide tragen Perücken. Gegen 11 Uhr öffnen sie die Eingangstür um einen Spalt, und dann geht alles ganz schnell. Zwei maskierte Personen, eine davon höchstwahrscheinlich Gudrun Ensslin, dringen ins Gebäude ein. Der 62-jährige Institutsmitarbeiter Georg Linke will die Tür wieder schließen, doch der männliche Maskierte mit Wollmütze und Sehschlitz richtet die Pistole auf ihn.

In einem kurzen Augenblick der Unaufmerksamkeit des Angreifers versucht Linke zu fliehen. Doch der Maskenmann schießt sofort – aus 75 Zentimetern Entfernung. Schwer verletzt schleppt sich Linke in sein Zimmer. Nun ziehen auch die beiden Frauen ihre Waffen, stürzen in den Lesesaal und rufen: »Überfall! Hände hoch oder wir schießen!« Dann peitschen zwei Schüsse über die Köpfe der Anwesenden hinweg. Justizhauptwachtmeister Wetter wirft sich auf den Mann mit der Pistole. Zu seinem Glück hat sie Ladehemmung. So wird eine Prügelei daraus, an der sich auch die beiden Frauen beteiligen. Im allgemeinen Durcheinander fliehen Baader und seine Befreier durchs offene Fenster im Erdgeschoss. Auch Ulrike Meinhof, die als »offiziell« Unbeteiligte hätte zurückbleiben können, so, wie es eigentlich geplant war. Es war ihr Sprung in den Untergrund, ihre letzte Entscheidung für den Aufbau der »Rote Armee Fraktion«, für den bewaffneten Kampf. Und natürlich war es auch eine Entscheidung gegen ihre beiden Töchter.

Draußen wartete ein Alfa Romeo Giulia Sprint.

Sofort wurde die Fahndung eingeleitet, und Tage später hingen die Plakate mit Ulrike Meinhofs Konterfei in ganz Deutschland: »Mordversuch in Berlin. 10 000 DM Belohnung«. So wurde Ulrike Meinhof über Nacht zur Berühmtheit.

Der maskierte Schütze aber blieb unerkannt bis heute. Wahrscheinlich war es ein engagierter Krimineller, ein Profi.

In der »Szene« gab es viel Kritik an dieser Aktion, auch unter militanten Linken, erst recht, nachdem bekannt geworden war, dass Georg Linke wochenlang in Lebensgefahr schwebte. »Fantasie und Witz wären die besseren Waffen gewesen«, sagte Peter Homann, zeitweise Ulrike Meinhofs Freund und an der Tat als Helfer beteiligt. Und Irmgard Möller, die später zum Kern der RAF gehörte, sagt in der Rückschau: »Die gesamte Aufbauphase hätte anders, viel ruhiger laufen können, wenn es diese Schüsse nicht gegeben hätte.«

Ein diskreter Euphemismus. Aber mit Humor, Ruhe und Gemütlichkeit konnte die RAF noch nie dienen.

Drei Tage später erhält die Deutsche Presse-Agentur (dpa) einen anonymen Brief: »Glaubten die Schweine wirklich, wir würden den Genossen Baader zwei oder drei Jahre sitzen lassen? ... Glaube irgendein Schwein wirklich, wir würden

Bundesweites Fahndungsplakat nach der Baader-Befreiung am 14. Mai 1970

von der Entfaltung der Klassenkämpfe, der Reorganisation des Proletariats reden, ohne uns gleichzeitig zu bewaffnen? Glaubten die Schweine, die zuerst geschossen haben, wir würden uns gewaltlos wie Schlachtvieh abknallen lassen? Wer sich nicht wehrt, stirbt ... Mit dem bewaffneten Widerstand beginnen! Die Rote Armee aufbauen!«

Wenig später folgte die ausführliche Begründung, die in der »Agit 883« nachgedruckt wurde – mittendrin die Skizze einer Kalaschnikow. Alles deutet auf Ulrike Meinhof als Autorin. »Die

Baader-Befreiungsaktion haben wir nicht den intellektuellen Schwätzern, den Hosenscheißern, den Alles-Besser-Wissern zu erklären, sondern den potenziell revolutionären Teilen des Volkes. Das heißt denen, die die Tat sofort begreifen können, weil sie selbst Gefangene sind.« Damit waren vor allem jene »randständigen Jugendlichen« gemeint, die schon als Vorwand für die Pseudo-Recherche im Dahlemer Institut herhalten mussten. »Denen – und nicht den kleinbürgerlichen Intellektuellen – habt ihr jetzt zu sagen, dass die Befreiung Baaders nur der Anfang ist! Dass ein Ende der Bullenherrschaft abzusehen ist! Denen habt ihr zu sagen, dass wir die Rote Armee aufbauen, das ist ihre Armee. Denen habt ihr jetzt zu sagen, dass es losgeht!«

Der Befehlston war Programm von Anfang an wie die Roheit der Sprache, eine Mischung aus antrainiertem Gossenslang und linksdogmatischer Durchblicker-Rhetorik – nur das »ihr« wechselte von Fall zu Fall, je nachdem, ob es sich um »linke Schleimscheißer«, zugekiffte »Torfköppe«, »Verräter« oder echte Revolutionäre handelte. Nur für eine Gruppe Menschen war jedes Wort zu viel: »Bullen sind Schweine«, sagte Ulrike Meinhof im Gespräch mit einer Freundin, der französischen Journalistin Michèle Ray, das auszugsweise im »Spiegel« veröffentlicht wurde: »Der Typ in Uniform ist ein Schwein, das ist kein Mensch. Das heißt, wir haben nicht mit ihm zu reden … und natürlich kann geschossen werden.«

Um genau das und andere nützliche Dinge zu üben, reiste sie ein paar Wochen später mit Baader, Ensslin, Mahler und zehn anderen RAF-Genossen über Ostberlin und Beirut in ein militärisches Ausbildungslager der »Volksfront für die Befreiung Palästinas« (PFLP) in der Nähe von Amman. Die PFLP des Kinderarztes Dr. George Habash war noch radikaler als Yassir Arafats Fatah, bei der ein Jahr zuvor Kunzelmann und seine »Tupamaros« trainiert hatten. Kein Zufall: Die RAF sollte ab sofort die Speerspitze der revolutionären Befreiung sein, die absolute Avantgarde.

Zurück blieben all die kleinbürgerlichen Intellektuellen in ihren Debattierzirkeln, all die Schleimscheißer, Opportunisten und Heuchler, die zu feige waren für den bewaffneten Kampf, all die Haschrebellen und Koksnasen, deren wahrer Untergrund die Kellerkneipe war und die beim Bierchen lieber »Ton, Steine, Scherben« hörten – »Warum geht es mir so dreckig?« hieß die erste LP – als durch den heißen Wüstensand zu robben. Zurück blieben aber auch all jene, die sich nun in den Parteiaufbau und die Betriebsarbeit warfen, den Klassenkampf in die Kinderläden trugen oder die Kulturrevolution in den nächstgelegenen Stadtteil exportierten und erst einmal ein Haus besetzten.

Allen gemeinsam war allerdings eines: »Kleinbürgerlich« wurde zur schlimmsten Invektive überhaupt, zum allfälligen Schimpfwort. Bequemer konnte man seinen politischen Gegner, den Genossen von nebenan, nicht denunzieren. Denn jeder Kleinbürger war natürlich faschistoid, analfixiert, autoritär, hasenfüßig, verklemmt, unterwürfig, inkonsequent, unproletarisch und damit ein Feind der Revolution. Das galt erst recht für kleinbürgerliche Intellektuelle, die jetzt noch Goethe lasen, Cello spielten, Gedichte schrieben, Mozart hörten und ihre Mutter regelmäßig besuchten. Der Kleinbürger, ein Abgrund an Revolutions- und Menschheitsverrat, lauerte praktisch in jedem. Gerade deshalb musste er gnadenlos ausgemerzt werden.

Es sollte noch zwei Jahrzehnte dauern, bis Hans Magnus Enzensbergers »Kursbuch« mit dem ebenso kecken wie stolzen Selbstbezichtigungs-Titel »Wir Kleinbürger« herauskam. Wieder einmal hatte er alle überholt. Auch sich selbst. Von seinem Kuba-Trip war er schon längst herunter.

Die Kommune 1, lange Zeit an der vordersten Front des Kampfes, war 1970 endgültig zerfallen. Zum Schluss kam es zu einem Überfall von Rockern aus dem Märkischen Viertel, die ein bisschen was abhaben wollten vom schönen »Stern«-Honorar. Rainer Langhans und andere wurden brutal zusammengeschlagen und hinausgeworfen, die Einrichtung zertrümmert. Mit Uschi Obermaier floh Langhans nach München. Immerhin konnte Antje Krüger das umfangreiche Kommune-Archiv für die Nachwelt retten.

»Die sechziger Jahre versanken hinter dem Horizont«, resümiert Ulrich Enzensberger. »Sonderbar, wie schnell die Zeit verging. Gerade erst war man in einer Stadt mit 500 000 Einwohnern zur Politischen Polizei bestellt worden, wenn man versucht hatte, einen Stand gegen Kriegsspielzeug anzumelden ... Jetzt wehten überall rote Fahnen.«

Nur beim SDS wehten sie nicht mehr. Am 21. März 1970 traf man sich ein letztes Mal im Frankfurter Studentenhaus. Ein paar Wochen zuvor war Hans-Jürgen Krahl beerdigt worden, der am 15. Februar bei einem Verkehrsunfall ums Leben kam – ein halbes Jahr nach dem Tod seines großen Lehrers und Kontrahenten Theodor W. Adorno.

»Die Erschöpfung der Studentenrevolte darf nicht etwa bloß negativ von der Seite des sich auflösenden SDS beschrieben werden«, sagte Udo Knapp vom »provisorischen Bundesvorstand« beschwörend. Sie müsse auch als »Prozess der Selbsterkenntnis« beschrieben werde. Nun gehe es eben um die »Perspektiven des Klassenkampfes und der Organisation des Proletariats«.

Doch ganz anders als früher regte sich weder Beifall noch Protest. Nicht einmal ein formeller Auflösungsbeschluss wurde gefasst.

Am Ende ging man einfach auseinander. Allerdings schlug man sehr verschiedene Richtungen ein. Die meisten glaubten, dass es ein Aufbruch zu neuen Ufern sei.

Die siebziger Jahre, das »rote Jahrzehnt«, hatten ja erst begonnen.

V. Partisan und Parmesan
oder
Das Richtige im Falschen

Es war ziemlich heiß im Frühsommer 1974. Der Weizen stand hoch, und in Deutschland fand die Fußballweltmeisterschaft statt. Auch Pilzkopf Paul Breitner, der zum Training schon mal die »Mao-Bibel« mitbrachte, rollte beizeiten seine Stutzen herunter und fächelte sich mit dem heraushängenden Trikot Luft zu, bevor er den genialen Steilpass auf »kleines dickes Müller« aus dem Fußgelenk schlenzte.

Trotz des sensationellen Sieges der volkseigenen DDR-Kicker über Beckenbauer, Breitner, Netzer & Co. durch das legendäre Tor des Genossen Sparwasser war die bundesdeutsche Mannschaft auf dem Weg ins Finale.

Leider konnte ich diese Tage nicht ganz ungetrübt genießen. Am 29. Juni, eine Woche vor dem Endspiel Deutschland-Holland, fuhr ich mit der U-Bahn in die Frankfurter Innenstadt und ging zum Friseur. Zur Strafe suchte ich mir den denkbar hässlichsten Ort aus, die »B-Ebene« unter der Hauptwache, ein städtebaulicher Schandfleck, ein ästhetischer Abgrund der siebziger Jahre. Dort kam es unverzüglich zum angekündigten Massaker. In wenigen Minuten fielen die mehr als schulterlangen Haare zu Boden. Zurück blieb ein fremder Mensch. Das war nicht mehr ich, das war ein anderer. Er trug zwar noch den schwarzroten

Anarcho-Stern am Lederbändchen um den Hals, aber der Rest war nur noch Scham und Trauer. Nicht einmal die hautenge Tigerhose linderte den Schmerz.

Zwei Tage später stand ich vor der Kaserne. Die Bundeswehr hatte mich zum 15-monatigen Grundwehrdienst einberufen, und da ich weder Radikalpazifist noch kirchlich-religiös verankert war, wartete ich nun im südbadischen Achern gemeinsam mit einer Kohorte 18-, 19-jähriger Jungmänner auf den nächsten Befehl des Hauptfeldwebels.

Ein fremder Mensch in einer fremden Welt, in der »Rühren!!!« geschrien wurde, wenn man sich wieder ein paar Schritte selbstständig bewegen durfte.

Noch im Februar hatte ich auf einer Demonstration gegen die Räumung eines besetzten Hauses im Frankfurter Westend im Steinhagel gestanden, zwischen Wasserwerfern und vorwärtsstürmenden Polizeiketten, und im Mai folgten die tagelangen Krawalle gegen die Fahrpreiserhöhungen des Frankfurter Verkehrsverbundes, bei denen ganze Straßenbahnwaggons aus den Schienen gehoben wurden. Damals trug ich auch noch das Rotbuch »Wie man gegen Polizei und Justiz die Nerven behält« in der Tasche meiner schweren Lederjacke.

Doch jetzt wurde mir in der Kleiderkammer eine Militäruniform verpasst, und es existierte leider noch kein Rotbuch darüber, wie man gegen Armee und Generalstab die Nerven behält. »Kampfuniform« hieß das olivgrüne Set aus Jacke, Hose und Koppel, dazu schwarze Stiefel, Helm und Barett. Außerdem bekam ich noch eine schicke Ausgehuniform mit Halbschuhen und Krawatte.

Schon nach wenigen Tagen stand eines fest: Der Geist von »68« war noch nicht wirklich bis zur Bundeswehr vorgedrungen. Anders als in Schulen und Universitäten, Fabriken und Büros, Medien, Kultur und Alltagsleben konnte man hier nicht einmal Spurenelemente der Revolte entdecken. »Der Russe« blieb Feind Nummer eins, nachts wurde man schon mal mit dem »Nato-

Alarm« geweckt, und wehe dem, der im Tohuwabohu des Aufbruchs der gesamten Panzerbrigade vergessen hatte, die Wasserflasche am Koppel nachzufüllen. »Sind Sie wahnsinnig, Mann?! Zurück, marsch, marsch, Wasser fassen!!« Spinde und Betten mussten so perfekt gemacht sein wie heute das Styling von Kylie Minogue, und eine der weniger harten Strafen für minderschwere Vergehen war das Putzen der großen Turnhalle mittels einer Zahnbürste. Am Wochenende, versteht sich. Wie eh und je wurde nach Herzenslust gebrüllt, wenn die Kompanie, im Zweifel immer ein fürchterlicher »Sauhaufen«, nicht ganz so gerade stand wie preußische Zinnsoldaten.

Eine mikroskopisch kleine Spur von »68« gab es aber doch. Sie trat in Gestalt eines schwäbischen Rekruten auf, der Mitglied einer maoistischen K-Gruppe war. War das befristete Soldatsein bei mir eher ein biografischer Unfall gewesen, so steckte bei ihm ein Parteiauftrag dahinter: Er sollte kämpfen lernen. Die Bundeswehr, bewaffnete Macht des monopolkapitalistischen Imperialismus, wurde so zur unfreiwilligen Ausbildungsstätte der revolutionären Kräfte. Mit großer Aufmerksamkeit und unstillbarer Neugier widmete er sich vor allem der Übung am Maschinengewehr. Die Volksmassen, so viel schien gewiss, brauchten versierte Schützen für die unvermeidliche Konfrontation mit den Truppen der herrschenden Klasse. Mit dieser Idee stand er nicht alleine – zumindest jenseits der Kasernenmauern.

Die siebziger Jahre, die Gerd Koenen zum »roten Jahrzehnt« erklärt hat, waren zunächst tatsächlich eine Art schrilles Coming-out von »68«. Militant, radikal, bunt, mörderisch, verrückt, wunderbar. Und es war ein historisches Paradox: Als die Revolte von 1968 längst vorbei war, fing sie erst richtig an. Sie entfaltete ihre Wirkungen in die Gesellschaft hinein und wurde stellenweise sogar mehrheitsfähig. Nicht im strengen Sinn, aber als dominante politisch-kulturelle Strömung des Zeitgeists, jedenfalls in der Generation der damals Zwanzig- bis Dreißigjährigen. Und die Massenmedien sorgten rasch für die weitere Verbreitung der neu-

esten Modeerscheinung, die sich nicht in Schlaghosen und überdimensionalen Hemdkragen erschöpfte.

Nun waren es Zehntausende, ja Hunderttausende, die sich als
radikale Gegner von Staat und Gesellschaft begriffen – nicht
mehr nur ein paar Hundert oder Tausend wie zu Beginn der
Revolte 1966/67. Links, ja linksradikal zu sein, wurde endgültig
schick. Adorno war tot, aber seine populäreren Äußerungen über
das ganze »Unwahre« und den bloßen »Schein« spätbürgerlich-
kapitalistischer Freiheit waren sehr lebendig und wurden zu Gas-
senhauern in der linken Szene. Dass es kein »richtiges Leben im
falschen« gebe, war Grundkonsens, und dass nur in der Negation
des Bestehenden die Freiheit des Subjekts und die Zukunft einer
befreiten Gesellschaft verborgen sei, avancierte für viele zur Maxi-
me in allen Lebenslagen.

Das führte zu einem weiteren Paradox: Die Revolte von 68 war
politisch gescheitert, was selbst ihre Protagonisten eingestehen
mussten. Dennoch – und gerade darum – wurde sie fortgeführt,
als sei nichts geschehen. Die Logik war bestechend: Es war eben
nicht genug geschehen. Nicht radikal genug, nicht konsequent
genug. Es sollte ja eine deutsche Revolution werden, und die wollte gründlich vorbereitet sein.

Während Willy Brandts Entspannungspolitik dabei war, den
Kalten Krieg mit der Sowjetunion und dem Warschauer Pakt
wenigstens zu mildern, wenn nicht zu überwinden, militarisierte
sich die linke Szene immer weiter. Die RAF eröffnete ihre »Mai-
Offensive« 1972 mit einem Bombenanschlag auf das Hauptquar-
tier des V. Korps der US-Armee, der Parteiaufbau der kommunistischen Kadergruppen schritt planmäßig voran und im weiten
Feld dazwischen entstanden lebensweltliche Inseln des Linksradi-
kalismus, die alsbald ihren ganz eigenen Gesetzen folgten. Im
linken Jargon der Eigentlichkeit wurde die Szene zur *scene*, Natur-
ereignis, Kult und politische Heimat in einem. Hier war Links-
sein nicht nur schick, es war selbstverständlich. Es gab keine
Alternative. Die einzige Alternative war die Revolution, die man

auf den verschiedensten Wegen vorzubereiten gedachte. Von ihr redete man wie vom nächsten Sommerurlaub. Der kam ja auch ganz bestimmt.

»Here comes the sun«, sangen die Beatles, und mit »Ton, Steine Scherben« versprach Rio Reiser: »Wenn die Nacht am tiefsten ist, ist der Tag am nächsten.«

Der nächste Tag – das war die konkrete Utopie. Ganz gewiss der übernächste. Man lebte im Hier und Jetzt, aber der Horizont war klar erkennbar. Theoretisch auf jeden Fall. Wie diffus auch immer er zuweilen flimmerte, so strahlte er stets noch auf die dunkelsten Momente der Gegenwart ab – die politische Nutzung einer allegorischen Umformung der Sonnenenergie. »Hinterm Horizont geht's weiter«, hätte Udo Lindenberg schon damals singen können.

Doch auch aus der Krise kam die Kraft. Unaufhörlich »verschärften« sich die Verhältnisse, aber eben dies vermittelte die Hoffnung, sie zu überwinden. Die Zuspitzung als Vorstufe der Erlösung. Es war eine spätmarxistische Krisentheorie, die die Dauerrebellion der siebziger Jahre nährte und beflügelte. Eine historische Dialektik mit romantischer Note: Wenn die Nacht am tiefsten ...

Nicht nur in diesem Punkt waren die roten siebziger Jahre die legitimen, wenn auch unehelichen Erben von 1968: Ambivalenz und Vieldeutigkeit prägten auch sie, ein wärmendes Gemeinschaftsgefühl und offenkundige, »performative« Widersprüche.

Schon die Revolte der sechziger Jahre, so zeichnet es sich im Abstand von vier Jahrzehnten deutlich ab, war von scharfen Widersprüchen bestimmt, die den Akteuren selbst kaum bewusst waren. Sie war eine Freiheitsbewegung, die allzu schnell in Dogmatismus verfiel, als sie nicht mehr weiterwusste. Sie war kollektiv, lebte aber sehr vom Individualismus ihrer Protagonisten und von den subjektiven Bedürfnissen einer «neuen Sensibilität«. Sie begründete ihre Rebellion mit hochabstrakten Theorien und ganzen Bibliotheken voller Sekundärliteratur, aber an den entscheidenden Weggabelungen ging sie tatsächlich voluntaristisch, geradezu spontaneistisch vor. Sie wollte stets ganz konsequent sein und war doch so sprunghaft wie das Leben ihrer Akteure.

Die lange Zeit vorherrschende Provokationsstrategie war der Schlüssel zur großen öffentlichen Aufmerksamkeit, die kommunikative Leitidee der Rebellion. »Alle reden vom Wetter. Wir nicht« – mit diesem Plakat, auf dem die Köpfe von Marx, Engels und Lenin prangten, parodierte der SDS eine gleich lautende Werbeaktion der Bundesbahn von 1966. Die Reklame für die Revolution war eindeutig besser, und nicht zufällig landeten viele 68er später in der Kommunikationsbranche, bei Werbung, PR, Medien und Verlagen – was die kulturelle Wirkung von 1968 auf ganz besondere Weise in die Zukunft verlängerte.

Die Revolution macht Reklame: das berühmteste Plakat des SDS

Die Revolte war nicht zuletzt eine persönliche Glückssuche im historischen Augenblick, doch sie wurde immer wieder von einer rigiden Transzendenzvorstellung überlagert. Das vermeintlich rot glühende *Morgen* wurde derart überhöht, dass es noch jeden Misserfolg, jedes zähe Aushalten, jedes sinnlose Agitieren in der grauen Wirklichkeit rechtfertigte.

Parolen wie »Dem Volke dienen!« waren zugleich Ausdruck avantgardistischer Überheblichkeit wie selbstvergessener Unterwerfung unter die Logik vom ewigen Fortschritt der Geschichte.

Spielerisch bis zur grotesken Infantilität gaben sich die Rebellen, teils frech und unverschämt wie Kinder. Aber ihr politisches Pathos rutschte oft ins Todernst-Apokalyptische, in düstere Vorstellungswelten von Endzeit und Endkampf. Womöglich war dies auch ein sehr deutscher Zug, der sich bis heute zeigt, wenn mit

224

Energiesparlampen, Biokäse und Tempo 130 zwischen Flensburg und Füssen die globale Klimakatastrophe abgewendet werden soll.

Dabei bezog die Rebellion ihre eigentümliche Kraft und ihren Charme gerade aus jenem Ensemble von Worten und Gesten, die nicht zuletzt Ironie und Selbstironie zur scharfen Waffe machten, das Florett nutzten statt der Bombe, die Aufklärung statt des Attentats. »Still schäm' ich mich in meiner Zelle/Fritz Teufel, Ausgeburt der Hölle«, reimte Robert Gernhardt. Ein später Reflex der Spaßguerilla, der nichts wirklich heilig war außer dem nächsten Joint.

Eldrige Cleaver, der »American Hero« der Protestbewegung, verstand schon viel weniger Spaß, als er dunkel prophezeite: »Wir werden Menschen sein. Wir werden es sein, oder die Welt wird dem Erdboden gleichgemacht bei unserem Versuch, es zu werden.« In der deutschen Übersetzung von Agit 883 und Bommi Baumann, der von Februar 1970 bis in den Sommer 1971 im Gefängnis saß und danach noch jahrelang in der Illegalität lebte, klang es nicht ganz so martialisch: »Worte können uns nicht retten! Worte sprengen keine Ketten! Die Tat allein macht frei!«

Ein militanter Existenzialismus, der dennoch ziemlich viele Worte machte über die Notwendigkeit der »sozialen Weltrevolution«.

Aber so waren sie, die 68er: Immer das eine wollen, aber auch das andere sein. »Wir wollen alles!«, riefen die Spontis. »We don't want the cake but the whole fucking bakery!« Ein paar Jahre später wurde daraus der Bioladen mit Achtkörnerbrot und Vollkornmehl.

Man war ideologiekritisch bis ins Mark, wenn es um die bürgerliche Gesellschaft und ihre Legenden ging, um Scheinfreiheiten und verlogene Selbstbeweihräucherung – doch hochideologisch, wenn es die kostbare revolutionäre Identität betraf. Mit einigen Fertigbauteilen aus dem 19. Jahrhundert wurde das selbst gezimmerte ideologische Gebäude zum massiven Stahlgerüst verstärkt. An ihm konnte man sich die Zähne ausbeißen.

Militant war man bis zum Sprengstoffanschlag Marke Eigenbau, und wer nicht selbst zur Waffe greifen wollte, hatte »irgendwie« oder wenigstens »ein Stück weit« Verständnis dafür, gar Sympathien. Wenn es allerdings um den Weltfrieden ging, den Kalten Krieg zwischen Ost und West, um Kuba, China und Korea, konnte man nicht pazifistisch genug sein. Hier der gerechte »Sieg im Volkskrieg«, dort der Weltfrieden, den die imperialistischen Supermächte bedrohten. Was für die meisten hieß: Amerika. Später erwuchs aus dieser zarten Ambivalenz die »taz«-Kampagne: »Waffen für El Salvador!« Im Übrigen galt: »Weg mit den Pershing-Raketen! Abrüstung sofort!«

Doch wenn jemand etwas von der Produktivität und historischen Sprengkraft von Widersprüchen versteht, dann ist es die deutsche Linke nach Hegel und Marx.

Selbstverständlich fühlten sich die 68er als radikale Demokraten, besser: als die wahren Demokraten. Undemokratisch, autoritär, wenn nicht faschistoid war das bestehende System, was sonst. Andererseits waren die Ideen von Avantgarde, Weltrevolution, Parteikommunismus und bewaffneter Stadtguerilla alles andere als demokratisch, schon gar nicht im Sinne des parlamentarisch-repräsentativen Mehrheitsprinzips. Sie waren eher leninistisch nach dem Motto: Die aufgeklärte Minderheit weiß genau, was die Mehrheit eigentlich will. Die muss es nur noch begreifen. Denn die Partei, die Partei, die hat immer recht. Das sangen zwar nur die versteinerten Genossen der ostdeutschen SED in ihren Kunstfaser-Anzügen Modell »Präsent 20« aus »Dederon« und »Malimo«, aber auch im Westen gab es viele, die dasselbe nur anders ausdrückten. Für die unterdrückten »Massen« wollte man alles tun, aber man misstraute ihnen zutiefst. Deshalb agierte man lieber nur in ihrem Namen und entschied die Dinge autonom im Kreise der Genossen.

Der vielleicht charmanteste Widerspruch bis heute ist jener, der sich ums Bürgerliche dreht. Radikal antibürgerlich war der erste, womöglich tiefste Impuls der Rebellion: Gegen die bürgerliche Selbstzufriedenheit und Doppelmoral, gegen Spießertum und falsche Autoritäten, feige Mitläufer und sonstige Vorgestrige. Nicht zuletzt war es ein Kampf gegen die eigene Herkunft. Viele zogen früh weg von zu Hause, manche begingen ihren »Klassenverrat« mit Getöse und waren stolz darauf. Die bürgerlichen Wurzeln der eigenen Existenz sollten herausgerissen werden. Man musste sich ganz neu erfinden. Das erforderte zuweilen harte Entscheidungen.

Als der Südwestfunk dem Schriftsteller Martin Walser im Frühjahr 1969 den Vorschlag machte, mit einem Kamerateam noch einmal Goethes berühmte Italienreise nachzuverfolgen, lehnte er brüsk ab. »Ich möchte lieber durchs Ruhrgebiet fahren«, sagte Walser, der damals mit der DKP sympathisierte.

Vierzig Jahre später stellt sich heraus, dass viele 68er geradezu der Inbegriff einer neuen Bürgerlichkeit geworden sind, die so neu gar nicht ist. Dabei geht es nicht um Zeitgeist-Schlagworte, vergängliche Modetrends oder luftige Feuilletondebatten, sondern um Tatsachen. Die Mehrzahl der 68er hat längst ihre bürgerlichen Wurzeln wiederentdeckt, freilich unter veränderten Bedingungen.

Es ging auch gar nicht anders. Denn weder entstammen sie dem Adel noch dem Proletariat. Auch dem gehobenen Klerus gehörte kaum jemand an. Und die gute alte Arbeiterklasse gibt es sowieso nicht mehr.

Die meisten meiner 68er-Freunde und -Bekannten gehören zu den gebildetsten und klügsten Menschen, die ich kenne. Meist sind sie auch noch arbeitsamer, effizienter und weltläufiger als jene Mitglieder der »Generation Latte« vulgo »Golf«, die noch mit Mitte dreißig glauben, dass aufgeschäumter Milchkaffee, eine Designer-Sonnenbrille und die Visitenkarte eines Dax-Unternehmens bereits eine eigenständige Lebensleistung darstellen.

Mag sein, dass viele 68er ihre genuinen Eigenschaften eine Weile unter Parolen und Parteiprogrammen begraben haben, doch spätestens seit der Vollendung ihres vierzigsten Lebensjahres haben sie sich geoutet. Sie spielen wieder Klavier, lieben Oper und Literatur, forschen als Historiker, planen auswärtige Politik, edieren

Hölderlin-Gesamtausgaben und schreiben biografische Werke über Schopenhauer, Nietzsche und Schiller, machen Kabarett und kochen komplizierte Menüs für zehn Personen. Sie gehen ins Museum und reisen, so oft es möglich ist. In Sils Maria besichtigen sie nach dem Skifahren in der reinen Luft des »Übermenschen« das Nietzsche-Haus, und wenn sie zum Fünf-Uhr-Tee ins »Waldhaus« gehen, erkundigen sie sich beim Concierge, wann eigentlich Herbert von Karajan das letzte Mal abgestiegen sei. Immer noch lieben sie es, sich intensiv Gedanken über die Welt zu machen, aber sie rauchen weniger dabei und trinken besseren Rotwein.

Gewiss, es ist nicht mehr wie früher das stundenlange Diskutieren, um am Ende eine Resolution zu verabschieden – eher ein Gespräch, das immer noch die Leidenschaft des Verstehenwollens von Zusammenhängen antreibt. Die Welt will es aber nicht mehr retten. Zu tief sitzt die epochale Desillusionierung in den Knochen der einstigen Umstürzler, zu offenkundig die philosophisch wie praktisch gewonnene Einsicht, dass die Geschichte kein Ziel kennt, keine »objektive Gesetzmäßigkeit« des Fortschritts, weder Sinnstiftung noch Teleologie, kurz: dass die Utopie ein Nichtort bleiben wird.

Was übrig bleibt ist die tägliche Herausforderung, eine Welt anzustreben, »in der Menschen ohne politische Erlösungsversprechen und doch wie Menschen leben können«, wie Joachim Fest 1991 in seinem Essay »Der zerstörte Traum. Vom Ende des utopischen Zeitalters« formulierte.

Manès Sperber, neben Arthur Koestler, Alfred Kantorowicz, Lew Kopelew, Gustav Regler, Simone Weil, Nicolas Werth und Alexander Weissberg-Cybulski einer der großen Renegaten des zwanzigsten Jahrhunderts, hatte schon Jahrzehnte vorher, im Vorwort seiner Romantrilogie »Wie eine Träne im Ozean«, vom »Mut« gesprochen, »ohne Illusionen zu leben«.

Und tatsächlich würden die meisten meiner 68er-Freunde heute dem schlichten, aber tiefsinnigen Satz von Hannah Arendt zustimmen: »Der Sinn von Politik ist Freiheit.«

Zu all dem mag sich eine gewisse Altersmilde, gar Bequem-
lichkeit gesellen, erst recht bei jenen 68ern, die nun selbst dabei
sind, exakt diese Zahl an Lebensjahren anzusteuern: echte 68er
eben.

Aber immer noch gibt es dieses Bemühen um Begriffe, den Versuch, die Wirklichkeit zu fassen. Beinah alle sind Renegaten ihrer
einstigen revolutionären Überzeugungen, Verräter an der Sache
also. Aber die Sache selbst ist Geschichte geworden, und das ist gut
so. Hier gilt er nicht, der dumme Satz, wonach das, was früher richtig war, es auch heute sein muss. Nur alte Nazis und unbelehrbare
Stalinisten mümmeln im Chor: »Unsere Ehre heißt Treue.«

Es war ja gerade die provozierende Untreue der 68er, ihr Verrat
an der Bundesrepublik der fünfziger und sechziger Jahre, der sie
in Bewegung brachte. Ein Jahrzehnt später aber ging es schon um
eine erste Revision, um Kritik an der Treue gegenüber Idealen, die
sich als untauglich herausgestellt hatten. »Der Kopf ist rund, damit
das Denken die Richtung wechseln kann«, sagt Picabia.

Das gefällt nicht allen. Sie wittern stets Verrat, wenn jemand
einen Gedanken äußert, der womöglich schon vor 2000 Jahren
einem anderen durch den Kopf geschossen ist. Wenn einer Karriere macht und Geld verdient, obwohl er es früher verabscheute.
Wenn er Freunde hat, die CDU wählen und einen Weinkeller
haben. Vielleicht sogar ein eigenes Pferd. Wenn er heute für den
Einsatz der Bundeswehr auf dem Balkan und in Afghanistan plä-
diert, die Taliban und andere marodierende Guerillagruppen zwischen Irak und Kolumbien aber als Todfeinde der Freiheit
betrachtet.

Es ist etwas sehr Merkwürdiges, recht eigentlich Erheiterndes
um die 68er. Als Klischeefiguren wirken sie wie in Hartwachs
modelliert, für alle Zeiten unveränderbar. Sie sind der Maßstab im
deutschen Wachsfigurenkabinett, an ihnen kommt keiner vorbei.
Obwohl immer wieder als alternde Scharlatane, über die die
Geschichte hinweggegangen sei, dem wohlfeilen Gespött preisge-
geben, reibt man sich an ihnen, als hätte Fritz Teufel gerade das

neu zugeschnittene Bundesministerium für Volksgesundheit, Drogen und Justiz übernommen, derweil sich Uschi Obermaier und Rainer Langhans das Ministerium für Liebe, Frauen, Großfamilie und indischen Handschmuck teilen.

Der Zangenangriff auf die 68er funktioniert immer nach gleichem Muster: Die radikalen Linken von heute und die Unbeugsamen von gestern werfen ihnen Verrat an der Revolution vor, während die neuen Konservativen unter den Dreißig- bis Vierzigjährigen die ergrauten Alt-Rebellen des Verrats an den heiligen Werten des Abendlandes bezichtigen, der »Verachtung von Staat, Nation, Familie, Eigentum, Leistung, Fleiß, Vaterlandsliebe« – so die Klage des Chefredakteurs der größten deutschen Boulevardzeitung.

Wie schön und erholsam ist es da, wenn man sagen kann: Ich bin gar kein 68er. Ich habe nicht einmal ein Auto. Nur eine Espressomaschine. 1968 war ich zwölf Jahre alt. Das ist nachweisbar. Also bin ich völlig unschuldig. Mein einziges, ganz persönliches Original-68er-Erlebnis fand in meiner Schule statt, im Frankfurter Wöhlergymnasium, das damals nur Jungen besuchen durften. Eines Tages kam es zum Tumult in der Turnhalle. Ältere Mitschüler griffen den Sportlehrer mit einer Holzlatte an, als der entdeckte, dass die Gymnasiasten über Nacht das Schulschwimmbad auf ordinäre Weise entweiht hatten. Anderen Versionen zufolge war das komplette Wasser abgelassen worden. Wie auch immer.

Aber es war wieder mal typisch: Wir kleinen Tertianer waren nicht dabei, wir haben nur davon gehört. So sollte es noch eine ganze Weile bleiben.

Die 68er waren die älteren Brüder und Schwestern, uns zehn Jahre voraus. Als wir noch mit zusammengeknülltem Butterbrotpapier im Pausenhof Fußball spielten und unsere leckeren »Weberkuchen« beim grimmigen Hausmeister erstanden, machten sie schon die Straßen Frankfurts unsicher.

Diesen Vorsprung konnten wir nie mehr aufholen. Immer kamen wir zu spät zur Revolution.

Aber es hatte auch seine Vorteile. Als sie dann doch nicht eintraf, waren wir wieder vorne dran. Man musste nicht alles selber durchmachen. Manchmal ist die Position des Zaungasts, des teilnehmenden Beobachters, gar nicht so schlecht, denn es ist nicht zwingend, immer selbst ins Becken steigen, um zu wissen, wie sich die Brühe anfühlt.

Am Morgen des 1. Juni 1972, Fronleichnamstag, kurz nach acht Uhr, klingelte das Telefon bei uns zu Hause. Atemlos berichtete eine Freundin meiner Mutter von einer Schießerei fast vor ihrer Haustür, im Hofeckweg 2-4, ganz in der Nähe des Hessischen Rundfunks. Sogar ein Panzerwagen stünde in der Einfahrt. Meine Mutter gab mir kurz den Hörer – oder habe ich es wieder nur indirekt gehört? Jedenfalls waren Schüsse aus Maschinenpistolen, Schreie und Polizeikommandos zu vernehmen: »Geben Sie auf. Kommen Sie mit erhobenen Händen heraus!«

Dann noch ein Schrei: Andreas Baader war von einem Scharfschützen am linken Oberschenkel getroffen worden, aus 75 Metern Entfernung. Auch Jan-Carl Raspe und Holger Meins wurden verhaftet. Baader war kaum wiederzuerkennen, mit gefärbten Haaren und ziemlich aufgedunsen, Meins dagegen schien sehr abgemagert. Eben noch waren sie zu dritt in einem auberginefarbenen Porsche Targa die Einbahnstraße in falscher Richtung hochgebrettert.

»Hinweise aus der Bevölkerung« hatten das Bundeskriminalamt zum RAF-Versteck geführt.

Eine Woche später wurde auch Gudrun Ensslin verhaftet, als sie in der Edelboutique »Linette« am Hamburger Jungfernstieg einen weißen Shetland-Pullover anprobierte. Zufällig hatte die Geschäftsführerin in Ensslins blauer Wildlederjacke, die auf dem Sofa lag, einen Revolver der Marke Smith & Wesson Kaliber 38 entdeckt und die Polizei gerufen.

Es wird ein deutsches Rätsel bleiben, warum es danach noch 26 Jahre dauerte, bis die RAF ihre endgültige Auflösung bekannt gab.

Ich war damals gerade siebzehn Jahre alt geworden. Der fortdauernde Vietnamkrieg, der sich längst auf Laos und Kambodscha ausgeweitet hatte, erschütterte auch mich und meine Schulkameraden. Doch der Glaube der RAF, mit ihren Bomben auf US-Headquarters in Frankfurt und Heidelberg, bei denen es mehrere Tote gab, daran irgendetwas ändern zu können, schien nicht nur mir eher abwegig. Dennoch war von Anfang an etwas Geheimnisvolles, mythisch Aufgeladenes um die selbst ernannten Metropolenguerillas. Die Jahre in Stammheim bis zum kollektiven Selbstmord der Gefangenen, der haarsträubende Prozess und die dramatische Abfolge von Hungerstreiks haben diese schwarz funkelnde Aura immer wieder erneuert. In einem seltsamen »Niemandsland« seien die RAF-Kämpfer unterwegs gewesen, schrieb Peter Brückner in seinem Essay über Ulrike Meinhof: Ihr »Heroismus ist der gute Wille zum Selbstuntergang«. Sie agierten im Namen der Massen und lebten doch stets abgeschottet wie in einem selbst gebauten Hochsicherheitstrakt. Wie viel an diesem Exzess eines selbstherrlichen Moralismus pure Inszenierung war, wurde mir allerdings erst später klar – obwohl genau in diesem historischen Augenblick um 1972 herum meine »Politisierung« einsetzte.

Im Herbst 1972 lief ich allerdings noch mit einem großen Porträt von Willy Brandt auf dem Ringbuch fürs Gymnasium herum, unter dem meist die »Frankfurter Rundschau« klemmte. Ich war siebzehn und wusste es nicht besser. Dass Brandt ein »Arbeiterverräter«, »Sozialfaschist« und »Agent der herrschenden Klasse« war, erfuhr ich von meinen älteren Brüdern und Schwestern erst im Laufe der Zeit. Manchmal erzählte es auch der eine oder andere Lehrer, der frisch von der Uni kam. Aber ich hatte ein Faible für Willy Brandt und habe es nie wirklich verloren.

Doch dann verschwand das Konterfei vom Ringbuch. 1973 putschte General Pinochet in Chile gegen den sozialistischen Präsidenten Salvador Allende, 1974 eskalierte der Frankfurter »Häuserkampf« und am 9. November des Jahres starb Holger Meins nach vielen Tagen Hungerstreik. Die Fotografie des bis aufs Skelett abgemagerten Körpers wirkte wie ein Fanal in der linken Szene – auch auf mich. So reihte ich mich ein, als ein Demonstrations-, besser: Passionszug vom Frankfurter Opernplatz aus loszog, dem ein riesiges, grausig-realistisches Bild des malträtierten Toten vorangetragen wurde. Die optische Ähnlichkeit mit der Leiche eines KZ-Häftlings war nicht zufällig.

1975 erschien Peter Schneiders Romanessay »... schon bist Du ein Verfassungsfeind« über die Berufsverbote im öffentlichen Dienst. Nicht sein bestes Werk, aber typisch für die Zeit.

Die Linke insgesamt fühlte sich vom Staat verfolgt. Und dann begann auch noch der große RAF-Prozess in Stammheim, der zwei volle Jahre dauern sollte.

Irgendwann im September 1975 spazierte ich in die »Karl-Marx-Buchhandlung« in Frankfurt-Bockenheim. Ich hatte von Bommi Baumanns Autobiografie »Wie alles anfing« gehört. Was aber noch mehr Neugier weckte: Sie war wegen angeblicher »Befürwortung von Gewalt« ins Fadenkreuz der Behörden geraten. Ende November 1975 wurde sie beschlagnahmt.

Als ich die »Karl Marx« betrat, trug ich noch meinen militärisch kurzen Bundeswehr-Haarschnitt, und mir war nicht recht bewusst, welchen Eindruck er auf anarchistisch inspirierte Revolutionäre machen musste. Artig fragte ich nach dem Bommi-Buch, aber das diensthabende Mitglied des Ladenkollektivs an der Kasse hatte erst mal eine Gegenfrage: »Was willst du denn damit?« Lesen wollte ich es, was sonst, aber Dany Cohn-Bendit, damals zarte 31, schaute immer noch ziemlich ungnädig auf den ihm unbekannten Zwanzigjährigen, der gar nicht aussah wie jemand aus der »Scene«. »Bist du vielleicht ein Spitzel?«, blaffte er. Ich war sprachlos.

Am Ende muss es mir aber doch irgendwie gelungen sein, ihn vom Gegenteil zu überzeugen. Er griff in ein Fach unter der Kasse und holte das brisante Bändchen heraus: echte revolutionäre Bückware.

Es war der Beginn einer wunderbaren Freundschaft.

Gut drei Jahre später kam es an gleicher Stelle zu einer ähnlich denkwürdigen Begegnung. Es war der 25. November 1978.

Im Iran hatte der Protest gegen den Schah von Persien immer größere Ausmaße angenommen. Schreckliche Berichte von Folterungen und Erschießungen durch den Geheimdienst Savak machten die Runde. Zusammen mit der iranischen Studentenvereinigung »Cisnu« hatten wir vom AStA eine »Großdemonstration« für den Aufstand gegen den Schah organisiert. Die Hauptparole war: »Der Schah ist ein Mörder und Faschist!«

Kurz vorher ging ich noch durch die Jordanstraße in Richtung Universität und sah auf dem obersten Treppenabsatz der »Karl Marx« einen nicht ganz unbekannten Sponti-Genossen stehen, breitbeinig und mit verschränkten Armen. »Na, kommste mit zur Demo?«, fragte ich ihn und zweifelte nicht im Geringsten an seiner positiven Antwort. Doch Joschka Fischer brummte nur: »Nee, nee, ohne mich.« Ich war überrascht und enttäuscht.

Aber vielleicht hatte Joschka auch nur kommen sehen, was er biografisch schon hinter sich hatte: eine ausgewachsene Straßenschlacht mit vielen Verletzten und erheblichem Sachschaden. Doch die Dialektik der Geschichte kennt keine Grenzen, nicht Zeit noch Raum: Dreiundzwanzig Jahre später servierte er mir und zwei Frankfurter Freunden in seiner Wohnung in Berlin-Mitte exzellente geröstete Pistazien, die er vom Besuch bei seinem iranischen Außenministerkollegen aus Teheran mitgebracht hatte.

Es war die Zeit, als er noch einmal mit seiner militanten Sponti-Vergangenheit konfrontiert wurde, die mehr als ein Vierteljahrhundert zurücklag. In der Öffentlichkeit entstand der Eindruck, Steine werfen, Molotowcocktails bauen und Polizisten verprügeln sei damals die Hauptbeschäftigung gewesen.

Dabei gab es Mitte der siebziger Jahre noch eine ganz andere Seite der »revolutionären« Wirklichkeit, kleine, magische Zuhause-Orte der »Scene«, Fixpunkte einer alternativen Gegenwelt. In Frankfurt am Main wurde das sogenannte »Häuschen« zum idealtypischen Gesamtkunstwerk einer permanenten Revolte, die sich zwischendurch auch mal ausruhen musste und immer mehr Gefallen daran fand, dem Hang zur linken Großfamilie mit der

Tendenz zu Clanbildung und Nestbau nachzugeben. Im Keller lagerten die sagenumwobenen Originaldokumente der gerade aufgelösten Gruppe »Revolutionärer Kampf«, im Parterre verströmte einer der ersten Bio-Läden seine exotisch fremden Düfte, und im ersten Stock wurde diskutiert bis weit nach Mitternacht, manchmal auch gekocht, portugiesisch, spanisch, italienisch.

Die »Migranten« brachten die Rezepte mit. Ein paar Genossen von »Lotta Continua« machten bald eine eigene Kneipe auf.

Wie nah die Spontis hier der historischen Arbeiterbewegung kamen, wussten sie wahrscheinlich selbst nicht: »Für Zehntausende ist sie auch eine neue seelische Heimat geworden, wurde sie rein menschlich zu lebendig freudvollem Daseinsinhalt« – so beschrieb 1888 ein deutscher Arbeiterschriftsteller das neue Zuhausegefühl des kämpfenden Proletariats.

In der Spontiszene von 1975 pendelte man zwischen Uni und Job, Kinderladen und Wohngemeinschaft, Stadtteilgruppe und Szenecafé, selbstbestimmter Autowerkstatt und Zeitungskollektiv. Man fuhr gemeinsam nach Brokdorf und ins französische Malville, um gegen die Atomkraft zu demonstrieren. Abends ging man gern zum Griechen, der nicht unbedingt Kostas heißen musste. Doch fast immer lieferte Mikis Theodorakis die vertraute, nicht enden wollende Hintergrundmusik, bei der auch das aktuelle Krisengespräch über die Beziehungskiste zu seinem Recht kam.

Von heute aus gesehen mag das Ganze wie ein putziges Genrebild linker Butzenscheibenromantik wirken. Damals war dieses eigentümliche Netzwerk einer kleinen Gegengesellschaft der Inbegriff eines möglichst authentischen, nicht entfremdeten Lebens – ein Leben im politischen Widerstand gegen das ganze Unwahre, zugleich aber auch der Versuch, ein »richtiges« Leben im falschen zu führen. Theoretisch ein Paradox, praktisch aber ein kollektives Bedürfnis. Nur die RAF und die hartnäckigsten Kader bei den K-Gruppen hielten noch an der Illusion fest, man könne ausschließlich in der radikalen Negation leben, gleichsam ortlos, auf der Nadelspitze des gesellschaftlichen Antagonismus, im Niemandsland eines Manichäismus, der, wie Holger Meins kurz vor seinem Tod schrieb, nur »Mensch oder Schwein« kannte und nichts dazwischen.

Dann kam der »Deutsche Herbst« 1977, der schon im Frühling mit der Ermordung von Generalbundesanwalt Siegfried Buback begonnen hatte. Immer dicker wurde die Blutspur der RAF, bis zur schrecklichen Apotheose, dem Selbstuntergang in Stammheim.

Am 20. Oktober 1977, zwei Tage nach dem Selbstmord von Andreas Baader, Gudrun Ensslin und Jan-Carl Raspe, gab es ein großes »Sponti-Plenum« in der Frankfurter »Batschkapp«, der Konzerthalle der linken Szene. Fast alles habe ich vergessen, an eines aber erinnere ich mich noch heute ganz genau: Eine hübsche rothaarige und temperamentvolle Sponti-Frau, sie hieß Elfie, stand auf und rief laut in die vor Lähmung bedrückte und ratlose Versammlung: »*Verdammt noch mal, ich will leben, ich will Kinder haben. Ich bin weder für die RAF noch für den Staat!*«

Das war die Losung der Stunde. Auch wenn die Gleichsetzung von Terroristen und demokratischem Staat heute unverständlich klingt: Es war der Ausweg einer ganzen Szene, ein erster großer Schritt weg von der Dämonisierung der »repressiven Staatsmacht« und seines »Herrschaftssystems«.

Ex-Sponti Thomas Schmid formulierte damals in einem beinah expressionistischen Text für die Zeitschrift »Autonomie« seine Gefühlslage nach dem Deutschen Herbst, die durchaus repräsentativ war:

»*Inmitten des Geschreis, inmitten der klirrenden Normalität der Macht klingt ein Ton, der tiefer führt: Der Tod ist ein Meister der Verführung aus Deutschland ... Heute ›erliege‹ ich – zum ersten Mal seit langem – dieser Verführung: möchte nicht mehr aktiv sein, möchte alles von mir strecken, ja möchte erlöst werden – in Ruhe gelassen, aus der hämmernden Geschichte entlassen...*«

Es war ein Bruch. Ein Bruch mit der unversöhnlichen Radikalität der siebziger Jahre, mit ihrer Unbedingtheit und ihrem Hang zur apokalyptischen Zuspitzung und Überdramatisierung. Und

es war ein Auseinanderbrechen der allzu gemütlichen Gleichzeitigkeit von alternativem Leben und revolutionärem Kampf, nicht
zuletzt: ein Bruch mit 68. Nun zerfiel die Erbschaft endgültig,
und noch einmal schieden sich die Wege.

Während Einzelne ganz existenzielle Entscheidungen trafen
und sich umbrachten – ein Genosse aus der Frankfurter Szene
lief einfach durch einen dunklen italienischen Eisenbahntunnel,
bis er überfahren wurde –, suchten andere den Weg zurück in die
bürgerliche Gesellschaft, ob mit oder ohne Karriere, mit oder
ohne Familie. Es waren oft schmerzhafte, über Jahre andauernde
Prozesse, denen auch bei noch so erfolgreicher Reintegration in
das einst verhasste »System« die Trauer über den Verlust nicht
ganz auszutreiben war. Zu stark waren die Erinnerungen an das,
was man einmal gewollt und erträumt hatte, vor allem aber, was
man gemeinsam erlebt hatte. Und so abgeschmackt, abgenutzt
und kulturindustriell durchgenudelt die allgegenwärtige Rede
von der Liebe klingt – ganz tief drinnen, sehr diskret unter dem
herben Charme der Rebellion verborgen liegt sie, die merkwürdige Liebe der ehemaligen Rebellen zueinander und ihrer gemeinsamen Geschichte. Es ist die Spur jenes Wärmestroms, der
damals durch uns alle durchging.

Diese Liebe gilt auch jenen, die inzwischen gestorben sind.

Am Ende war es nicht nur ein «Abschied vom Proletariat«, wie
ihn André Gorz in seinem Essay 1980 formuliert hatte, es war ein
letzter Abschied von der Revolution. Es war die letzte Revolution
gewesen, die noch nichts vom Ozonloch wusste, nichts vom Dosen-
pfand und von der Klimakatastrophe, weder von »Germany's next
Topmodel« noch von Apples »iPhone«. Was hätte Rudi Dutschke
auch damit anfangen sollen?

Was Karl Marx in seinem »Achtzehnten Brumaire des Louis
Bonaparte« über die Protagonisten der Französischen Revolution
von 1789/94 gesagt hatte, traf in abgewandelter und bis zur Farce
verkleinerten Form auch auf die 68er zu. Auch sie hatten gleichsam im »römischen Kostüm und mit römischen Phrasen die Auf-

gabe ihrer Zeit, die Entfesselung und Herstellung der modernen Gesellschaft« betrieben – im Gewand einer historisch obsoleten Vorstellung von Revolution sich und die Gesellschaft verändert. Manchmal sogar wider Willen.

Dabei stand ihnen, die stets das Bewusstsein der anderen wecken wollten, ein ganz eigener Bewusstseinsmangel im Wege, ein blinder Fleck der Selbstwahrnehmung. Sie merkten gar nicht, wie erfolgreich sie gewesen waren bei dem, was wir heute die Liberalisierung und Modernisierung der Gesellschaft nennen. Andererseits hatten sie auch die Flexibilität der bürgerlich-demokratischen Gesellschaft unterschätzt.

Doch für solch krude Realitäten hatten die Revolutionäre kein Auge. Sie suchten das Erhabene und landeten dabei allzu oft im Lächerlichen. Und manchmal offenbarte sich, umgekehrt, im vermeintlich Lächerlichen auch Erhabenes.

1968, das war die Chuzpe, noch einmal Maß an der ganzen Welt zu nehmen – ein Aufstand gegen die faktische und moralische Entwertung des Individuums in der technokratisch verwalteten Massengesellschaft.

Ihre ethische Energie bezogen die 68er vor allem aus jener einzigartigen deutschen Konstellation, die sie zu Antifaschisten ohne Schuld machte, zu virtuellen Siegern einer Geschichte, in die sie selbst, als Kinder ihrer Eltern, zutiefst verstrickt waren.

Über ein Jahrzehnt lang hatten sie verzweifelt versucht, das historisch gültige revolutionäre Subjekt zu finden – mal in der Arbeiterklasse oder in der »Dritten Welt«, bei der intellektuellen Avantgarde oder den sozialen Randgruppen, am Ende sogar in der Natur.

In Wirklichkeit war es ganz einfach. Sie hätten nur sich selbst genauer betrachten sollen. Das revolutionäre Subjekt war – das Subjekt.

Vielleicht aber haben sie ja geahnt, dass mit der Freiheit des Einzelnen die Probleme erst richtig anfangen.

Abbildungsnachweis

akg-images: 20, 26, 28, 29, 54, 95, 154, 211

Archiv des Hamburger Instituts für Sozialforschung: 172

Barbara Klemm (FAZ): 184

bpk, Bildarchiv Preussischer Kulturbesitz: 22, 87, 145, 146, 160

Chris Hoffmann: 102

Pardon: 35

ullstein bild: 21, 24, 25, 27, 31, 32, 37, 41, 43, 45, 46, 53, 58, 59, 61, 70, 71, 72, 81, 82, 84, 98, 108, 110, 113, 119, 123, 131, 133, 135, 136, 140, 142, 143, 144, 150, 152, 155, 157, 162, 165, 166, 171, 177, 193, 199, 202, 203, 205, 213, 215, 224

www.infopartisan.net: 192